# AUTORITARISMO Y DEMOCRACIA

## RELACIONES DIPLOMÁTICAS
## ENTRE ESPAÑA Y ESTADOS UNIDOS
## (1936-1964)

BIBLIOTECA JAVIER COY D'ESTUDIS NORD-AMERICANS

http://puv.uv.es/biblioteca-javier-coy-destudis-nord-americans.html

DIRECTORA

Carme Manuel
(Universitat de València)

# AUTORITARISMO Y DEMOCRACIA

## RELACIONES DIPLOMÁTICAS ENTRE ESPAÑA Y ESTADOS UNIDOS (1936-1964)

Moisés Rodríguez Escobar

PUV
VNIVERSITAT ID VALÈNCIA

*Autoritarismo y democracia.*
*Relaciones diplomáticas entre España y Estados Unidos (1936-1964)*
© Moisés Rodríguez Escobar

ISBN: 978-84-1118-616-2 (papel)
ISBN: 978-84-1118-617-9 (ePub)
ISBN: 978-84-1118-618-6 (PDF)
Depósito legal: V-2658-2025

Imagen de la cubierta: Sophia de Vera Höltz
Diseño de la cubierta: Celso Hernández de la Figuera

Publicacions de la Universitat de València
http://puv.uv.es
publicacions@uv.es

Impreso en España

*Para Carmen Rosa y Artemio,*
*que tanto apoyaron mi locura por la Historia*

# Índice

# Prólogo

*Francisco Rodríguez Jiménez*
Universidad de Extremadura

El 23 de septiembre de 1953 se firmaron los Pactos de Madrid entre la España Franquista y el ejecutivo liderado por Dwight Eisenhower. El texto no alcanzó el rango de 'Tratado'. Para ello tendría que haber pasado el trámite del Congreso estadounidense. Los asesores de la Casa Blanca lo desaconsejaron, pues era probable que surgieran bastantes resistencias a explicitar en sede parlamentaria la conexión con el Caudillo español.

Sin el boato de una firma-imagen para la posteridad en el Capitolio, ni amor sincero entre las partes, lo cierto es que aquel "matrimonio de conveniencias geopolítico" supuso un auténtico espaldarazo internacional para Franco. Aunque parco en palabras, y más aún en mostrar emociones, el dictador espetó: "¡Nos hemos casado con la más rica!" cuando le informaron de que, por fin, se habían concluido unas negociaciones, postergadas más de lo previsto.

Habían pasado catorce años desde que el presidente Roosevelt, en parte siguiendo la estela diplomática británica, en parte como acróbata de la realpolitik, reconoció al gobierno franquista, vencedor en la guerra civil española. Tres lustros pasaron hasta que se oficializó el acuerdo interesado entre Washington y Madrid. Para los estadounidenses era una negociación importante en el contexto de la Guerra Fría, pero no imprescindible; para Franco, cuestión de supervivencia. Tal asimetría determinó el rumbo de la negociación inicial y de las renegociaciones posteriores.

El dictador siguió de cerca el largo proceso negociador, bien de manera directa, bien a través de personas de su confianza: Carrero Blanco y el general Vigón, jefe del Alto Estado Mayor. También tuvo un papel destacado José Félix de Lequerica, embajador de España en Washington; quizás incluso mayor que el del ministro de Asuntos Exteriores, Alberto Martín Artajo. Los Pactos de Madrid constaban de tres partes diferenciadas: ayuda para la mutua defensa, ayuda económica-técnica y convenio defensivo. Los españoles cedían gran parte de su soberanía para la construcción de bases militares que cubrían un eje sur-norte: Rota-Morón de la Frontera-Torrejón-Zaragoza con instalaciones adicionales en otras localidades, por ejemplo en Talavera de la Real. En teoría eran de uso conjunto, en la práctica, la balanza se inclinó del lado norteamericano.

Lo antedicho y el resto de la conexión política hispano-estadounidense durante el franquismo, ha recibido bastante atención historiográfica en las últimas décadas. Sin embargo, quedaban en el aire algunas preguntas que requerían de un estudio más pormenorizado. ¿Cuál era la percepción que sobre Franco tuvieron los presidentes estadounidenses? ¿Hubo unanimidad al respecto entre las distintas piezas del engranaje político del país americano? ¿Qué pesó tuvo la opinión pública estadounidense? ¿Y los republicanos españoles exiliados allá? ¿Consiguió la diplomacia franquista borrar por completo la alargada sombra de las amistades peligrosas previas con Hitler y Mussolini? ¿Qué estrategias de acción exterior se pusieron en marcha para "abrillantar la cara del Caudillo"?

Este libro de Moisés Rodríguez Escobar indaga en esas y otras preguntas, tras analizar un vasto conjunto de fuentes primarias en archivos tanto de Estados Unidos como de España, gubernamentales y de colecciones privadas. No solo demuestra haber investigado con rigor en instituciones archivísticas, también ha buceado en un mar de recortes de prensa, desperdigados aquí y allá. Rodríguez Escobar sabe que Estados Unidos es casi más un continente que un país. De ahí la voluntad de rastrear lo publicado sobre la España franquista, no sólo en las prestigiosas cabeceras del *Washington Post, The New York Times* o *Los Angeles Times* sino también en las aparecidas en medios más modestos de la América profunda. Queda todavía tela por cortar en ese ámbito, pero el esfuerzo es muy loable, como también es el meritorio diálogo constante que establece Rodríguez Escobar con colegas que precedieron sus pasos. Leyendo las numerosas referencias consultadas, resuena el clásico adagio de "caminar a hombros de gigante", guía imprescindible para una buena investigación. Y ésta lo es.

El relato se estructura en torno a una coherente línea temporal que va desde 1936 hasta mediados de los años 60 (se explica después el porqué de esa cesura). Al inicio, el autor realiza una excelente y necesaria conceptualización de los distintos actores colectivos que entrarán en escena: partidos políticos, grupos de interés (lobbies) y movimientos sociales; sin olvidar a los individuos que actuaron en solitario, sin una explícita ni constante vinculación con los grupos antedichos. Por la obra desfilan no solo diplomáticos trajeados; también aparecen Albert Einstein, Paul Casals o Albert Camus intentando prestar su voz al antifranquismo neoyorkino; banqueros estadounidenses deseosos de abrir la autárquica economía franquista; lobistas que más bien parecen sacados de alguna de Hollywood, con humo de fondo y la paranoia de la caza de brujas mccarthista en el ambiente.

En el primer capítulo se examinan los factores geopolíticos y las diversas influencias, a veces contrarias entre sí, que gravitaron sobre la decisión de Roosevelt de reconocer a los militares sublevados contra la legalidad de la II República española. También se analizan las distintas sensibilidades que la ciudadanía estadounidense mostró respecto al régimen franquista, aunque, como acertadamente reconoce Rodríguez Escobar, no siempre es fácil identificar posicionamientos "nítidos"; es decir, a veces hubo actitudes mixtas, y cambios respecto al guión inicial. En un primer grupo de personas, Franco era percibido con cautela. No se descartaba establecer relaciones más estrechas con él por interés geoestratégico, pero se haría a hurtadillas ante la opinión pública. Un segundo segmento social consideraba al dictador español un enemigo por su vinculación con la Alemania nazi y la Italia fascista. Por último, otros estadounidenses lo veían como el epítome-defensor de la Iglesia Católica y la civilización cristiana.

En el segundo capítulo se desgrana el *momentum* de la oposición antifranquista, cuando arreciaba la condena internacional contra el régimen del 18 de julio. En febrero de 1946 el gobierno francés cerró su frontera con España. La decisión fue secundada por Washington y Londres en una declaración tripartita poco después. Asediado diplomáticamente desde el exterior, el Caudillo se atrincheró en el poder, haciendo ondear la bandera propagandística de la conjura judeo-masónica-comunista que pretendía cortar las alas de una España que renace. Las Sociedades Hispanas Confederadas (SS.HH.CC.) reunieron en suelo estadounidense a decenas de grupos sociales, también a personalidades contrarias a Franco. Este grupo trató de potenciar un discurso alternativo, más allá del blanqueamiento que el régimen franquista difundía. La revista *España Libre* fue una de sus principales bazas. Desde sus páginas se apeló a la unidad de la oposición y a la necesidad de ampliar sus redes en todos los ámbitos posibles de la sociedad estadounidense. La lucha de narrativas, pro-Franco y anti-Franco, estaba servida.

En el capítulo siguiente se realiza una precisa radiografía del 'Spanish pro-Franco Lobby'. En la tentativa de ganar nuevos adeptos cntre la ciudadanía estadounidense, y especialmente entre los representantes de ambas cámaras del Capitolio, se apostó por la contratación de un despacho de abogados, experto en relaciones públicas y en prácticas de *lobby* para tratar de abrillantar la imagen de la España franquista. Con importantes cantidades de dinero a su disposición, Charles Patrick Clark (director del bufete) trató de ganar voluntades y comprar favores que ayudaran a la rehabilitación internacional del dictador. El convenio con Clark respondió a consideraciones estratégicas, auspiciado en parte por el jesuita Joseph Thorning, anticomunista furibundo y defensor de la causa franquista desde el comienzo de la Guerra Civil Española. Rodríguez Escobar apuntala su disección del 'Spanish pro-Franco Lobby' con un importante bagaje de fuentes primarias inéditas. Ahí radica una de las claves más novedosas y valiosas de esta investigación. En frente, los estadounidenses y españoles exiliados que no querían digerir la 'verdad franquista' contaron con muchos menos recursos, e incluso algunos sufrieron la persecución del FBI. Una asimetría que fue en aumento a medida que se desvanecía el sueño de forzar la caída del gobierno franquista.

Tras el importante Rubicón diplomático que supuso la firma de los Pactos de Madrid de 1953, las autoridades españolas iniciaron una lenta apertura económica. De manera simultánea se fue ampliando el paraguas de organismos internacionales que aceptaron la solicitud franquista de acceso, desde la UNESCO, la FAO, la ONU, la OCDE, etc. Pero no todo fue color de rosas, ya que a mediados de los años 50 se vivieron momentos de tensión interior con las primeras huelgas y sobre todo la revuelta universitaria de 1956.

En el capítulo final, Rodríguez Escobar ofrece una solvente explicación de cómo se fue fraguando el "afianzamiento del franquismo (1956-1964)" con la ayuda inestimable de las campañas de relaciones públicas y cooptación de "amistades" desplegadas al otro lado del Atlántico.

En una jornada fría de diciembre de 1959, Franco abrazaba a Eisenhower en el aeropuerto de Torrejón. La instantánea fue difundida *urbi et orbi*.

Calles engalanadas y multitudes vociferantes para recibir al presidente estadounidense. Aunque su estancia en Madrid fue efímera, de camino a otras visitas oficiales, fue un momento apoteósico para el régimen. Ahora bien, entre bambalinas franquistas, escoció que Eisenhower no apareciese junto al Caudillo en las publicaciones gestionadas por la embajada estadounidense. Eisenhower sí posó, afable, entregando un regalo a una niña española, en un guiño totalmente intencionado. Estos pormenores, como el temor inicial por la llegada del demócrata Kennedy a la Casa Blanca (la cordialidad entre los dictadores Franco-Castro molestaba en el Departamento de Estado) son reconstruidos con minuciosidad por Rodríguez Escobar.

La guinda del pastel en la estrategia de maquillar al Caudillo ante la opinión pública estadounidense se colocó en 1964, tras la inauguración del pabellón español en la Feria Internacional de Nueva York. Además del acompañamiento institucional, que incluyó las visitas de ministros como Manuel Fraga Iribarne, Gregorio López Bravo, Antonio Garrigues Díaz-Cañabate, entre otros, se realizó un destacado esfuerzo presupuestario para su diseño y construcción, con una inversión cercana a los 7 millones de dólares, una cantidad mayor del coste de algunas de las películas exitosas de Hollywood de la época. Fue uno de los pabellones más visitados, en un marco incomparable como era la ciudad que nunca duerme en la bahía del río Hudson.

En suma, este estudio de Moisés Rodríguez Escobar ofrece un sólido análisis multicausal de cómo se logró la paulatina aceptación de la "singularidad franquista" mediante el despliegue de campañas de relaciones públicas, comunicación política y actividades de acción cultural exterior, en un esfuerzo "pre-Marca España" que todavía proyecta su sombra en el presente, para bien y para mal. Algunos de los estereotipos sobre España que aún circulan surgieron entonces. En toda buena investigación se deben responder las preguntas-hipótesis de partida, al tiempo que se sugieren líneas futuras de trabajo. Este libro cumple con creces ese precepto. En estos tiempos que corren, malos para la lírica, nuestro agradecimiento sincero a Carme Manuel, quien lleva años impulsando un mejor conocimiento de la compleja realidad estadounidense en España.

# Agradecimientos

Este libro nace del esfuerzo sostenido y la dedicación constante a lo largo de más de cuatro años de investigación. Bajo la guía y el apoyo de Josefina Cuesta Bustillo, Francisco J. Rodríguez Jiménez y María Paz Pando Ballesteros, esta obra tomó forma gracias a un arduo trabajo que me llevó a explorar archivos y bibliotecas en Estados Unidos, Inglaterra y diversas ciudades de España. A lo largo de este proceso, tuve el privilegio de participar en encuentros y debates con destacados especialistas, cuyas perspectivas enriquecieron significativamente el desarrollo de esta investigación. Lo que el lector tiene entre manos es una síntesis depurada y cuidadosamente adaptada de un análisis mucho más extenso, pensado para ofrecer una visión clara y precisa de los acontecimientos históricos que aborda.

Recorrer este camino, lleno de desafíos y aprendizajes, no habría sido posible sin el apoyo de muchas personas que dejaron una huella imborrable en este proyecto. Mi más profunda gratitud está dirigida a mi familia, especialmente a mis abuelos, mis padres y mi hermano, quienes han sido un pilar indispensable en cada etapa del proceso. También quiero reconocer a las amistades que me han acompañado y enriquecido en el ámbito personal y profesional, representadas de manera especial por Carlos Píriz, un ejemplo de cómo los vínculos laborales pueden transformarse en amistades perdurables. Este libro es, en muchos sentidos, fruto de esa red de afectos, debates e intercambios que han hecho de esta experiencia algo profundamente humano.

Agradezco también, de forma muy especial, a Carme Manuel, directora de la colección Biblioteca Javier Coy por su lectura comprometida, su criterio riguroso y su constante disposición para mejorar cada detalle del manuscrito. Su implicación ha sido clave para que este proyecto llegara a buen puerto. De igual modo, mi reconocimiento a la editorial Publicacions de la Universitat de València (PUV), por acoger esta obra en su catálogo y facilitar con profesionalidad y cuidado su publicación y difusión.

# Abreviaturas

| | |
|---|---|
| ACNP | Asociación Católica de Propagandistas |
| AFL-CIO | American Federation of Labor and Congress of Industrial Organizations |
| AFNFF | Archivo de la Fundación Nacional Francisco Franco |
| AGA | Archivo General de la Administración |
| AGUN | Archivo General de la Universidad de Navarra |
| AID | Agency for International Development |
| ANFD | Alianza Nacional de Fuerzas Democráticas |
| BOE | Boletín Oficial del Estado |
| CDMH | Centro Documental de la Memoria Histórica |
| CECA | Comunidad Europea del Carbón y del Acero |
| CEDA | Confederación Española de Derechas Autónomas |
| CEPSA | Compañía Española de Petróleos |
| CIA | Agencia Central de Inteligencia |
| CIEPSA | Compañía de Investigación y Explotaciones Petrolíferas S. A. |
| CNT | Confederación Nacional del Trabajo |
| COPE | Cadena de Ondas Populares Españolas |
| CSIC | Consejo Superior de Investigaciones Científicas |
| CTNE | Compañía Telefónica Nacional de España |
| ECA | European Cooperation Administration |
| ECE | Comisión Económica para Europa |
| ECLA o CEPAL | Comisión Económica para América Latina |
| ETA | Euskadi Ta Askatasuna |
| FAO | Food and Agriculture Organization |
| FBI | Federal Bureau of Investigation |
| FDRPL | Franklin Delano Roosevelt Public Library |
| FLP | Frente de Liberación Popular |
| FMI | Fondo Monetario Internacional |
| FRUS | Foreign Relations of the United States Series |
| GOP | Grand Old Party |
| GOU | Grupo de Oficiales Unidos |
| GSA | General Services Administration |
| HSTL | Harry S. Truman Library |
| ICA | International Cooperation Administration |
| ILE | Institución de Libre Enseñanza |
| INI | Instituto Nacional de Industria |
| IPOC | Iberian Peninsula Operating Committee |
| ITT | International Telephone & Telegraph Corporation |
| JAE | Junta de Ampliación de Estudios e Investigaciones Científicas |
| JEL | Junta Española de Liberación |
| JSU | Juventudes Socialistas Unificadas |
| MAAG | Military Assistance Advisory Group |
| MAP | Military Assistance Program |
| NARA | National Archives and Records Administration |
| NASA | National Aeronautics and Space Administration |
| NCWC | National Catholic Welfare Conference |
| NJCC | National Conference for Christians and Jew |

| | |
|---|---|
| NRA | National Rifle Association |
| NSC | National Security Council |
| NYT | The New York Times |
| OEA | Organización de Estados Americanos |
| OECE | Organización Europea para la Cooperación Económica |
| OIT | Organización Internacional del Trabajo |
| OMS | Organización Mundial de la Salud |
| ONU | Organización de las Naciones Unidas |
| OSE | Organización Sindical Española |
| OSS | Office of Strategic Services |
| OTAN-NATO | Organización del Tratado del Atlántico Norte |
| OWEA | Office of Western European Affairs |
| OWI | Office of War Information |
| PCE | Partido Comunista de España |
| PCUSA | Partido Comunista de los Estados Unidos de América |
| PER-ERP | Programa Europeo de Recuperación |
| PNS | Peninsular News Service |
| PNV | Partido Nacionalista Vasco |
| POUM | Partido Obrero de Unificación Marxista |
| PSOE | Partido Socialista Obrero Español |
| PSUC | Partido Socialista Unificado de Cataluña |
| SEU | Sindicato Español Universitario |
| SS.HH.CC | Sociedades Hispanas Confederadas |
| UAW | *United Auto Workers* |
| UGT | Unión General de Trabajadores |
| UNIFEM | Fondo de Desarrollo de las Naciones Unidas para la Mujer |
| URSS | Unión de Repúblicas Socialistas Soviéticas |
| USCC | United States Commercial Corporation |
| USIA | United States Information Agency |
| USIE | United States International Information and Educational Exchange |
| USIS | United States Information Service |
| VALB | Veteran Abraham Lincoln Brigade |
| VOA | Voice of America |

# Introducción

En la compleja arquitectura de las relaciones internacionales del siglo XX, los símbolos no solo han representado identidades nacionales, sino también formas de ejercer el poder, justificar la autoridad y proyectar modelos políticos en disputa. Durante el periodo comprendido entre 1936 y 1964, España y Estados Unidos encarnaron dos visiones del mundo profundamente divergentes, aunque no necesariamente incompatibles en la práctica diplomática. El franquismo construyó su legitimidad en torno a una tradición autoritaria de raíces católicas, imperiales y antiliberales, defendiendo un Estado centralizado, jerárquico y moralmente homogéneo. Esta concepción del poder, sostenida en la represión interna y en un discurso de continuidad histórica, se oponía, al menos en apariencia, a los principios que Estados Unidos afirmaba representar.

Desde sus orígenes republicanos, la democracia estadounidense se identificó con la defensa de la libertad individual, el pluralismo político y el Estado de derecho. Sin embargo, el desarrollo de su política exterior —especialmente tras la Segunda Guerra Mundial— reveló una notable ambivalencia: la promoción del orden liberal global convivió con estrategias de contención del comunismo que incluyeron la colaboración con regímenes autoritarios, como el español. Esta tensión entre ideales democráticos y pragmatismo geopolítico resultó determinante para el acercamiento entre Washington y Madrid. En este libro se analiza cómo esa relación diplomática osciló entre la confrontación ideológica y la cooperación estratégica, en un contexto internacional marcado por la Guerra Fría, las redefiniciones del poder global y el conflicto entre autoritarismo y democracia.

En los años 30 del siglo XX, convivieron, no sin tensiones, tres grandes corrientes ideológicas el fascismo-nazismo, el capitalismo liberal y el comunismo. Lejos de permanecer en un equilibrio pacífico, estos modelos políticos competían entre sí por extender su influencia y consolidar su dominio global; el primero representado principalmente por Alemania e Italia; el segundo por Estados Unidos, Gran Bretaña y Francia; siendo la Unión Soviética la que capitaneaba el tercero. Si bien las potencias democráticas y comunistas poseían territorios de considerable extensión, como las vastas posesiones del imperialismo británico o la formidable expansión territorial de la URSS, las potencias fascistas se veían limitadas en su capacidad de expansión debido a su tardío ingreso en el reparto colonial[1]. Dado que sus países no habían participado en el reparto de África, Benito Mussolini y Adolf Hitler trataron de buscar alternativas más agresivas para reconfigurar el orden internacional a su favor[2]. Amparado en la doctrina Monroe, Estados Unidos buscó consolidar su hegemonía en el continente americano, utilizando el discurso de la defensa de la democracia como instrumento de legitimación de su proyección exterior. En este escenario, la confrontación entre las potencias fascistas y las democracias liberales adquirió una nueva dimensión, no solo como una lucha de poder, sino también como una guerra de símbolos, de valores y de visiones del futuro.

Tras un conflicto devastador, Franco se afianzó en el poder. El recuerdo de la tragedia, no solo dejó cicatrices profundas en el tejido social y político de España, sino que permitió al futuro dictador consolidar las bases de un régimen autoritario. Para ello, Franco se apoyó en una amalgama de fuerzas conservadoras y tradicionalistas en el interior del país, y en la colaboración directa de los regímenes fascistas de la Alemania nazi y la Italia fascista en el exterior. Estos apoyos no solo le proporcionaron los recursos materiales y estratégicos necesarios, sino que le permitieron encauzar una victoria decisiva sobre el bando republicano, marcado por tres años de intensos enfrentamientos militares, represión ideológica y la aniquilación de gran parte de las reformas sociales y políticas impulsadas durante la II República.

La victoria franquista, sellada el 1 de abril de 1939, marcó el comienzo de una nueva era en la historia de España. Un tiempo en la que la represión y el autoritarismo serían las piedras angulares sobre las que se edificaría el Nuevo Estado. Para limitar la posible oposición, la disidencia política fue brutalmente sofocada, y quienes no se alinearon con la dictadura fueron objeto de persecución y castigo. El Estado se reconfiguró según los principios de una ideología nacionalista, católica y profundamente conservadora, que se sustentaba en la figura de Franco como líder único e indiscutido. Esta restauración autoritaria, sin embargo, no fue aislada, sino que se inscribió en un contexto más amplio de tensiones ideológicas internacionales, en el que el franquismo comenzó a definir su espacio en un mundo dividido entre las potencias democráticas y las fascistas. Mientras España quedaba inmersa en su

---

[1] David Jorge, *Inseguridad colectiva la sociedad de naciones, la guerra de España y el fin de la paz mundial.* (Valencia: Tirant Humanidades, 2016).
[2] Christopher Clark, *The Sleepwalkers: How Europe Went to War in 1914* (London: Harper Collins, 2013).

largo período de autarquía y aislamiento, la lucha por la hegemonía ideológica en Europa y el mundo no hacía más que intensificarse.

Sin embargo, la historia que examinaremos en las páginas siguientes arrancó algo antes. Entre el final de la Junta de Defensa Nacional presidida por Miguel Cabanellas y la designación de Franco como Generalísimo el 1 de octubre de 1936, se eligió a un representante oficial del bando sublevado en Estados Unidos: Juan Francisco de Cárdenas. Nacido en Sevilla, Cárdenas se convirtió en la primera figura diplomática del sector sublevado encargada de desplegar la actividad propagandística del Régimen en suelo estadounidense. De esta forma, se iniciaba una relación entre la futura dictadura militar española y las administraciones estadounidenses, una relación que pondría a prueba la habilidad de España para construir una narrativa convincente en un entorno hostil, una tarea nada sencilla dadas las circunstancias políticas de la época.

A continuación, exploraremos los entresijos diplomáticos de este período crucial en la historia de España, marcado por las difíciles condiciones internas y la creciente tensión internacional. En este contexto, el Régimen franquista, un país que había perdido gran parte de su relevancia en el escenario global, se vio obligado a hacer todo lo posible para alcanzar su principal objetivo: sobrevivir a los drásticos cambios geopolíticos que se avecinaban.

Este libro se estructura en cinco capítulos, siguiendo un eje cronológico que va de 1936 a 1964. El punto final se justifica por dos razones: la primera es la propia consolidación internacional del franquismo a mediados de los años sesenta, y el relativo éxito que había tenido en restaurar su imagen, tan manchada por las "amistades estratégicas" con Hitler y Mussolini apenas veinte años antes; la segunda es la dificultad de acceder a algunos documentos del epílogo franquista, necesarios para apuntalar este tipo de narrativas, sin olvidar la conveniencia de establecer una periodización diferenciada tras el comienzo de la 'Transición española.

El primer capítulo se centra en las dos guerras que marcaron el inicio de la dictadura. Tanto la Guerra Civil Española como la Segunda Guerra Mundial influyeron decisivamente en la política exterior del presidente Franklin Delano Roosevelt hacia España. En ese capítulo, se analizará la respuesta de Washington ante la confrontación diplomática entre el Gobierno legítimo de la República y los representantes de los rebeldes, y cómo evolucionó esta postura con el establecimiento de la dictadura franquista. El segundo capítulo se aparta de las convenciones cronológicas tradicionales, al enfocarse en el período comprendido entre 1944 y 1948. Este lustro fue crucial para la supervivencia del Régimen, y en él se demostrará cómo, incluso en un momento tan delicado, la dictadura logró contar con aliados dentro de Estados Unidos. Además, es en este periodo cuando la oposición antifranquista en el exilio adquirió mayor visibilidad e influencia. El tercer capítulo introduce el elemento más novedoso de esta investigación: el Spanish Lobby. Se examinará cómo este grupo comenzó a gestar su estrategia con el objetivo de modificar las relaciones con la administración de Harry S. Truman, buscando un giro en la política estadounidense hacia España. El cuarto capítulo abarca desde la revocación de las sanciones de la ONU hasta la incorporación de España en este organismo, pasando por los Pactos de Madrid y el Concordato con el Vaticano de 1953. Estos dos acuerdos fueron claves para comprender el proceso de legitimación internacional del Régimen franquista. Finalmente, el quinto capítulo examina el período siguiente hasta la fecha de 1964, coincidiendo con la renovación de los acuerdos de 1953 y la celebración de la Feria de Nueva York, donde el pabellón español tendrá una posición preeminente.

Con este libro, tratamos de responder una serie de preguntas aún no resueltas, o al menos no tratadas en profundidad, sobre las relaciones bilaterales entre España y Estados Unidos. Los objetivos y preguntas que se plantearán se abordarán desde dos perspectivas complementarias: la cronológica y la transversal. En la primera, se incluirán aquellas interrogantes que surgen a partir de eventos que podríamos considerar "estáticos", es decir, aquellos que tienen un inicio y un final claramente definidos. Un ejemplo de ello sería la actitud de Franklin Delano Roosevelt durante la Guerra Civil Española, un tema con un marco temporal delimitado.

Por otro lado, la segunda perspectiva se caracteriza por su dinamismo. Cuestiones como el papel del Spanish Lobby (grupo de presión creado por la dictadura española para mejorar su imagen en Estados Unidos), su estructura y función, o el impacto de la cuestión religiosa en las relaciones transnacionales, son asuntos que no se pueden encasillar en un momento específico, ya que su influencia y desarrollo se extienden a lo largo de un periodo prolongado y se interrelacionan con otros factores que atraviesan diversas etapas de la historia.

A nivel particular, el objetivo fundamental de esta obra es explicar las variadas interacciones entre la diplomacia franquista y la compleja estructura del gobierno estadounidense, con distintas sensibilidades hacia el tirano español. También importante es comprender la dimensión que aporta la diplomacia pública a la ecuación anterior. Por otro lado, el término *Spanish Lobby* es utilizado con frecuencia en la historiografía. Sin embargo, existen numerosas preguntas al respecto que no han sido analizadas en profundidad. La más importante: ¿Qué tuvo mayor influencia en la rehabilitación internacional de la dictadura franquista, el Spanish pro-Franco lobby o los condicionantes geoestratégicos de la Guerra Fría? Recientemente, algunos autores han avanzado en esa dirección. Con este libro aspiramos a responder a los interrogantes pendientes, al tiempo que ofrecemos una explicación más pormenorizada sobre este fenómeno[3].

Esta investigación se estructura en torno a tres conceptos fundamentales: Diplomacia Pública, Opinión Pública y lobby. En lo que respecta al primero, la historiografía continúa profundizando en la complejidad de este concepto polisémico. Por ejemplo, Teresa Laporte lo definía como una "estrategia de persuasión dirigida a una audiencia extranjera con el fin de obtener una opinión favorable hacia la política exterior de un país u organización"[4]. Por su parte, Antonio Niño amplía esta definición, destacando que el esfuerzo de los Estados se concentra en la creación de "políticas de información, contactos personales y programas culturales en el exterior, todos estrechamente vinculados entre sí"[5].

Dentro de la Diplomacia Pública, se utilizan términos como Soft Power, Hard Power, Smart Power y Sharp Power. Existe una creciente literatura para tratar de explicarlos, lo que da muestra de su importancia en el contexto de las Relaciones Internacionales. Cabe mencionar, empero, que como casi cualquier concepto funciona mejor en la teoría que en la práctica; no existen fórmulas perfectas. Más allá de estas prevenciones, creemos que el concepto de 'Sharp Power' sería el que mejor se ajusta a nuestra investigación.

Fue acuñado por Christopher Walker y Jessica Ludwig quienes observaron que, mientras que el Soft Power se basa en la atracción positiva de la cultura, los ideales políticos y las políticas de un país, en el caso de los países autoritarios como China o Rusia, el concepto original de Soft Power de Nye perdía cierta aplicabilidad. El gobierno chino, por ejemplo, implementa "políticas educativas y culturales que van acompañadas de una determinación autoritaria para monopolizar las ideas, suprimir las narrativas alternativas y explotar las instituciones asociadas"[6].

---

[3] Joan Maria Thomàs, ed., *Franco, Estados Unidos y Gran Bretaña durante la primera Guerra Fría* (Madrid: Comillas, 2022).

[4] Teresa La Porte, «La diplomacia pública americana: lecciones para una comunicación internacional», *Comunicación y sociedad* XX, n.º 2 (2007): 23-59.

[5] Si se desea ampliar esta explicación, así como otras sobre propaganda cultural, propaganda política, acción o proyección cultural exterior y política cultural estatal, véase Antonio Niño, «Uso y abuso de las relaciones culturales en la política internacional», *Ayer* 3, n.º 75 (2009): 45.

[6] Christopher Walker y Jessica Ludwig, eds., *Sharp Power: Rising Authoritarian Influence* (Washington DC: National Endowment for Democracy, 2017); June Dreyer, «Roundtable on Sharp Power, Soft Power, and the Challenge of Democracy: A Report from the 2018 Annual Meeting of the

Así pues, Walker y Ludwig consideran que el concepto de 'Sharp Power' se adecua mejor que el de 'Soft Power' para analizar el modo en el que los regímenes autoritarios tratan de proyectar su influencia en el exterior. Lo interesante de esta propuesta, y lo que la hace relevante para el estudio del franquismo, es la actitud hacia el público objetivo. En lugar de "ganar corazones y mentes", el objetivo es gestionar y seleccionar la información que se transmite al público, manipulando o distorsionando los mensajes. En definitiva, "Sharp Power captura la naturaleza maligna y agresiva de los proyectos autoritarios, que distan de la atracción benigna del poder blando"[7].

Si el 'Sharp Power' es el concepto más adecuado para interpretar la política exterior del Régimen franquista, la opinión pública representa su receptor objetivo. El concepto de 'Opinión pública' comenzó a recibir gran atención durante la Primera Guerra Mundial, momento en el que varios sociólogos y psicólogos sociales sentaron las bases para su estudio en profundidad. Charles H. Cooley, por ejemplo, describió la opinión pública como un proceso orgánico de interacción, comprensión e influencia mutua entre las personas de un grupo[8]. Por su parte, Charles A. Ellwood la concibió como el resultado de individuos que, a través de esa interacción, terminan gestando un juicio colectivo[9].

En esta misma línea, el psicólogo social William McDougall introdujo el concepto de una "mente grupal", subrayando cómo el comportamiento colectivo puede diferir significativamente del comportamiento individual o privado[10]. Sin embargo, quien alcanzó mayor notoriedad en el análisis de este fenómeno fue Walter Lippmann. Según este autor, los medios de comunicación constituyen la fuente primaria, aunque no exclusiva, de formación de la opinión pública. Esto se debe a que, al ser la opinión pública más cognitiva que racional, puede moldearse

---

American Association for Chinese Studies», *American Journal of Chinese Studies* 25, n.º 2 (2018): 147-56; Christopher Walker, «What Is "Sharp Power"?», *Journal of Democracy* 29, n.º 3 (2018): 9-23. Una breve reflexión sobre algunos de los hitos fundamentales de la acción cultural exterior de China en Francisco Rodríguez Jiménez, «Charm Offensive? Poder Blando Chino en las últimas décadas», en *Pensar con la Historia desde el siglo XXI*, ed. Pilar Folguera y Juan Carlos Pereira (Madrid: UAM Ediciones, 2015), 6315-36.
[7] Walker y Ludwig, *Sharp Power: Rising Authoritarian Influence*, 9.
[8] Charles Cooley, *Social Process* (New York: Charles Scribner's Sons, 1918), 378-79.
[9] Charles Ellwood, «The Formation of Public Opinion», *Religious Education* 15, n.º 2 (1920): 74-75.
[10] William McDougall, *The Group Mind: A Sketch of the Principles of Collective Psychology, with Some Attempt to Apply Them to the Interpretation of National Life and Character* (New York: G. P. Putman's Sons, 1920).

mediante la proyección estratégica de imágenes y mensajes diseñados para influir en percepciones colectivas[11].

Esta definición plantea una nueva inquietud: ¿cuál es el papel de los medios de comunicación en la creación de la opinión pública? Conviene advertir que los medios no son meros instrumentos pasivos, sino agentes activos en la configuración del pensamiento colectivo. Por ejemplo, una mirada a las hemerotecas permite constatar cómo gran parte de los partidos políticos o grupos ideológicos contaban con un periódico propio, concebido no solo como un vehículo de información, sino también como una suerte de boletín interno destinado a divulgar sus propuestas y cohesionar a sus seguidores.

Sin embargo, con la llegada del siglo XX y la expansión de la sociedad de masas, los medios de comunicación experimentaron una transformación significativa. A medida que el público objetivo crecía, también aumentaban los costes asociados a la producción y difusión de la información. Este cambio estructural condujo a una creciente dependencia de los medios respecto de patrocinadores privados, quienes aspiraban a obtener beneficios concretos de su inversión. Ello dio lugar a un proceso progresivo de alineamiento de los medios con los intereses de los grupos económicos que los sostenían financieramente, lo que afectó a su autonomía editorial. En este contexto, comenzaron a desarrollarse discursos y estrategias orientados a favorecer a dichos sectores, relegando a un segundo plano la vocación de neutralidad y servicio público. Por ello, si bien los periódicos constituyen una fuente valiosa para el análisis histórico, su contenido debe ser examinado con cautela y desde una perspectiva crítica, atendiendo tanto a las dinámicas del mercado mediático como a las agendas ideológicas subyacentes.

Siguiendo esta lógica, los medios de comunicación pueden desempeñar tres roles principales: eco, comparsa y protagonista. Como eco, se limitan a reproducir de manera más o menos fiel los mensajes emitidos por otros actores políticos, funcionando como simples amplificadores de sus discursos. En su papel de comparsa, los medios acompañan a estos actores sin cuestionar sus mensajes, ya sea apoyando o criticando las posiciones de partidos, movimientos u organizaciones, pero sin aportar un análisis objetivo o crítico. Finalmente, los medios asumen el rol de protagonistas cuando adoptan una estrategia propia en la esfera política. Esto ocurre, por ejemplo, al impulsar campañas de oposición sistemática contra determinados actores políticos o partidos. En estas situaciones, la intervención directa de los medios puede responder tanto a intereses políticos

---

[11] Walter Lippmann, *Opinión pública* (Madrid: Langre, 2003), 33-41.

como a los intereses económicos de quienes controlan su propiedad, evidenciando cómo el poder mediático puede trascender su función informativa para convertirse en un actor político con agenda propia.

Estos tres roles se analizarán en la obra que presentamos, siendo el primero de ellos, el de los *ecos* de información, el más frecuente. Numerosas noticias aparecían sin firma de personas físicas y eran atribuidas a agencias de información. En estos casos, cuando no se identifica un autor nominal, se entiende que el contenido proviene de estos organismos, que actuaban como intermediarios y replicadores de mensajes. El segundo caso, correspondiente al rol de comparsa, resulta más complejo de rastrear. En ocasiones, las fuentes documentales hacen referencia a publicaciones en medios como *The New York Times* o el *Washington Post*. Mediante un minucioso trabajo de localización, hemos conseguido identificar muchas de estas piezas, permitiendo analizar cómo algunos medios apoyaron o criticaron determinadas posiciones sin aportar necesariamente un análisis profundo o autónomo. Por último, hemos constatado la existencia de líneas editoriales que favorecían tanto mensajes profranquistas como antifranquistas. Aunque este hecho no implica siempre una postura oficial del medio, sí evidencia que, en ciertos casos, algunos periodistas o colaboradores adoptaron posiciones claras, ya fuera en defensa del régimen de Franco o en contra de él, mostrando cómo la prensa podía oscilar entre la neutralidad y el activismo ideológico.

Para concluir, es necesario destacar que la política no es una actividad exclusiva de los políticos. Ejemplo de ello son acciones como el bloqueo de carreteras, que pueden impulsar distintos colectivos, desde agricultores a transportistas; o bien una huelga de hambre de un individuo para llamar la atención sobre tal o cual reivindicación. Es decir, ambas son, manifestaciones de expresión política, no necesariamente vinculadas a partidos políticos. De manera general, los actores colectivos pueden agruparse en tres categorías principales: los partidos políticos, los grupos de interés y los movimientos sociales. Aunque el enfoque de esta obra se centra en los grupos de interés, consideramos pertinente ofrecer una breve caracterización de cada uno de estos actores, que se resume en la siguiente tabla:

| Tipología básica de actores colectivos | | | |
|---|---|---|---|
| | Partido político | Grupo de interés | Movimiento social |
| Organización | Estable Formalizada Jerárquica | Estable Formalizada Colegiada | Cambiante Informal Horizontal |
| Discurso | Multisectorial Sistémico | Unisectorial Focalizado | Transversal Genérico |
| Recursos básicos | Apoyo electoral Militantes Cargos públicos | Dinero Información Conocimiento experto | Activistas Capacidad de disrupción |
| Estrategia | Competencia electoral | Interacción con autoridades | Movilización cívica Comunicación |
| Escenario preferente | Institucional | Variable | Social Mediático |
| Relación con el poder institucional | Ejercicio y gestión | Influencia y presión | Confrontación |

Tabla 1. Elaboración propia a partir de la información de Vallès y Martí[12]

Según la información recopilada, los grupos de interés pueden definirse como asociaciones voluntarias que surgen con el propósito de influir en el proceso político, defendiendo propuestas que afectan a sectores específicos de la sociedad. Estos grupos participan activamente en la elaboración de decisiones políticas, aunque no asumen responsabilidades institucionales. En otras palabras, actúan sobre las instituciones sin formar parte de ellas, al menos formalmente. Por esta razón, se les conoce comúnmente como *grupos de presión*.

El estudio de estos grupos en Europa y América Latina ha sido limitado, en parte debido a la opacidad con la que operan y a su posición extrainstitucional. Sin embargo, en Estados Unidos, los grupos de interés han desempeñado un papel más visible en la historia política del país, lo que facilita su trazabilidad para la investigación. Ejemplo de ello son organizaciones fundadas en el siglo XIX que

---

[12] Josep Vallès y Salvador Martí, *Ciencia Política* (Barcelona: Ariel, 2020), 343-45.

siguen siendo perfectamente reconocidas, como la Asociación Nacional del Rifle (*National Rifle Association*, NRA, 1871) y la Asociación Americana de Banqueros (*American Bankers Association*, ABA, 1875). Su prominencia refleja la tradición estadounidense de integración de actores externos en el debate político, lo que contrasta con el carácter más reservado de sus contrapartes en otras regiones.

Como demuestran los ejemplos planteados, la diversidad de los grupos de interés y sus motivaciones dificulta la posibilidad de establecer una clasificación rígida. Estos colectivos son tan heterogéneos como los objetivos que buscan defender o alcanzar. Sin embargo, resulta más sencillo identificar los métodos a través de los cuales operan. En este sentido, se han identificado cuatro estrategias principales que estos grupos emplean, las cuales no siempre se utilizan de manera simultánea ni son completamente independientes entre sí:

a) **Actividades de persuasión.** Para ello recurren al establecimiento de contactos, entrevistas y consultas con otros actores, así como la transmisión de información y documentación.

b) **Actividades económicas.** La financiación o mecenazgo de actividades sociales y culturales son un gran aliciente para estos grupos. Además, pueden incurrir en la financiación legal o encubierta de partidos o a la corrupción de otros agentes. En este último caso, hacemos referencia al envío de regalos, entrega de comisiones, participación en beneficios o simplemente la promoción profesional.

c) **Actividades jurídicas.** Estas estructuras pueden presionar llegado el momento para obtener rédito legal. Es habitual encontrarse que estos grupos interponen recursos o acciones reivindicativas ante los tribunales, así como reclamar indemnizaciones. Todos conocemos ejemplos de asociaciones que acuden como acusación particular en juicios políticos, por ejemplo.

d) **Acciones de intimidación o coacción.** Los grupos interés pueden llegar a fomentar el uso de la fuerza para interrumpir la actividad económica o social. Sirvan de ejemplo las manifestaciones, sentadas, huelgas, irrupción del tránsito, etc. Cuando se habla del uso de la fuerza no necesariamente se habla de la violencia. Pero también se puede incluir el uso de métodos terroristas.

Además de las estrategias mencionadas, los grupos de interés pueden optar por acciones transparentes y públicas o, por el contrario, por métodos discretos y confidenciales. Un ejemplo de transparencia sería la organización de ruedas de prensa o el lanzamiento de campañas publicitarias. En cambio, reuniones privadas en domicilios o contactos directos fuera del escrutinio público se califican como métodos discretos o secretos. Esta inclinación por operar de manera reservada ha llevado a que algunos grupos de interés sean percibidos como parte de un "imperio anónimo" que actúa en las sombras, influyendo sin exponerse directamente[13].

En síntesis, el lobby "utiliza su poder para garantizar que el discurso público refleje sus argumentos estratégicos y morales" con el propósito de alcanzar los resultados deseados[14]. En este contexto, se identifican cinco áreas clave donde un lobby puede ejercer una influencia determinante: la obtención de ayuda económica, la gestión de asistencia militar, la provisión de protección diplomática y apoyo militar en tiempos de guerra, la orientación en procesos políticos y, finalmente, el control del discurso político a través de Think Tanks[15].

El éxito de estas acciones depende, en gran medida, de las personas que conforman el lobby. Entre sus miembros suelen figurar especialistas en leyes, politólogos, economistas y periodistas, así como políticos retirados o profesionales con experiencia previa en actividades políticas. Este último perfil encaja, por ejemplo, con el de Charles Patrick Clark, un abogado contratado para liderar el Spanish pro-Franco Lobby mencionado anteriormente. Además de dirigir su propio bufete, Clark había sido consejero principal asociado del Comité Truman durante el periodo en que Harry S. Truman era senador. Este tema será abordado en detalle en el capítulo correspondiente.

Para llevar a cabo esta investigación, además de un sólido marco teórico, ha sido imprescindible realizar un exhaustivo trabajo de consulta en diversos archivos nacionales e internacionales, cuya localización se sintetiza así:

### Relación de Archivos o Centros Documentales consultados

| España | Estados Unidos | Reino Unido |
|---|---|---|
| Archivo General de la Administración (AGA) | Foreign Relations of the United States Series (FRUS) | The National Archives (United Kingdom) |
| Archivo General Militar de Ávila (AGMAV) | The National Archives at College Park (NARA) | University College London |

---

[13] Samuel Finer, *El imperio anónimo. Un estudio del lobby en Gran Bretaña* (Madrid: Tecnos, 1966).
[14] John Mearsheimer y Stephen Walt, *The Israel Lobby and US Foreing Policy* (New York: Allen Lane. Penguin Books, 2007), 9.
[15] John Wright, *Interest Groups and Congress* (New York: Longman, 2009).

Centro Documental de la
Memoria Histórica
(CDMH)

Library of Congress

Archivo General de la
Universidad de Navarra
(AGUN)
Archivo Isidro Gomá

Columbia University
Archives

MacArthur Memorial
Archives and Library
Franklin Delano Roosevelt
Presidential Library
(FDRPL)
The Catholic University of
America Archives
John F. Kennedy
Presidential Library and
Museum

# Capítulo 1
## Diplomacia en tiempos de guerra.
## El choque de relatos en Estados Unidos (1936-1944)

> Hemos aprendido que cuando deliberadamente tratamos de legislar la neutralidad, nuestras leyes de neutralidad pueden aplicarse desigual e injustamente. El instinto de autoprotección tendría que advertirnos de que no deberíamos dejar que sucediera nunca más.
>
> Franklin Delano Roosevelt
> Discurso al Estado de la Nación, 4 de enero de 1939

### Los distintos actores en tierras norteamericanas

El golpe de Estado perpetrado por un sector del ejército español contra el Gobierno de la Segunda República sorprendió al embajador estadounidense Claude Bowers disfrutando de sus vacaciones en Guipúzcoa. Una aparente sorpresa que dista de la que el propio Bowers señaló en sus memorias, en las que afirmaba que en España se vivía un ambiente propicio para dicho movimiento[16]. Conviene, no obstante, marcar algo de distancia crítica, pues la publicación de estas memorias se produjo bastante tiempo después. Resuena en este punto la máxima atribuida al que fuera secretario de Estado estadounidense Dean Acheson, "las memorias no se redactan para informar al lector, sino para proteger al autor".

Predecible o no[17], lo cierto es que la respuesta dada por la administración Roosevelt al inicio del conflicto español ha sido objeto de debate historiográfico, destacándose una estrategia de *laissez faire* y una falta de claridad. Algunos historiadores sugieren que Roosevelt simpatizaba personalmente con el bando republicano, en parte influenciado por su esposa, Eleanor, y por figuras cercanas, como el secretario del Interior, Harold L. Ickes, o el secretario del Tesoro, Henry

---

[16] Claude G Bowers, *My Mission to Spain. Watching the Rehearsal for World War II* (New York: Simon and Schuster, 1954), 52.

[17] Historiadores de la talla de Ángel Viñas llevan años demostrando que los preparativos del golpe de estado se remontan a los años centrales del periodo republicano. Véase Ángel Viñas, *La Alemania nazi y el 18 de julio. Antecedentes de la intervención alemana en la Guerra Civil Española.* (Madrid: Alianza Editorial, 1977); Ángel Viñas, *La conspiración del general Franco: y otras revelaciones acerca de una guerra civil desfigurada* (Barcelona: Editorial Crítica, 2012); Ángel Viñas, *¿Quién quiso la guerra civil?: Historia de una conspiración* (Barcelona: Crítica, 2019).

Morgenthau, entre otros[18]. Sin embargo, no existen pruebas concluyentes de que el presidente expresara explícitamente este apoyo. Según George Herring, Roosevelt tenía una visión romántica y feudal de España, lo cual limitaba su comprensión de la realidad contemporánea[19], mientras que Marks sostiene que Roosevelt no mostró interés genuino por el pueblo español[20]. Asimismo, la destitución del subsecretario de Estado William Phillips puede interpretarse como indicativo de que Roosevelt prefería alejar de su Administración a personalidades favorables a los golpistas, como indicó en sus memorias el secretario de Estado Cordell Hull[21].

Ahora bien, una pregunta legítima que puede hacerse el lector es, si el presidente y su círculo más cercano simpatizaban con el Gobierno de la República, ¿Por qué se mantuvo neutral? Para dar respuesta a esta cuestión central, se deben tener en cuenta dos dimensiones: la interna y la externa. En el primer caso, es relevante comprender que hubo miembros importantes del gabinete del presidente que defendían la neutralidad, como el caso de Cordel Hull, el embajador estadounidense en Londres Joseph Kennedy (padre del futuro presidente estadounidense) y el nuevo subsecretario de Estado Summer Welles, quien afirmó que "los vínculos del bando republicano con los comunistas" fueron clave para entender la actitud del Departamento de Estado[22]. En cuanto al exterior, de forma sintética se puede afirmar que, hasta el final de la Segunda Guerra Mundial, la política de Estados Unido en Europa consistió en seguir la hoja de ruta marcada por Londres. En este sentido, el *premier* británico Neville Chamberlain fue firme en su postura de no cambiar el estatus de neutralidad, y Estados Unidos no quiso desoír a quien conocía mejor el terreno[23].

El puzle de los acontecimientos en suelo estadounidense requiere traer a escena a otros actores: los representantes de España en Washington. Tres son las figuras clave: Luis Calderón y Martín, embajador en el momento del Golpe; Fernando de los Ríos Urruti, sustituto del anterior y representante del Gobierno de la República;

---

[18] Joan Maria Thomàs, *Roosevelt y Franco. De la guerra civil española a Pearl Harbor* (Barcelona: Edhasa, 2007), 53.

[19] George C. Herring, *From Colony to Superpower: U.S. Foreign Relations since 1776* (New York: Oxford University Press, 2011), 86.

[20] Frederick W. Marks III, *Wind Over Sand. The Diplomacy of Franklin Roosevelt* (Londres: University of Georgia Press, 1988), 254.

[21] Cordell Hull, *The Memoirs of Cordell Hull*, vol. 1 (New York: MacMillan, 1948), 398.

[22] Sumner Welles, *The Time for Decision* (New York: Harper, 1944), 59.

[23] Glyn Arthur Stone, «Neville Chamberlain and the Spanish Civil War, 1936-9», *The International History Review* 35, n.º 2 (2013): 377-95.

y, por último, Juan Francisco de Cárdenas, enviado por los sublevados para ejercer un contrapeso a la acción diplomática de la Segunda República.

El embajador español en Washington, Luis Calderón y Martín, asumió con incertidumbre el inicio de la Guerra Civil. En una reunión con el secretario de Estado Cordell Hull el 27 de julio de 1936, ofreció la colaboración del gobierno español para garantizar la seguridad de los ciudadanos estadounidenses y explicó el plan de evacuación de los refugiados en la embajada[24]. Calderón expresó también su confianza en la superioridad militar del ejército republicano sobre las fuerzas rebeldes[25]. A esa fecha, el gobierno republicano, como régimen legal, contaba con mayor legitimidad para establecer acuerdos internacionales.

La cautela inicial del embajador Luis Calderón cambió en agosto de 1936. El día 6, se reunió con el subsecretario de Estado Phillips para explorar la posibilidad de adquirir diez mil balas de ametralladora para el gobierno republicano, propuesta que fue rechazada por razones "morales", ya que no había impedimentos legales[26]. La posterior llegada de Francisco Largo Caballero al poder, y la inclusión de ministros comunistas, generaron inquietud en Calderón, quien percibía una radicalización del gobierno. Esta visión se extendió a la prensa estadounidense. Por ejemplo, el *Washington Post* describió al nuevo gabinete como el "más radical" en la historia de España[27], recordando el pasado revolucionario de Largo Caballero.

Más allá de la actitud pasada del nuevo presidente del Consejo de ministros de la República, lo cierto es que Luis Calderón dimitió el 10 de septiembre junto con otros funcionarios de la embajada. El primer secretario de la embajada Luis de Olivares, el agregado militar mayor José Vidal y el agregado del ejército del aire Ramón Franco, le siguieron. Ante este hecho, una parte de la historiografía lo ha interpretado como la demostración de que el embajador en Washington simpatizaba con el bando rebelde[28]. Afirmación plausible si se atiende a los acontecimientos

---

[24] Aurora Bosch, *Miedo a la democracia: Estados Unidos ante la Segunda República y la guerra civil española* (Barcelona: Editorial Crítica, 2012), 114.

[25] «Memorandum de conversación entre Hull y Luis Calderón sobre la Guerra Civil Española», Washington, 27 de julio de 1936. Confidential U.S. State Department. Central Files, Spain, Internal Affaires, 1930-1939. Part 1, file nº 852.00/2319. Estamos, posiblemente, ante el primer documento en el que se habla de *Guerra Civil* para definir el conflicto.

[26] Richard Traina, *American Diplomacy and the Spanish Civil War* (Indiana: Indiana University Press, 1968), 54.

[27] «Spain's New leadership», *Washington Post,* 5 de septiembre de 1936, 6.

[28] Esta idea se sostiene en Bosch, *Miedo a la democracia,* 122.; Fernando Schwartz, *La Internacionalización de la Guerra Civil española. Julio de 1936-marzo de 1937* (Barcelona: Planeta, 1999), 163.; y Juan Carlos Merino, «La "Batalla" de Washington. La Guerra Civil Española en los

posteriores: el 6 de septiembre de 1940 bajo la firma de Francisco Franco se decreta que: "don Luis Calderón y Martín, ministro plenipotenciario de segunda clase, pase a prestar sus servicios al Ministerio de Asuntos Exteriores"[29]. No resulta incoherente interpretar, por lo tanto, su dimisión como un acto de significación política hacia el bando rebelde.

Con la embajada española en Washington vacante, la designación de Fernando de los Ríos Urruti, ferviente defensor de la causa republicana, marcó un giro en las relaciones con Estados Unidos. Nombrado por Manuel Azaña el 20 de septiembre de 1936, su llegada introdujo cambios significativos, Contaba con bagaje previo: de los Ríos había pasado un año de formación académica en la Universidad de Columbia (1929), acompañado de su amigo Federico García Lorca. Este movimiento respondía a la estrategia de Largo Caballero de posicionar a figuras clave en los principales puntos diplomáticos, con Marcelino Pascua en la Unión Soviética y Pablo de Azcárate en Gran Bretaña. Pese a su potencial para liderar el Gobierno republicano, la designación de Largo Caballero como presidente del Consejo de Ministros dejó a De los Ríos en una función clave en Estados Unidos, donde su conocimiento del país y sus conexiones le otorgaban cierta ventaja. Sin ir más lejos, algunos historiadores han constatado su buena relación con Eleanor Roosevelt[30].

Sin embargo, su misión no fue sencilla. Con el fracaso del Comité de No Intervención y la política de neutralidad estadounidense, De los Ríos se enfrentó a una negativa rotunda cuando el secretario de Estado, Cordell Hull, rechazó la petición de asistencia de la República española en octubre de 1936[31]. Este revés le llevó a reorientar su estrategia hacia la opinión pública estadounidense, en lugar de las instituciones gubernamentales. En noviembre de ese año, coincidiendo con el traslado del Gobierno de Largo Caballero de Madrid a Valencia y Barcelona, el embajador intensificó sus esfuerzos para influir en el ámbito cultural y académico, buscando generar una percepción favorable hacia la causa republicana entre las élites y ciudadanos estadounidenses. Esta experiencia consolidó su vínculo con la cultura estadounidense y le facilitó establecer importantes contactos en ciertos

---

Estados Unidos», *Estudios Internacionales*, Instituto de Estudios Internacionales-Universidad de Chile, 176 (2013): 61.

[29] «Decretos de 6 de septiembre de 1940 por los que se dispone pasen a prestar sus servicios en el Ministerio de Asuntos Exteriores los ministros plenipotenciarios que se indican», 21 de septiembre de 1940, Boletín Oficial del Estado nº 265, página 6550.

[30] Thomàs, *Roosevelt y Franco. De la guerra civil española a Pearl Harbor*, 28-29.

[31] «Informe de Richard Southgate», 10 de octubre de 1936. FRUS, Diplomatic Papers, 1936, Europe, Vol II.

sectores de la academia. Así, tras finalizar la Guerra Civil, fue contratado por la *New School for Social Research* de Nueva York, lo que refleja el impacto de sus conexiones y prestigio en el ámbito intelectual norteamericano.

Estos acontecimientos, junto con la falta de apoyo internacional al Gobierno de Largo Caballero, incrementaron las especulaciones sobre el inminente colapso de la República. Para contrarrestar este clima de pesimismo, De los Ríos decidió pronunciar un discurso en el *Council on Foreign Relations*, en el que alertó sobre la existencia de una "Santa Alianza de los Estados totalitarios" en apoyo a una causa absolutista en España. Señaló que los poderes tradicionales —la Iglesia, el ejército y la aristocracia— se estaban organizando para restablecer un régimen de "intolerancia" que impondría un control total de la vida cotidiana mediante el "terror". Este discurso no sólo impactó a los miembros del Council, sino que fue difundido en medios como el *New York Times*, con el fin de amplificar su mensaje[32]. Con esta presentación en el Council y con la subsiguiente cobertura mediática, De los Ríos aspiraba a sensibilizar a la opinión pública estadounidense sobre la situación crítica de la República española.

Por su parte, los sublevados movilizaron su propia diplomacia con el objetivo similar de ampliar el número de simpatizantes y que su "verdad" fuese la prevaleciente. Al frente de esta iniciativa pro-Franco se situó Juan Francisco de Cárdenas, quien, al momento del golpe fallido, era embajador de España en París. Durante los sucesos del 18 de julio, Cárdenas mantuvo una postura ambigua, aparentando lealtad al gobierno republicano. Sin embargo, cuando se le encomendó negociar la compra de armas con el gobierno de Léon Blum, intentó sabotear el acuerdo demorando la petición hasta el 20 de julio, sólo cediendo ante la insistencia de Fernando de los Ríos[33]. Este encuentro marcó el primer enfrentamiento entre ambos "embajadores" de España en Estados Unidos: De los Ríos fue enviado por Giral a París con una doble misión de presión y contención —presionar a Cárdenas para no obstruir la ayuda y sostener la embajada ante el previsible aluvión de dimisiones. Como era de esperar, Cárdenas presentó su renuncia el 23 de julio de 1936, debido a su simpatía por el bando sublevado, y la Junta de Defensa Nacional lo consideró pronto una figura clave para su causa[34].

---

[32] «Rios Calls Foes of Madrid New 'Holly Alliance'», *New York Times*, 7 de noviembre de 1936, 9.

[33] Ricardo Miralles, «El duro forcejeo de la diplomacia republicana en París. Francia y la guerra civil española», en *Al servicio de la República: diplomáticos y Guerra Civil*, ed. Viñas, Ángel (Madrid: Marcial Pons, 2010), 125.

[34] Juan Carlos Pereira y Miguel Campos, «Francia ante el inicio de la Guerra Civil: De la promesa de ayuda a "la no intervención laxa" (julio-septiembre de 1936)», en *Guerra y paz: La sociedad*

Juan Francisco de Cárdenas, aristócrata de inclinaciones monárquicas y distante del ideario republicano, fue nombrado Caballero Gran Cruz de la Real Orden de Isabel la Católica durante el reinado de Alfonso XIII[35]. Diplomático de carrera, había ejercido como embajador de España en Estados Unidos entre 1932 y 1934, lo que lo hacía el candidato ideal para la misión que la Junta Nacional de Defensa tenía en mente. Conscientes de la necesidad de establecer vínculos diplomáticos, los sublevados lo enviaron a Nueva York a finales de agosto, asignándole el cargo de "representante del Gobierno Nacional"[36], con sede en el hotel Ritz-Carlton, en Central Park[37]. Allí contó con el apoyo de José de Gregorio, ex cónsul en el suroeste de Estados Unidos, y de Miguel Echegaray, ex agregado de Agricultura, quien a partir de octubre de 1937 asumió funciones de subdelegado de Prensa y Propaganda y de General Manager de Peninsular News Service, Inc. (PNS).

La estrategia de Cárdenas se centró en desprestigiar al Gobierno republicano mediante dos argumentos principales. El primero era advertir a las empresas comerciales sobre la inestabilidad económica bajo el mando republicano, usando como ejemplo los procesos de colectivización de grandes compañías como General Motors y Ford en Barcelona. En contraste, Cárdenas sostenía que el bando sublevado ofrecía un entorno seguro y ventajoso para las relaciones comerciales, especialmente en sectores estratégicos como el petrolero[38]. El segundo argumento apuntaba a resaltar el carácter antidemocrático del gobierno republicano, afirmando que estaba bajo la influencia de Moscú y, por tanto, del comunismo. En este sentido, Cárdenas intentaba presentar al bando nacionalista como defensor del orden y la estabilidad, en contraposición al supuesto desorden que el comunismo representaba.

---

*internacional entre el conflicto y la cooperación.*, ed. José Manuel Azcona, Juan Francisco Torregrosa, y Matteo Re (Madrid: Dykinson, 2013), 149.

[35] Ministerio de Estado, «Real decreto nombrando Caballero Gran Cruz de la Real Orden de Isabel la Católica a D. Juan Francisco Cárdenas y Rodríguez de Rivas», 30 de diciembre de 1926. Gaceta de Madrid, *n°.* 364, 1787.

[36] En la correspondencia con el bando rebelde, figura como "Representante del Gobierno Nacional en los Estados Unidos" o, también, como "Encargado de Negocios de España".

[37] Hugh Thomas, *La guerra civil española* (París: Ruedo Ibérico, 1967), 367-68.

[38] Anthony Sampson, *Las Siete Hermanas. Las grandes compañías petroleras y el mundo que han creado.* (Barcelona: Planeta de Agostini, 1994).

### El Estado franquista y la Administración Roosevelt

El final de la Guerra Civil española marcó el inicio de las relaciones oficiales entre la España franquista y la administración Roosevelt, aunque este diálogo comenzó con tensiones. Para Franco, Estados Unidos había tardado demasiado en reconocer su autoridad; el reconocimiento del gobierno estadounidense no llegó hasta que quedó bien claro que los republicanos habían perdido la guerra. Este descontento, sin embargo, parece estar relacionado no tanto con el momento en que Estados Unidos otorgó el reconocimiento (1 de abril de 1939), sino con la manera en que otros países democráticos, como Francia y Gran Bretaña, habían gestionado este proceso.

Tras la reunión de Múnich en septiembre de 1938, Francia y el Reino Unido ya contemplaron la posibilidad de reconocer al bando franquista. Este encuentro entre Gran Bretaña, Francia, Alemania e Italia, en el contexto de la política de apaciguamiento, sentó las bases para el reconocimiento de Franco como líder legítimo en España, una medida vista como necesaria para estabilizar las relaciones en Europa. En los meses siguientes, Francia avanzó en un acuerdo bilateral con Franco en el que se comprometía a devolver bienes españoles que estaban bajo su control, así como a vigilar su frontera para evitar la entrada de elementos contrarios al Régimen franquista. A cambio, Franco aseguró que no habría represalias contra ciudadanos franceses, incluidos aquellos que habían participado en la guerra civil en apoyo a la Segunda República[39].

El Reino Unido, por su parte, decidió proceder sin condiciones explícitas más allá de una garantía de que no habría represalias generalizadas. Este acuerdo fue gestionado por figuras como el conde de Halifax y el conde de Jordana, mientras que Pablo de Azcárate, embajador de la República en Londres, intentaba poner trabas que impidiesen el reconocimiento de Franco por parte del gobierno británico[40]. La caída definitiva de la República el 25 de febrero de 1939 aceleró estos planes, y el reconocimiento británico se formalizó el 27 de febrero[41].

---

[39] Antonio Marquina, «El reconocimiento diplomático pleno del bando nacional tras la reunión de Múnich», *UNISCI Discussion papers*, n.º 11 (2006): 268-69.

[40] Pablo de Azcárate, *Mi embajada en Londres durante la guerra civil española* (Barcelona: Ariel, 1976), 125. También mencionado en Ángel Viñas, *El honor de la República: Entre el acoso fascista, la hostilidad británica y la política de Stalin* (Barcelona: Editorial Crítica, 2010), 506.

[41] Enrique Moradiellos y Pedro Arjona, *La perfidia de Albión: El gobierno británico y la guerra civil española* (Madrid: Siglo XXI, 2008), 350.

A diferencia de sus aliados europeos, Estados Unidos fue más cauto. Aunque los británicos mantuvieron a Washington al tanto de su intención de reconocer a Franco, la administración Roosevelt buscó confirmar la posición del gobierno francés antes de tomar una decisión. El 24 de febrero, el Departamento de Estado pidió a William Bullitt, su embajador en París, un informe sobre la postura francesa. Bullitt informó que los franceses confiaban en la promesa de Franco de no llevar a cabo represalias, aunque también señaló que el compromiso era ambiguo y difícil de garantizar plenamente[42]. Bullitt advirtió sobre el riesgo de represión en el régimen de Franco, indicando que la legislación vigente en España desde 1936 contemplaba tribunales militares especiales para juzgar a opositores políticos, una estructura que permitiría al régimen emprender acciones represivas en nombre de la "seguridad nacional"[43].

En este contexto, las potencias democráticas —Francia, Gran Bretaña y Estados Unidos— se enfrentaban al dilema de reconocer un régimen cuya política de represión interna contravenía sus propios valores, pero que, al mismo tiempo, resultaba conveniente para sus intereses geopolíticos en un escenario europeo cada vez más inestable.

Profundizando en esta cuestión, hay que entender que el reconocimiento del régimen de Franco por la administración Roosevelt estuvo marcado por diversas presiones y factores geopolíticos complejos. Desde el sector privado, grandes empresas estadounidenses, como ITT, Firestone, Texas Oil y General Motors, con intereses en España, presionaron al gobierno de Estados Unidos para reconocer a Franco, argumentando que sus negocios se beneficiarían de una relación estable con el nuevo régimen[44]. Un caso específico fue el de Frank Page, presidente de ITT, quien informó de un acercamiento del gabinete franquista con promesas de resolver problemas empresariales pendientes tras el reconocimiento oficial[45].

Sin embargo, la actitud de Franco hacia las democracias occidentales y su inclinación hacia los regímenes fascistas complicaron este proceso. A pesar del reconocimiento por parte de Francia y Gran Bretaña en febrero de 1939, Franco

---

[42] Marquina, «El reconocimiento diplomático pleno del bando nacional tras la reunión de Múnich», 269.

[43] «Embajador en Francia, Bullitt al Secretario de Estado», 25 de febrero de 1939, FRUS, 1939, General, The British Commonwealth and Europe, Vol. II.

[44] «Herbert. C. Pell, embajador americano en Lisboa a Corden Hull», 8 de febrero de 1939, Confidential US State Department. Central Files. Spain: Internal Affaires, 1930-1939, part 1, reel 32, file 852.00/8986.

[45] «Memorandum de conversación entre Frank Page y Pierrepont Moffat», 9 de febrero de 1939. Confidential US State Department. Central Files. Spain: Internal Affaires, 1930-1939, part 1, reel 32, file nº. 852.00/8967

fortaleció sus lazos con Alemania y el Eje, al adherirse al Pacto Anti-Komintern y firmar un tratado de amistad con el Tercer Reich[46]. Esta orientación, a caballo entre el anticomunismo y el pro-fascismo, planteaba un desafío a las democracias europeas y especialmente a Estados Unidos, que intentaba evitar una alineación explícita con el fascismo en el contexto de la Segunda Guerra Mundial[47].

Otro factor que influyó en la demora del reconocimiento fue la política de neutralidad de Roosevelt ante el conflicto español, que el régimen de Franco interpretó como hostil. John Gade, agregado naval en la embajada estadounidense en Lisboa, sugirió que esta interpretación no era del todo errónea, ya que el embajador Claude Bowers apoyaba abiertamente al gobierno republicano[48]. Gade argumentaba que, aunque la neutralidad de Roosevelt era oficial, la prensa española reaccionó en contra debido a la presencia de voluntarios estadounidenses en las Brigadas Internacionales que apoyaban a la República. Al mismo tiempo, Franco pasaba por alto que la inversión estadounidense en España creció un 127% entre 1936-1938 gracias al apoyo logístico de empresas como Texaco. Una cantidad significativa que había superado incluso a la británica en magnitud y solo era inferior a la francesa[49].

En un intento por explicar la postura del presidente, el periodista Jay Allen afirmó que el origen residía en la repulsión que el Caudillo generaba en el presidente estadounidense[50]. Una visión más equilibrada y moderada la ofreció el propio Cordell Hull, quien explicó en sus memorias que la estrategia estadounidense se basaba en "usar nuestra influencia moral" para evitar represalias

---

[46] Paul Preston señala que "ya el 20 de febrero de 1939 el Caudillo había accedido a incorporarse al pacto anti-Komintern". Véase Paul Preston, *La política de la venganza, el fascismo y el militarismo en la España del S. XX* (Barcelona: Quinteto, 2004), 139.

[47] José Ramón Díez Espinosa, «La segunda guerra mundial. La defensa de la democracia"», en *Europa y Estados Unidos. Una historia de la relación atlántica en los últimos cien años*, ed. María Beneyto, Ricardo Martín de la Guardia, y Guillermo Pérez Sánchez (Madrid: Biblioteca Nueva, 2005), 136.

[48] John Gade no dudó en señalar a Bowers como un elemento favorable al Gobierno de la República cuando afirmó que "nuestro embajador Bowers incuestionablemente lo estaba [en contra de Franco]". Véase «Herbert. C. Pell a John A. Gade», 16 de mayo de 1939. Confidential US State Department. Central Files. Spain: Internal Affairs, 1930-1939, part. 1. Reel 33, file n°. 852.00/9229.

[49] Julio Tascón, «Capital internacional antes de la "internacionalización del capital" en España, 1936-1959», en *Los empresarios de Franco: política y economía en España, 1936-1957*, ed. Glicerio Sánchez y Julio Tascón (Barcelona: Editorial Crítica, 2003), 290.

[50] «Carta de Jay Allen a Eleanor Roosevelt», 10 de julio de 1939, Franklin Delano Roosevelt Presidential Library (FDRPL), President's Secretary File (PSF), Spain Box 50. Extraído de Thomàs, *Roosevelt y Franco. De la guerra civil española a Pearl Harbor*, 74-75.

contra los republicanos derrotados[51]. Esta postura se reflejó en una entrevista entre el embajador Bullitt y un representante de Franco, el 28 de febrero, en la que se le garantizó la seguridad de los ciudadanos y propiedades estadounidenses, pero no se mencionó la represión interna[52]. Así, Estados Unidos solo reconoció al gobierno de Franco cuando fue evidente que el gobierno republicano había desaparecido, formalizando el reconocimiento tras la entrada de las tropas franquistas en Madrid, el 1 de abril de 1939. La administración Roosevelt reconoció así a Franco con reservas, reflejando las tensiones y contradicciones de una relación que se establecía en un contexto de creciente hostilidad entre las democracias y los regímenes fascistas.

A pesar del reconocimiento del Nuevo Régimen, no hubo un cambio significativo en las simpatías hacia España por parte de Roosevelt ni de la opinión pública estadounidense, que mantenía una postura dividida desde la Guerra Civil[53]. Este contexto condicionó el inicio de la nueva relación diplomática entre ambos países, lo que obligó a un cambio en el personal diplomático. La salida de Claude Bowers, por su conocida admiración por la Segunda República, dio paso a H. Freeman Matthews como chargé d'Affaires, quien asumió el cargo entre el 1 de abril y el 3 de mayo de 1939[54]. Matthews, con experiencia en América Latina y dominio del español, percibió rápidamente que el resentimiento de España hacia Estados Unidos podría ser un obstáculo. Según su informe de abril, los franquistas sentían que habían ganado la Guerra sin el apoyo estadounidense, además de haber tenido que enfrentar a los ciudadanos estadounidenses que lucharon en las Brigadas Internacionales[55].

---

[51] Hull, *The Memoirs of Cordell Hull*, 1:617.

[52] Bullit afirmó que "las leyes vigentes en España a partir del 16 de julio de 1936 prevén tribunales militares especiales para juzgar a los infractores políticos". Véase «Embajador en Francia, Bullitt al Secretario de Estado», 25 de febrero de 1939, FRUS, 1939, General, The British Commonwealth and Europe, Vol. II.

[53] El consejero de la embajada estadounidense en Madrid, Willard L. Beaulac escribió que la prensa estadounidense tuvo un papel relevante en la construcción del imaginario de Franco. Según él, los medios de comunicación dieron mucha publicidad a los discursos "pro-Eje de Franco". En cambio, "la mayor parte de la propaganda de Franco no se imprimió en Estados Unidos". Además, reflejó su queja porque sí que se publicaban "como noticias acerca de España". Thomàs, *Roosevelt y Franco. De la guerra civil española a Pearl Harbor*, 557.

[54] La primera noticia de la que se tiene constancia de la llegada de Matthews a España data del 4 de abril. «US and Spain Name Temporary Envoys; Franco Flag Tops Embassy in Washington», *The New York Times*, 4 de abril de 1939, p. 10.

[55] «Encargado de negocios en España al secretario de Estado», 1 de mayo de 1939. FRUS. 1939, General, British Commonwealth and Europe, vol. II.

Simultáneamente, se produjo el cambio de bandera en la embajada española en Estados Unidos, donde Juan Francisco de Cárdenas asumió oficialmente el cargo como embajador del bando rebelde. En su primera reunión con el secretario de Estado Cordell Hull, se intentó mostrar empatía por la situación española, utilizando el paralelismo con la Guerra Civil estadounidense para fomentar el respeto hacia los derrotados[56]. Sin embargo, la respuesta de Cárdenas fue poco clara, lo que reflejaba la difícil realidad del momento, donde las ejecuciones políticas, como las de 21 comunistas el 3 de abril, alimentaban la preocupación internacional[57]. Grupos como la Liga Antinazi de Hollywood y figuras como Dashiell Hammett se unieron a las protestas por las "ejecuciones y torturas" en España, y otros activistas, como el escritor alemán Thomas Mann, expresaron su apoyo al gobierno republicano en el exilio, subrayando el contexto político y social que rodeaba el reconocimiento de Franco[58].

Las reclamaciones sobre la cuestión humanitaria y el recelo español hacia la actitud estadounidense frente al conflicto obligaron a Cordell Hull a responder con políticas más estratégicas. Aunque Hull consideraba positiva la victoria franquista, pronto se dio cuenta de que sus expectativas económicas eran erróneas. Creía que el triunfo republicano llevaría a un sistema comunista intervencionista, mientras que una victoria franquista favorecería al capital estadounidense en España. Sin embargo, la realidad no fue tan clara. A pesar de la ayuda logística de empresas como Texaco, Standard Oil of New Jersey (hoy Exxon), y Mobil, que apoyaron al bando franquista durante la guerra, las relaciones comerciales no se limitaron a un solo bando[59]. Empresas como General Motors y Ford también contribuyeron, con vehículos y armamento alemán en el desfile de la victoria franquista, lo que generó

---

[56] Hull, *The Memoirs of Cordell Hull*, 1:618.

[57] «Vicecónsul en Valencia (Wallner) al secretario de Estado», 4 de abril de 1939. Confidential US State Department. Central Files. Spain: Internal Affaires, 1930-1939, part. 1, reel 32, file nº 852.00/9090.

[58] Wanilton Dudek, «Between Los Angeles and Rio de Janeiro: The Fight against Fascism in a Transnational Perspective», *Clío: Revista de Pesquisa Histórica*, n.º 36 (2018): 183-84.

[59] José Quiñones de León, diplomático en Francia y representante de España en la Sociedad de Naciones verificó que la Shell (petrolera británica vinculada a Atlantic Refining) mantenía reservas de combustible en Marsella destinados al Gobierno de la República. Se trata de uno de los muchos diplomáticos que fue apartado por la República debido a sus simpatías con el Gobierno de Burgos. «Información de la comunicación de Cirilo Tornos sobre la situación del combustible de la CAMPSA en Francia», 7 de febrero de 1939. AGUN, Fondo Francisco Moreno Herrera, conde de los Andes, documento nº 060/002/0213.

preocupación en los diplomáticos estadounidenses, como el agregado naval John Gade, quien vio en el acto una demostración de propaganda y fuerza[60].

Al final de la Guerra Civil, las relaciones entre las empresas estadounidenses y el gobierno franquista se consolidaron, aunque el Régimen no reconoció públicamente esta colaboración. Sin embargo, Hull sentía inseguridad, especialmente respecto a la situación de la International Telephone & Telegraph Corporation (ITT), cuyo dueño, Sosthenes Behn, intentaba ingresar en España para verificar el estado de su filial, la Compañía Telefónica Nacional de España (CTNE). La política autárquica española limitaba el control extranjero, lo que complicaba la presencia de empresas como la ITT. A esta situación se sumaba el resentimiento de Franco hacia la empresa, acusada de simpatizar con la República durante la Guerra Civil, ya que sus representantes no evacuaron a los empleados estadounidenses de la zona republicana y colaboraron con los propietarios en territorio rebelde. Para mayo de 1939, la ITT seguía intervenida, sus empleados estaban siendo depurados y su presidente tenía prohibido el acceso a España[61]. Otra gran preocupación del Departamento de Estado fue la repatriación de los prisioneros estadounidenses que habían combatido en las Brigadas Internacionales. Aunque algunos murieron durante el conflicto, un total de 19 prisioneros fueron capturados[62].

En suma, entre mayo y septiembre de 1939, las negociaciones diplomáticas entre España y Estados Unidos se centraron en tres temas clave. Uno de ellos fue la liberación de los presos estadounidenses del Batallón Lincoln, un asunto de gran preocupación para la diplomacia estadounidense. Otro asunto importante fue la resolución del conflicto relacionado con la International Telephone & Telegraph Corporation (ITT). Además, el gobierno de Franco solicitó créditos para la compra de algodón, en medio de una situación económica devastadora tras la Guerra Civil, que dejó al país con hambre, destrucción industrial y una considerable pérdida de vidas humanas[63].

La solicitud de créditos fue presentada formalmente por el embajador español, Juan Francisco Cárdenas, el 10 de mayo de 1939, ante el subsecretario de Estado

---

[60] «Informe del capitán John A. Gade», 18 de mayo de 1939. Confidential U.S. State Department. Central Files. Spain: Internal Affaires, 1930-1939, part. 1, reel 33, file n°. 852.00/9229.
[61] Adoración Álvaro, «Redes empresariales, inversión directa extranjera y monopolio: el caso de telefónica, 1924-1965», *Revista de Historia Industrial*, XVI, n.º 34 (2007): 82; Thomàs, *Roosevelt y Franco. De la guerra civil española a Pearl Harbor*, 86-89; Bosch, *Miedo a la democracia*, 239-40.
[62] Bosch, *Miedo a la democracia*, 243.
[63] Miguel Ángel del Arco, *Los años del hambre: Historia y memoria de la posguerra franquista* (Madrid: Marcial Pons, 2020).

estadounidense, Summer Welles[64]. La diplomacia estadounidense aceptó la solicitud por diversas razones, entre ellas el deseo de mostrar un gesto de buena voluntad hacia el nuevo Régimen franquista y la posibilidad de asegurar beneficios económicos. Además, Estados Unidos utilizó esta solicitud como palanca para presionar sobre otros temas, como la liberación de los prisioneros estadounidenses y la resolución del conflicto con la ITT. Después de intensas negociaciones, el acuerdo se firmó el 7 de agosto de 1939[65].

Sin embargo, la concesión de créditos implicaba contrapartidas políticas. A pesar de las conversaciones y los compromisos alcanzados, como la entrada del representante de la ITT, Sosthenes Behn, en España, el asunto de la liberación de los prisioneros no se resolvió completamente. En una acción que fue vista como un engaño político, solo once de los prisioneros fueron liberados, y al menos ocho permanecieron encarcelados hasta finales de agosto de 1939, lo que mantuvo la tensión en las relaciones bilaterales. Esta situación se agravó en el contexto internacional, ya que el mismo día en que España liberó a algunos prisioneros, Alemania y la Unión Soviética firmaron el Pacto Molotov-Ribbentrop, un acontecimiento que alteró aún más la estabilidad mundial y que, para el Régimen franquista, auguraba tiempos difíciles tras la reciente guerra civil.

### Relaciones bilaterales en un mundo en guerra

A pesar de sus simpatías por las potencias del Eje, Franco no estaba en condiciones de participar activamente en la Segunda Guerra Mundial[66]. Tras la victoria franquista en la Guerra Civil, el régimen español decretó una "neutralidad

---

[64] «Memorandum de Conversación Welles-Cárdenas», 10 de mayo de 1939, President's Secretary File (PSF), Welles, Franklin Delano Roosevelt Presidential Library (FDRPL).

[65] Las condiciones económicas y su repercusión han sido tratado por la historiografía de forma solvente. Véase Herbert Feis, *The Spanish Story: Franco and Athe Nations at War* (New York: W.W. Norton & Company, 1966); Angel Viñas et al., *Política comercial exterior en España (1931-1975)*, vol. I (Madrid: Banco Exterior de España, Servicio de Estudios Económicos, 1979), 288; Stanley G. Payne, *El régimen de Franco, 1936-1975* (Madrid: Alianza Editorial, 1987), 262; Florentino Portero y Rosa Pardo, «La política exterior», en *Historia de España Menéndez Pidal. La época de Franco*, 41 (Madrid: Espasa-Calpe, 1996), 197; Andrée Bachoud, *Franco* (Barcelona: Editorial Crítica, 2000), 250; Gabriel Cardona, *El gigante descalzo. El ejército de Franco* (Madrid: Aguilar, 2003), 75; Enrique Moradiellos, *Franco frente a Churchill.: España y Gran Bretaña durante la Segunda Guerra Mundial* (Barcelona: Península, 2005), 79; Misael López Zapico, *Las relaciones entre Estados Unidos y España durante la guerra civil y el primer franquismo (1936-1945)* (Gijón: TREA, 2008), 144-47.

[66] Willard Frank, Jr., «The Spanish Civil War and the Coming of the Second World War», *The International History Review* 9, n.º 3 (1987): 368-409.

estricta" que pronto se matizó con el calificativo de "vigilante". Esta postura no implicaba un distanciamiento de las potencias fascistas, sino que España prefería mantenerse al margen debido a su falta de recursos militares y económicos para afrontar la guerra[67].

La situación económica fue un factor clave en la neutralidad española y también un elemento que Estados Unidos intentó aprovechar[68]. En la primavera de 1940, España solicitó un préstamo de entre 150 y 200 millones de dólares a Estados Unidos para la compra de cereal y algodón[69]. Aunque inicialmente el subsecretario de Estado, Summer Welles, rechazó la solicitud debido a la reciente falta de cumplimiento de España en cuanto a la liberación de los prisioneros estadounidenses, el curso de la guerra obligó a un cambio de enfoque por parte de Washington. Con la invasión alemana a Francia en mayo de 1940, que parecía culminar en una victoria alemana, Estados Unidos reconsideró su postura. Welles instruyó al embajador estadounidense en Madrid, Alexander Weddell, para que garantizara la aprobación del préstamo, condicionado al mantenimiento de la neutralidad por parte de España[70]. Este enfoque buscaba fortalecer los lazos comerciales y asegurar que España se mantuviera equidistante en su actitud hacia la guerra.

A medida que las victorias alemanas en Europa se sucedían, España comenzó a revisar su postura. El 12 de junio de 1940, el Régimen franquista cambió su estatus de neutralidad a "no beligerancia", una estrategia que recordaba a la adoptada por Italia al inicio de la guerra. Este cambio de postura coincidió con la ocupación de Tánger por parte de España el 14 de junio y con la reunión entre el general Juan Vigón y Adolf Hitler el 16 de junio. El objetivo de la dictadura española era expandir sus territorios coloniales a costa de la Francia derrotada, y este acercamiento a la Alemania nazi reflejaba una reconfiguración de las alianzas en el contexto del conflicto mundial[71].

---

[67] Rafael Calduch, «La política exterior española durante el franquismo», en *La política exterior española en el siglo XX* (Madrid: Ediciones Ciencias Sociales, 1994), 108.

[68] Paul Preston, «Franco's Foreign Policy 1939-1953», en *Spain, in an International Context, 1936-1959*, ed. Christian Leitz y David Dunthron (New York, NY: Berghahn Books, 1999), 2.

[69] «Memorandum de conversación Welles-Cárdenas», 15 de mayo de 1940, Franklin Delano Roosevelt Presidential Library (FDRPL), President's Secretary File (PSF), Spain. En Thomàs, *Roosevelt y Franco. De la guerra civil española a Pearl Harbor*, 175.

[70] «Telegrama de Hull a Weddell», 28 de mayo de 1940, FRUS, Diplomatic Papers, 1940, vol. II, pp. 803-804.

[71] Sobre las diferentes reuniones y negociaciones entre ambos países no se va a entrar en este trabajo. A pesar de ello, hay múltiples referencias bibliográficas que tocan el tema con gran profundidad. Por citar algunas con diferentes interpretaciones entre sí, destacamos Ángel Viñas Martin, *Franco, Hitler*

La actitud española ante el conflicto mundial, especialmente durante las reuniones entre el embajador estadounidense Alexander Weddell y los líderes franquistas, reveló una postura ambigua y, en ciertos casos, desafiante. En una reunión del 22 de junio de 1940, Weddell intentó evaluar las intenciones de la dictadura en cuanto a su participación en la guerra, pero el ministro Serrano Suñer, cuñado de Franco, respondió con tono de soberbia, sugiriendo que la situación económica y social en España no era tan crítica como los aliados suponían[72]. Suñer minimizó la crisis de alimentos en el país y presentó al gobierno español como capaz de mejorar las condiciones sociales, citando la construcción de viviendas como ejemplo. Este tono altivo y evasivo despertó la preocupación de Weddell, quien temía una mayor (aún) inclinación pro-Eje por parte de Franco.

La reacción de los aliados fue inmediata, y tanto Estados Unidos como Reino Unido empezaron a diseñar una estrategia para asegurar la neutralidad de España. El embajador británico, sir Samuel Hoare, propuso un plan basado en tres componentes para mantener a España fuera del conflicto: incentivos económicos (relajación del bloqueo naval y créditos para alimentos y petróleo), concesiones políticas (consideración de demandas coloniales y el estatus de Gibraltar) y sobornos a funcionarios clave. Esta estrategia de "stick and carrot" o "palo y zanahoria" buscaba persuadir a España mediante una combinación de presión y recompensas, método que los aliados ya habían usado en otras ocasiones[73].

Además, los aliados implementaron una serie de medidas económicas y comerciales para presionar al Régimen franquista. Según autores como Carlton Hayes y Morales Lezcano, la presión se ejerció a través de mecanismos como las listas negras de empresas colaboradoras con el Eje, los *navicerts* (certificados de navegación requeridos para exportaciones), y compras preventivas de productos españoles para evitar que llegaran al Eje[74]. Esta estrategia económica buscaba limitar la influencia alemana y mantener a España en una neutralidad vigilada,

---

*y el estallido de la Guerra Civil: Antecedentes y consecuencias* (Madrid: Alianza Editorial, 2001); Xavier Moreno Juliá, *Hitler y Franco. Diplomacia en tiempos de guerra* (Barcelona: Planeta, 2007); Juan Eslava, *La tentación del Caudillo: Nueve meses que «no» estremecieron al mundo* (Barcelona: Planeta, 2020); Stanley G. Payne, *Franco y Hitler* (Madrid: La Esfera de los Libros, 2008); Luis E. Togores, *Franco frente a Hitler: La historia no contada de España durante la Segunda Guerra Mundial* (Madrid: La Esfera de los Libros, 2020).

[72] Thomàs, *Roosevelt y Franco. De la guerra civil española a Pearl Harbor*, 578.

[73] Moradiellos, *Franco frente a Churchill.*, 145.

[74] López Zapico, *Las relaciones entre Estados Unidos y España durante la guerra civil y el primer franquismo (1936-1945)*, 172-73.

evitando que el Régimen franquista se involucrara en el conflicto en beneficio de las potencias fascistas.

En el verano de 1940, los servicios de inteligencia estadounidenses y británicos detectaron que España podría estar suministrando combustible a empresas relacionadas con el Eje, lo que llevó a reducir los envíos de petróleo al país[75]. Como medida de presión, Estados Unidos prohibió el uso de sus buques tanque para el transporte de petróleo hacia España, alegando peligrosidad en una zona próxima al conflicto. Aunque la medida fue moderada para evitar implicaciones políticas internas, el impacto en España fue considerable debido a su limitada capacidad de transporte marítimo propio. La situación se agravó cuando Gran Bretaña adoptó medidas similares, lo cual generó preocupación entre las autoridades españolas, como reflejaron las comunicaciones entre el embajador Cárdenas y el ministro Beigbeder. Quien alertó de este acontecimiento al embajador fue el presidente de la Texaco, el capitán Thorkild Rieber. Este mantuvo una reunión con representantes británicos y llegó a la conclusión de que "Inglaterra trata de suprimir o reducir los embarques de productos petrolíferos destinados a España"[76]. A mediados de julio la situación seguía en punto muerto. Cárdenas informó el 16 de julio que "Inglaterra (…) [está poniendo] dificultades para que recibamos petróleo y sus derivados (…) pues cree que tenemos una gran reserva que quiere hacernos disminuir"[77]. Estas dificultades llevan a que el propio ministro de Exteriores español reconociese que las reservas de combustible para aviones que poseía España provenían de la Guerra Civil.

El Régimen franquista mostró una respuesta ambivalente. Mientras sectores de la Falange impulsaban una retórica antiamericana[78], los encargados de la economía buscaron alternativas para sostener el suministro. Un acuerdo con Standard Oil, que

---

[75] A partir de la Ley de Espionaje del 27 de junio de 1940 se pudo proceder a la investigación del asunto. En ella se determinó que España solo requería en torno a 85.000 toneladas de crudo al año. Además, dichas pesquisas también llegaron a la conclusión de que había un excedente de 300.000 toneladas de gasolina. Exceso de producción que terminó en manos del Eje. «Memorándum de la Embajada británica», 17 de junio de 1940. Citado en Feis, *The Spanish Story: Franco and Athe Nations at War*, 37.

[76] «Gestión en Nueva York en relación con los abastecimientos petrolíferos». 28 de junio de 1940, Archivo Ministerio Asuntos Exteriores, R: 2246. E: 75

[77] «Telegrama de Cárdenas a Beigbeder», 9 de agosto de 1940. CDMH, AFNFF, 27090.

[78] La presión de la prensa falangista y el antiamericanismo de este sector del Régimen ha sido analizado en Klaus-Jörg Ruhl, *Franco, Falange y el III Reich. España en la Segunda Guerra Mundial* (Madrid: Akal, 1986); Lorenzo Delgado, *Imperio de papel: Acción cultural y política exterior durante el primer franquismo* (Madrid: Consejo Superior de Investigaciones Científicas, 1992). Daniel Fernández, «El antiamericanismo en la España del primer franquismo (1939-1953): el Ejército, la Iglesia y Falange frente a Estados Unidos», *Ayer* 2, n.º 62 (2006): 257-82.

permitía usar buques panameños para transportar petróleo venezolano a la refinería CEPSA en Tenerife, fue una de las soluciones implementadas. Sin embargo, las tensiones seguían presentes y el embajador español en Estados Unidos transmitió la preocupación del régimen por el impacto económico de estas restricciones y por su imagen internacional. Tanto Beigbeder como Cárdenas optaron por moderar la crítica en la prensa hacia Estados Unidos y Gran Bretaña, al menos "mientras durase la crisis del combustible". Pero hubo más. En la misma comunicación, el propio Cárdenas sitúa el problema no solo en la divulgación de mensajes antiamericanos. También señaló que la falta de determinación con el "caso Telefónica" estaba perjudicando las relaciones con el gobierno de Estados Unidos[79].

La situación con la Telefónica se mantuvo sin resolver en 1940, y el embajador estadounidense Weddell propuso como condición la resolución del conflicto con la International Telephone & Telegraph (ITT), cuyo accionariado estadounidense enfrentaba la negativa de Serrano Suñer a cumplir un acuerdo previo[80]. Las negociaciones con Estados Unidos se intensificaron, con Weddell exigiendo no solo resolver el problema de Telefónica, sino también que España reconociera públicamente la ayuda estadounidense, lo cual era difícil por la postura antiamericana de algunos sectores del Régimen franquista. Para presionar, el subsecretario de Estado Sumner Welles logró que las petroleras estadounidenses suspendieran los envíos de combustible a España en agosto, lo que aceleró la negociación, logrando un acuerdo el 19 de ese mes[81].

La ambigüedad del Régimen franquista preocupaba a Washington, especialmente a Weddell, quien temía que España se uniera al conflicto si no se le ofrecía ayuda económica. Debido a la crisis alimentaria de 1940, que dejó a España con un déficit de trigo de 1,3 millones de toneladas, Weddell propuso un crédito de 100 millones de dólares. De ese total, 70 millones se destinarían a la compra de trigo y maquinaria agrícola, a cambio de exportaciones de aceite de oliva. Weddell creía que este apoyo podría influir en la política exterior española, como también opinaba el representante británico Sir Samuel Hoare, quien buscaba retrasar la entrada de España en la guerra, al menos temporalmente[82].

---

[79] «Telegrama de Cárdenas a Beigbeder», 9 de agosto de 1940. CDMH, AFNFF, 27090.
[80] Marta Sansigre, «El petróleo en las relaciones España-USA (1940-1941)», *Historia 16*, n.º 98 (1984): 12.
[81] Leonard Caruana y Hugh Rockoff, «An Elephant in the Garden: The Allies, Spain, and Oil in World War II», en *Working Paper Series* (Cambridge (MA): National Bureau of Economic Research, 2006), 44.
[82] Una ayuda que se complementa con la fundación en 1940 de la primera sede cultural británica en España. Bajo el mando del British Council, se construyó una escuela para niños con el objetivo de propagar el lenguaje antifascista. Marina Pérez, «Education, Intelligence and Cultural Diplomacy at the British Council in Madrid, 1940–1941. Part 1: Founding a School in Troubled Times», *Hispanic*

Sin embargo, la interpretación de Weddell sobre las intenciones de Franco resultó ingenua, dado que semanas después Franco se reunió con Hitler para negociar una posible entrada en el conflicto. Frente a esta situación, el secretario de Estado Cordell Hull mantuvo una postura firme, exigiendo garantías de que España respetaría los principios de comercio libre y propiedad privada extranjera, demandas difíciles de aceptar para el Régimen franquista[83]. La desconfianza de Hull aumentó tras la reunión de Serrano Suñer con representantes nazis en Berlín, lo que mostraba las simpatías del Régimen hacia el Eje, y evidenciaba el complejo equilibrio diplomático que Estados Unidos intentaba mantener con España.

Tales diferencias entre Weddell y Hull son buena muestra de los desacuerdos que hubo entre los funcionarios y gobernantes estadounidenses respecto a qué posición adoptar respecto al caso español. Otro ejemplo adicional se produjo con la forma elegida para enviar la ayuda humanitaria. Por una parte, Cordel Hull propuso que se canalizase en forma de préstamo directo, con garantías políticas y sin intermediación, reflejando la influencia de James C. Dunn, considerado profranquista. Por otro lado, el subsecretario de Estado Summer Welles rechazó la propuesta de Hull y Dunn como muestra de la fricción interna que existía en el Departamento de Estado[84]. Para resolver esta disparidad de pareceres, el presidente Roosevelt acudió al antiguo secretario de Estado con el presidente Wilson, Norman Davis, presidente de la Cruz Roja. Un cargo para el que había sido nombrado por el propio presidente Roosevelt.

El 8 de octubre de 1940, Weddell se reunió con Franco, quien aceptó las condiciones estadounidenses para recibir la ayuda de la Cruz Roja. Weddell interpretó esto como una señal positiva hacia una posible moderación del Régimen franquista, motivando a Roosevelt a iniciar los preparativos para el envío de la ayuda humanitaria. Sin embargo, el Departamento de Estado mostró reservas, temiendo el rechazo de la opinión pública estadounidense por apoyar a una dictadura. Este contexto de tensión se intensificó con publicaciones que equiparaban a Franco con Hitler y Mussolini, provocando una reacción de Weddell, quien consideró las comparaciones ofensivas y

---

*Studies and Researches on Spain, Portugal and Latin America* 94, n.º 4 (2021): 527-55; Marina Pérez, «Education, Intelligence and Cultural Diplomacy at the British Council in Madrid, 1940–1941 Part 2: Shock Troops in the War of Ideas», *Hispanic Studies and Researches on Spain, Portugal and Latin America* 98, n.º 5 (2021): 707-38.

[83] «Telegrama de Weddell a Hull», 7 de septiembre de 1940, FRUS, Diplomatic Papers, 1940 vol. II.

[84] Los problemas entre Welles y Hull vieron la luz bajo la pluma del periodista Drew Pearson, quien señaló la distancia entre ambos funcionarios con respecto a la interpretación de la dictadura española. La discusión entre las tres partes en Irwin Gellman, *Franklin Roosevelt, Cordell Hull and Sumner Welles* (Baltimore: The John Hopkins University Press, 1995), 232-34.

expresó su descontento en una carta al ex embajador Claude Bowers, aunque las razones para dirigirse a él no están del todo claras[85].

En los días previos a su reunión con Franco, el embajador Weddell realizó varias declaraciones positivas respecto al Régimen franquista, defendiendo la "palabra" de sus representantes y considerando que Franco no deseaba realmente participar en la Segunda Guerra Mundial. Sin embargo, los movimientos desde Madrid indican lo contrario. Durante las negociaciones con Estados Unidos para reanudar el suministro de petróleo y recibir ayuda humanitaria, el Régimen comenzó a expandir sus ambiciones internacionales, enfocándose en el norte de África y en su influencia hispanista en Iberoamérica.

En el plano europeo, España buscó beneficios territoriales en el norte de África aprovechando la situación bélica, iniciando negociaciones con la Alemania nazi. Dos visitas clave de Serrano Suñer a Berlín en septiembre de 1940 tenían como propósito establecer las bases para la posible entrada de España en la guerra[86]. No obstante, las pretensiones de España fueron vistas con escepticismo por Hitler, quien consideraba que Franco pedía demasiado en comparación con lo que podía aportar, habida cuenta de la catastrófica situación de la economía española[87]. La segunda visita de Serrano Suñer coincidió con la firma del Pacto Tripartito entre Japón, Italia y Alemania, y marcó el inicio de un viraje pro-Eje en la política española. Beigbeder, partidario de un entendimiento con Estados Unidos, fue reemplazado por Serrano Suñer en la cartera de Asuntos Exteriores, mientras que Demetrio Carceller, también germanófilo, ocupó el Ministerio de Industria y Comercio[88].

Sintiéndose con más margen de actuación, Serrano Suñer comenzó nuevas gestiones y estableció dos acuerdos de cooperación importantes con los nazis. El primero fue consecuencia de la visita de Heinrich Himmler a España entre el 19 y 24 de octubre. El jefe de las SS acordó que la Gestapo se instalaría en la embajada alemana en Madrid y que Paul Winzer actuaría como instructor de la policía secreta

---

[85] «Memorandum conversation A. Weddell-Bowers», 8 de octubre de 1940, RG59, NARA.
[86] Ferran Gallego y Francisco Morente, *Fascismo en España: ensayos sobre los orígenes sociales y culturales del franquismo* (Barcelona: El Viejo Topo, 2005), 220.
[87] Las negociaciones no fueron equilibradas. Según Paul Preston, "Las ambiciones coloniales de Hitler de un gran imperio centroafricano con bases en las islas Canarias y el Marruecos español como puestos de estacionamiento eran más importantes para él que las buenas relaciones con Franco", en *Franco*, 2015, 466.
[88] Demetrio Carceller fue creador del monopolio de CAMPSA en 1927 y, posteriormente, fundador de CEPSA en 1929. Una buena biografía la podemos ver en Enrique Faes, *Demetrio Carceller (1894-1968): un empresario en el Gobierno* (Barcelona: Galaxia Gutenberg, 2020).

española[89]. El segundo acuerdo tuvo relación directa con la cuestión sanitaria. Consciente de las dificultades que tenía España para enfrentarse al tifus, se produjo un convenio en el que médicos españoles fueron instruidos por alemanes[90]. Finalmente, el 23 de octubre de 1940, se celebró la conocida reunión entre Franco y Hitler en Hendaya, donde el dictador español buscaba apoyo territorial a cambio de su participación en la guerra. Hitler, sin embargo, se mostró reacio a ceder Marruecos francés, argumentando que Alemania tenía mejores capacidades defensivas. Un protocolo secreto de esta reunión sugiere que Franco se comprometió a colaborar con el Eje, dejando la decisión del momento de su entrada en el conflicto en manos del caudillo[91].

La llegada de Serrano Suñer al gobierno y sus evidentes preferencias pro-alemanas incrementaron la desconfianza de Estados Unidos hacia el régimen de Franco. Esto se reflejó en una tensa reunión entre el embajador estadounidense Alexander Weddell y Serrano Suñer el 31 de octubre de 1940[92]. En dicho encuentro, Serrano Suñer mostró desinterés por fortalecer la relación con Estados Unidos y se quejó por el retraso en el envío de ayuda alimentaria de la Cruz Roja estadounidense; a lo que Weddell respondió señalando que la demora se debía a las propias dilaciones del ministro español en recibirlo. En realidad, el retraso reflejaba la cautela del gobierno de Roosevelt, que quería evaluar la posición de España en el conflicto antes de enviar asistencia humanitaria.

El secretario de Estado, Cordell Hull, presionó para que España aclarara su postura, y tras la reelección de Roosevelt en noviembre de 1940, la administración estadounidense actuó con mayor firmeza. Roosevelt condicionó el envío de ayuda humanitaria a la garantía de que España no entraría en la guerra, pero Franco se rehusaba a asumir tal compromiso. En una reunión el 19 de noviembre entre Weddell y los ministros Demetrio Carceller y Pedro Gamero del Castillo, quedó claro que España, debilitada económica y militarmente, no podía asumir una postura activa en el conflicto. Los ministros explicaron que Franco evitaba declarar la neutralidad formal por temor a provocar la hostilidad de Alemania, que vigilaba de cerca desde la frontera. Además, la grave crisis alimentaria afectaba la relación de España con el Eje. El propio Serrano Suñer reconoció ante Hitler que España,

---

[89] Preston, *Franco*, 2015, 466.

[90] David Brydan, *Franco's Internationalists: Social Experts and Spain's Search for Legitimacy* (Oxford: Oxford University Press, 2019), 20-56.

[91] Preston, *Franco*, 2015, 490-93.

[92] «Telegrama de Weddell a Hull», 31 de octubre de 1940, FRUS, Diplomatic Papers, 1940, vol. II.

hasta no estar preparada para la guerra, necesitaba importar trigo de Canadá, Estados Unidos y Argentina[93].

Para enfrentar la hambruna en España, el 2 de diciembre de 1940 se firmó el Acuerdo Financiero Anglo-Español[94], aunque resultó insuficiente dada la severa escasez de alimentos. Tras varias gestiones, Washington confirmó el 16 de diciembre la ayuda humanitaria de la Cruz Roja estadounidense, pero Cordell Hull impuso condiciones clave para el préstamo: que España se mantuviera fuera de la guerra, reconociera sus deudas con acreedores estadounidenses, garantizara igualdad de oportunidades para ciudadanos extranjeros y cesara los ataques en la prensa española hacia Estados Unidos[95]. La influencia de Serrano Suñer, claramente germanófilo, se percibía como un obstáculo, y su intervención en la correspondencia de Weddell intensificó las tensiones diplomáticas. Una situación que llevó a que Franco redujera la influencia de su cuñado, nombrando al coronel y pro-aliado Valentín Galarza como ministro de Gobernación el 5 de mayo de 1941. Una decisión doméstica que ayudó a evitar la ejecución de la Operación Puma, con la que los británicos pretendían invadir Canarias[96].

A pesar del freno de esta operación, las tensiones con los aliados se reavivaron con la Operación Barbarroja en junio de 1941, cuando el entusiasmo franquista por la invasión nazi de la Unión Soviética se materializó en la promesa de enviar la "División Azul" de voluntarios[97]. La reacción estadounidense fue inmediata; Weddell solicitó detener la ayuda humanitaria, aunque el subsecretario Welles advirtió sobre el riesgo de presionar a Franco a entrar en la guerra. La situación se complicó tras un discurso de Franco el 17 de julio de 1941, donde acusó a Estados Unidos de bloquear un envío de alimentos, denunciando la "instrumentalización política" de la ayuda y reclamando la soberanía española[98].

La postura angloamericana eventualmente forzó a España a reconsiderar sus relaciones diplomáticas. El 13 de septiembre de 1941, Cordell Hull se reunió en Washington con el embajador español Francisco de Cárdenas, exigiéndole un cambio en el trato que Serrano Suñer daba a Weddell. Cárdenas prometió intentar mejorar las

---

[93] Preston, *Franco*, 2015, 447-48.

[94] Moradiellos, *Franco frente a Churchill.*, 198.

[95] Hull, *The Memoirs of Cordell Hull*, 1:879-80.

[96] Este fue uno de los cinco planes de Gran Bretaña para invadir Canarias. En este caso concreto, el objetivo era Gran Canaria. Marta García, «Operation Warden: British Sabotage Planning in the Canary Islands during the Second World War», *Intelligence and National Security* 35, n.º 2 (2020): 252-68.

[97] Javier Tusell y Genoveva García, *Franco y Mussolini. La política española durante la Segunda Guerra Mundial* (Barcelona: Ediciones Península, 2006), 138.

[98] Weddell al Secretario de Estado», 18 de julio de 1941, FRUS, Diplomatic Papers, 1941, Europe, Vol. II.

relaciones; y esta actitud, junto a la precaria situación económica, propició una mayor atención del gobierno franquista hacia Weddell[99].

El nuevo clima de cordialidad en las relaciones hispano-estadounidenses propició un encuentro entre Weddell y Franco el 1 de octubre de 1941[100]. Serrano Suñer también estuvo presente, aunque fue Franco quien dirigió la conversación. A pesar del tono cordial, hubo momentos de tensión cuando Weddell mencionó una reciente declaración de Suñer, donde este sugirió que el "estrangulamiento" de la economía española podría llevar a abandonar la neutralidad. Suñer aclaró que no era una amenaza, sino una reflexión. Weddell, intentando minimizar el asunto, explicó que el retraso en el suministro de combustible se debía a ajustes administrativos y no a un castigo. Esta argumentación de Weddell se basaba en parte en ocultar la realidad y en parte en argumentos defensivos.

Con la mejora en el clima diplomático, Weddell buscó fortalecer la relación con España mediante una propuesta, enviada el 9 de octubre, que incluía un "Plan para la coordinación y mejora de nuestras relaciones con España"[101]. Poco después, el agregado comercial en la embajada de Madrid sugirió que España participara en el Board of Economic Operations, lo que podía fomentar la cooperación económica[102]. Además, el nuevo consejero de la embajada, Willard L. Beaulac, elaboró un informe titulado "Recomendaciones para una política para España," subrayando la urgencia de coordinar las acciones y mejorar las comunicaciones[103]. Beaulac se mostró particularmente preocupado por la falta de información entre la embajada en Madrid y el Departamento de Estado, reflejando las constantes dificultades de comunicación en el proceso[104].

---

[99] «Memorandum de conversación con el Secretario de Estado», 13 septiembre de 1941, FRUS, Diplomatic Papers, 1941, Europe, Vol. II.

[100] Ha habido confusión con las fechas; algunos autores sitúan la reunión el 6 de octubre. Podría deberse a que fue el 6 de octubre cuando Weddell envió el memorándum de la conversación. Pero todo apunta a que la fecha del encuentro fue el 1 de octubre. «Weddell al Secretario de Estado», 6 de octubre de 1941, FRUS, Diplomatic Papers, 1941, Europe, Vol. II. Un ejemplo de este baile de fechas en López Zapico, *Las relaciones entre Estados Unidos y España durante la guerra civil y el primer franquismo (1936-1945)*, 227.

[101] Documento que no hemos podido localizar. Citado en Thomàs, *Roosevelt y Franco. De la guerra civil española a Pearl Harbor*, 613.

[102] «R. H. Ackerman, Relaciones comerciales con España». s/f. Pero relacionado con el documento del Departamento de Estado fechado el 22 de octubre de 1941, NARA, RG 84

[103] «W. L. Beaulac, Recomendaciones sobre la política a seguir con España», 14 de octubre de 1941, NARA, RG 84.

[104] «Telegrama de Beaulac a Welles», 15 de octubre de 1941, NARA, RG 84.

### Estados Unidos en el frente Atlántico del conflicto mundial

A comienzos de 1942, las relaciones bilaterales entre Estados Unidos y España sufrieron un cambio significativo, especialmente tras el ataque de Japón a Estados Unidos. La respuesta de Franco no fue clara, y los historiadores divergen sobre su postura[105]. Según Preston, "desde Madrid se envió a Tokio un telegrama oficial de felicitación"[106]. Esta idea concuerda con la expuesta por Arturo Jarque[107]. Otros autores como Herbert Feis afirman que "el Gobierno español reafirmó su posición de no beligerancia"[108]. Misma idea que sigue Joan María Thomàs. Añadiendo ambos la coletilla de que la "prensa se deshacía en alabanzas a Japón y sus victorias iniciales sobre los japoneses"[109]. Se trató, por lo tanto, de una forma un tanto particular de mostrar la no beligerancia. Por su parte, Luis Suárez culpa de todo lo sucedido a Serrano Suñer que, como ministro de Asuntos Exteriores, envió el telegrama de felicitación. Sobre esto último, Misael Arturo hace un análisis donde pone en cuestión la afirmación de Luis Suárez, preguntándose si en una dictadura como la de Franco alguien podía tomar este tipo de iniciativas sin su consentimiento[110].

La posible tensión causada por esta ambigua postura se intentó resolver mediante un acuerdo con Portugal. En febrero de 1942, Antonio Oliveira Salazar y Franco firmaron el pacto del "Bloque ibérico" en Sevilla[111]. Este pacto buscaba asegurar que España mantuviera la neutralidad a cambio de la mediación portuguesa para que los aliados respetaran el Régimen franquista y sus posesiones coloniales. En el contexto de esta estrategia, el Departamento de Estado estadounidense consideró necesario superar los conflictos previos y renovar la representación diplomática en Madrid. Como resultado, Alexander Weddell

---

[105] España tuvo que realizar una política a tres bandas debido a sus simpatías hacia Japón, como se ha demostrado en David del Castillo, «España entre EEUU y Japón durante la II Guerra Mundial: problemática de una relación a tres bandas», en *Relaciones en conflicto. Nuevas perspectivas sobre relaciones internacionales desde la historia*, ed. Enrique Bengochea, Elena Monzón, y David Pérez (Valencia: Universitat de València: Asociación de Historia Contemporánea, 2015), 17-21.

[106] Preston, *Franco*, 2015, 492.

[107] Arturo Jarque, *Queremos esas bases. El acercamiento de Estados Unidos a la España de Franco* (Alcalá de Henares: Ediciones Universidad Alcalá de Henares, 1998), 44.

[108] Feis, *The Spanish Story: Franco and Athe Nations at War*, 151.

[109] Thomàs, *Roosevelt y Franco. De la guerra civil española a Pearl Harbor*, 454.

[110] López Zapico, *Las relaciones entre Estados Unidos y España durante la guerra civil y el primer franquismo (1936-1945)*, 232-34.

[111] Juan Carlos Jiménez, *Franco y Salazar. La respuesta dictatorial a los desafíos de un mundo en cambio 1936-1968* (Madrid: Sílex, 2019).

abandonó su puesto en Madrid el 7 de febrero bajo el pretexto de una enfermedad[112]. En Washington, se le consultó sobre la probable reacción de España ante una invasión aliada en el norte de África y, tras sus consideraciones, el 25 de marzo, Sumner Welles le entregó una carta de Franklin D. Roosevelt en la que se le solicitaba su renuncia oficial[113].

El sucesor de Alexander Weddell en la embajada estadounidense en Madrid fue Carlton Hayes, quien asumió el cargo el 16 de mayo de 1942. A diferencia de su predecesor, Hayes no era un diplomático de carrera, sino un reconocido profesor de Historia en la Universidad de Columbia. Sin embargo, su elección no estuvo motivada por su profesión o su profundo conocimiento de Europa, sino más bien por el predicamento con que contaba en varios círculos católicos estadounidenses. Hayes había abandonado la masonería para convertirse en un ferviente católico, contribuyendo a la creación de publicaciones como *The Commonweal* y asociaciones como la *National Conference for Christians and Jews* y *The Catholic Association for International Peace*. Además, presidía la *American Catholic Historical Association*, lo que lo situaba en círculos netamente católicos, donde contaba con conexiones influyentes, como el arzobispo de Nueva York, Francis Spellman, quien parece haber influido positivamente en su nombramiento[114].

La posición de Hayes hacia el régimen de Franco evolucionó desde un cierto distanciamiento inicial. En 1937, se negó a participar en un evento pro-franquista en el Madison Square Garden, organizado por *Commonweal*, que tenía como objetivo recaudar fondos y manifestar apoyo al bando franquista. De hecho, Hayes abandonó su colaboración con dicha revista debido a su línea editorial a favor de Franco[115].

No obstante, ese mismo año Hayes se unió a otros 175 católicos en una firma de apoyo a la *Carta Colectiva* de los obispos españoles, documento que rechazaba las

---

[112] Hay diferentes versiones al respecto. Joan María Thomàs indica que la enfermedad es de su esposa Thomàs, *Roosevelt y Franco. De la guerra civil española a Pearl Harbor*, 475.. Por su parte, Misael Arturo indica que es una enfermedad propia López Zapico, *Las relaciones entre Estados Unidos y España durante la guerra civil y el primer franquismo (1936-1945)*, 243.

[113] Al parecer, desde el 9 de marzo de 1942 había comenzado la búsqueda de su sucesor. «Carta de Sumner Welles a Roosevelt explicando sus contactos con el arzobispo Spellman de Nueva York», 12 de marzo de 1942, FDRPL, Carlton Hayes, OF 4848.

[114] «Carta de Welles a Roosevelt», 12 de marzo de 1942. Citado en Thomàs, *Roosevelt y Franco. De la guerra civil española a Pearl Harbor*, 512.

[115] Joan Maria Thomàs, «Carlton J. H. Hayes y el régimen de Franco», en *Guerra Civil y Franquismo. Una perspectiva internacional*, ed. Raanan Rein, y Joan Maria Thomàs (Zaragoza: Prensas de la Universidad de Zaragoza, 2016), 61-78.

críticas protestantes hacia la postura de la Iglesia española en la Guerra Civil[116]. Aunque no existe una explicación clara sobre tales oscilaciones, es posible que la propaganda franquista sobre la persecución al clero en zonas republicanas influyera en su decisión.

La elección de Carlton Hayes como embajador de Estados Unidos en España generó reacciones variadas[117]. *The New Republic*, de corte católico, subrayó su patriotismo y oposición al fascismo, mientras que *The Richmond News Leader* valoró su devoción católica como un factor potencialmente positivo para mejorar las relaciones bilaterales. El periódico izquierdista *The Nation*, en cambio, cuestionó su firma en la *Carta Colectiva* de los obispos españoles y sugirió que Hayes debería modificar su postura tras su llegada a España. Por su parte, *The New York Times* elogió su trayectoria como enemigo del totalitarismo, destacando también su experiencia en la Primera Guerra Mundial, en un tono similar al de *The News-Herald*[118].

En el segundo semestre de 1942, Hayes afrontó dos grandes retos en su rol diplomático. Primero, la cuestión comercial entre Estados Unidos y España. A través del *Iberian Peninsula Operating Committee* (IPOC) y la *United States Commercial Corporation* (USCC)[119], Estados Unidos impulsó "compras preventivas" en la península ibérica, y Hayes presionó activamente para que las negociaciones comerciales beneficiaran a España. En segundo lugar, Hayes tuvo que gestionar la inquietud del Régimen franquista ante la *Operación Torch*, el desembarco aliado en el norte de África en noviembre de 1942[120]. El embajador intentó tranquilizar a Franco asegurando que esta operación no pondría en peligro

---

[116] Joan María Thomàs, «Catolicismo, Antitotalitarismo y franquismo durante la Segunda Guerra Mundial y la inmediata postguerra: Carlton J. H. Hayes y España», en *Estados Unidos, Alemania, Gran Bretaña, Japón y sus relaciones con España entre la guerra y la postguerra (1939-1953)*, ed. Joan María Thomàs (Madrid: Comillas, 2016), 16.

[117] Sobre el perfil político de Carlton Hayes hay un amplio número de publicaciones que han atendido parcialmente a su figura. Charles Halstead, «Historians in Politics: Carlton J. H. Hayes as American Ambassador to Spain 1942-45», *Journal of Contemporary History* 10, n.º 3 (1975): 383-405; Emmet Kennedy, «Ambassador Carlton J. H. Hayes's Wartime Diplomacy: Making Spain a Haven from Hitler Get Access Arrow», *Diplomatic History* 36, n.º 2 (2012): 237-60; Pablo León Aguinaga, «The Trouble with Propaganda: The Second World War, Franco's Spain, and the Origins of US Post-War Public Diplomacy», *The International History Review* 37, n.º 2 (2015): 342-65.

[118] «Carlton Hayes to be envoy to Spain», *The News Herald*, 3 de abril de 1942, 14.

[119] Thomàs, «Catolicismo, Antitotalitarismo y franquismo durante la Segunda Guerra Mundial y la inmediata postguerra: Carlton J. H. Hayes y España», 23.

[120] Javier Martín, «Operación Torch: 75 años de la ofensiva que abrió la derrota nazi en África», *La Vanguardia*, 8 de noviembre de 2017.

la integridad de su régimen, aunque el paso de más de cien mil soldados aliados por el estrecho de Gibraltar mantuvo las tensiones en el mando español.

En suma, la percepción de la opinión pública estadounidense sobre Franco y su régimen osciló, por lo general, en tres bloques; aunque no siempre es posible identificar posicionamientos "nítidos", es decir, a veces hubo actitudes mixtas. Desde el primer bloque, se veía a Franco con cautela, apoyando relaciones pragmáticas, pero sin alinearse con su régimen. Un segundo consideraba a Franco un enemigo por encarnar ideales fascistas contrarios a los valores democráticos. Finalmente, desde el tercer grupo se defendía al régimen de Franco, percibiéndolo como un defensor de la Iglesia Católica y de la civilización cristiana. Hayes, aunque inicialmente distante, terminó alineado con esta última posición, la cual mantendría durante y después de la Segunda Guerra Mundial[121].

### Nuevos actores antifranquistas

En la lucha por ganar partidarios estadounidenses para su causa, los franquistas compitieron con los exiliados españoles en Estados Unidos. Una figura destacada fue Julio Álvarez del Vayo, exministro de Estado de la Segunda República y miembro del PSOE. Exiliado en Nueva York, escribió en la revista *The Nation*, donde editó la sección *The Political War* a partir de 1940. A través de esta plataforma, defendió la causa de la Segunda República y cuestionó al Régimen franquista, lo cual generó preocupación en el gobierno de Franco[122]. El embajador franquista en Washington, Juan Francisco de Cárdenas, denunció formalmente las actividades de Álvarez del Vayo, argumentando que sus escritos "creaban mala fama de España"[123]. Esta reacción se debía en parte a la creciente influencia del socialista en círculos de izquierda estadounidenses.

Otro líder exiliado influyente fue José Antonio Aguirre, presidente del Partido Nacionalista Vasco (PNV). Aguirre se estableció en Nueva York, donde dirigió la sede del Gobierno Vasco en el exilio y trabajó como profesor en la Universidad de Columbia hasta 1946[124]. Además, colaboró con la *Office of Strategic Services*

---

[121] Prueba de ello es la publicación en 1948 de la obra *Wartime Mission in Spain, 1942-1945*, sobre la que hablaremos posteriormente.

[122] Antonia Sagredo y Javier Maestro, «Juan Negrín, Julio Álvarez del Vayo y la lucha por la legitimidad del régimen republicano en el exilio (1939-1952)», *Trocadero*, n.º 25 (2013): 69.

[123] «Cárdenas al Departamento de Estado», 23 de mayo de 1944, NARA, RG 59, Box 3319.

[124] David Mota, *Un sueño americano. El Gobierno Vasco en el exilio y Estados Unidos (1937-1979)* (Bilbao: Oñati, 2017).

(OSS), la agencia de inteligencia estadounidense. El secretario de Estado Cordell Hull llegó a valorar positivamente la contribución de Aguirre a la OSS, debido a sus conexiones con los exiliados vascos. Aguirre también fue percibido como un líder católico, lo cual facilitó su relación con el Departamento de Estado, que veía en él un aliado para contrarrestar la propaganda de hispanidad de Franco en América Latina[125]. Como parte de esta colaboración, el gobierno estadounidense financió un viaje de Aguirre por América Latina, facilitándole documentos y visados para llevar a cabo un "tour" de influencia en la región[126].

Las figuras de Álvarez del Vayo y Aguirre ejemplifican el papel de otros tantos exiliados españoles en Estados Unidos como opositores al franquismo. Ambos se integraron en la sociedad estadounidense, aprovechando redes de apoyo anteriores a la Guerra Civil. Ya desde fines del siglo XIX, existían periódicos socialistas y obreros de origen español en lugares como Florida, lo que sentó las bases para la actividad política y de opinión de la diáspora republicana durante y después del conflicto español[127].

Además de la labor individual de personalidades, se crearon en suelo americano numerosas organizaciones antifranquistas. Entre las más destacadas, cabe mencionar a las Sociedades Hispanas Confederadas (en adelante, SS.HH.CC.), fundadas en julio de 1936 como un mecanismo que intentó agrupar y coordinar las actividades de varios colectivos antifranquistas. Según Montse Feu, llegaron a integrar a unos 190 pequeños grupos[128]. Las cifras varían, pero el FBI estimaba que en 1943 contaban con unos 20.000 miembros activos, mientras que la sección criminal del Departamento de Justicia situaba el número en cerca de 60.000, distribuidos en 79 organizaciones[129]. Este grupo fue objeto de vigilancia intensiva por parte de las autoridades estadounidenses, especialmente después del ataque a Pearl Harbor.

Uno de los principales medios de difusión de las SS.HH.CC. fue la revista *España Libre*, cuyo propósito era proyectar una imagen de unidad en la oposición

---

[125] «Cordell Hull a William Donovan», 3 de julio de 1942, NARA, RG 59, Box 3319.
[126] «Informe enviado por J. E. Hoover al Departamento de Estado», 9 de diciembre de 1942, NARA, RG 59, Box 3319.
[127] Germán Rueda, *La emigración contemporánea de españoles a Estados Unidos* (Madrid: Mapfre, 1993), 231-37.
[128] Montse Feu, *Jesús González Malo. Correspondencia personal y política de un anarcosindicalista exiliado* (Santander: Cantabria 4 estaciones, 2016), 281-91.
[129] María Ángeles Ordaz, «Las Sociedades Hispanas Confederadas en archivos del FBI. (Emigración y exilio español de 1936 a 1975 en EEUU)», *Revista Complutense de Historia de América* 32 (2006): 232.

al Régimen franquista[130]. La publicación contó con el respaldo de intelectuales de gran prestigio como Albert Camus, Pablo Casals, o Albert Einstein, entre otros. Aunque no alcanzó la cohesión deseada, *España Libre* sí jugó un papel clave en la recaudación de fondos para refugiados y presos políticos, al tiempo que promovió una cultura de izquierda que ofrecía una visión alternativa a la España franquista. Su vigencia hasta el retorno de la democracia en España la convierte en una especie de "camino alternativo hacia una España moderna"[131].

El activismo de las SS.HH.CC. y sus miembros atrajo la atención de la Oficina de Censura estadounidense, la cual vigilaba discursos y publicaciones que pudieran afectar la seguridad nacional. Esta supervisión intensificada reflejaba una tendencia más amplia de control y represión hacia quienes simpatizaban con posturas de izquierda, un fenómeno que también afectó a excombatientes de las Brigadas Internacionales[132]. Un ejemplo significativo de esta vigilancia es el caso de Jesús González Malo, un anarcosindicalista que emigró a Estados Unidos en 1940. Malo se unió al sindicato *United Auto Workers* y a las SS.HH.CC., y fue sometido a vigilancia después de Pearl Harbor. Interrogado por primera vez en 1942, Malo negó sus vínculos con el anarquismo, aunque el director del FBI, J. Edgar Hoover, ordenó que se le siguiera vigilando[133]. Posteriormente, Malo fue detenido y obligado a registrarse como *Foreign Agent*, ya que se le descubrió distribuyendo el periódico anarquista *Solidaridad Obrera* y enviando fondos a varias regiones para apoyar la causa antifranquista. Aunque defendió su actuación como ayuda humanitaria, su caso fue reabierto en varias ocasiones hasta 1965[134], reflejando las dificultades y el control a los que se enfrentaban los exiliados españoles antifranquistas en Estados Unidos.

El caso de Jesús González Malo, un activo anarcosindicalista vigilado por el FBI, contrasta con el perfil de otras figuras del exilio español en Estados Unidos,

---

[130] Para conocer mejor esta situación, véase Montse Feu, «España Libre (1939-1977) and the Spanish Exile Community in New York» (Doctoral Thesis, Houston (Texas), University of Houston, 2011). Publicado posteriormente en Montse Feu, *Fighting Fascist Spain: Worker Protest from the Printing Press* (Chicago: University of Illinois Press, 2020).

[131] Feu, *Fighting Fascist Spain*.

[132] Peter N. Carroll, *La odisea de la Brigada Abraham Lincoln: Los norteamericanos en la Guerra Civil Española*, trad. Mary Kay McCoy y Ignacio Pinedo López, Edición: 2 (Ediciones Espuela de Plata, 2018).

[133] «FBI Case 100-HQ-105493. J. Edgar Hoover to SAC Baltimore». 7 de noviembre de 1942. Extraído de Feu, *Jesús González Malo. Correspondencia personal y política de un anarcosindicalista exiliado*, 18.

[134] Feu, *Jesús González Malo. Correspondencia personal y política de un anarcosindicalista exiliado*, 17-20.

especialmente de algunas mujeres hispanistas que tuvieron una participación menos visible en la lucha antifranquista. Investigadoras como Carmen de la Guardia Herrero, Rosario Márquez Macías y Encarnación Lemus López han analizado la transferencia cultural en el exilio femenino español[135]. Este grupo se benefició de oportunidades académicas en instituciones estadounidenses como las "Siete Hermanas" (grupo de universidades femeninas de élite), donde recibieron apoyo significativo[136].

Por ejemplo, Carolina Marcial Dorado, directora del Departamento de Español de Barnard College, gestionó un puesto en el extranjero para la química Arsenia Arroyo[137]. En el año académico 1941-1942, Concha de Albornoz y Carmen Aldecoa de González también formaron parte de Mount Holyoke College, aunque Albornoz mantuvo su posición allí hasta 1965[138].

Con esto, se puede afirmar que la relación entre Estados Unidos y los exiliados españoles presenta tres dimensiones principales. Primero, están las estrategias oficiales del Departamento de Estado y la Office of Strategic Services, que buscaban colaborar con exiliados como José Antonio Aguirre y Julio Álvarez del Vayo, considerados agentes confiables para facilitar la conexión entre el gobierno estadounidense y el exilio republicano español. En segundo lugar, se encuentran

---

[135] Carmen De la Guardia, «Exilios. Escritores españoles en Estados Unidos», en *VI Jornadas sobre la cultura de la República española: el exilio* (Universidad Autónoma de Madrid, 2008), 681-99; Rosario Márquez-Macías, «In Defense of Hispanic Culture. Carolina Marcial Dorado (1889-1941): A Singular Woman in the North American Intellectual Scene», *Jangwa Pana*, n.º 16 (2017): 217-31; Encarnación Lemus, «La experiencia americana de las pensionadas de la JAE a través de su correspondencia», *Arenal* 26, n.º 2 (2019): 541-74;Carmen De la Guardia, «"Entre amigas": mujeres neoyorquinas y españolas refugiadas y la ayuda a los refugiados republicanos (1953-1996)», en *North America and Spain. Transversal perspectives*, ed. Julio Cañero (New York: Escribana books, 2017), 87-98.

[136] Las Siete Hermanas hace referencia a universidades estadounidenses situadas en la costa este que se caracterizaron por la inclusión de las mujeres tanto como profesoras como alumnas. Estas fueron: Mount Holyoke College, Vassar College, Wellesley College, Smith College, Radcliffe College, Bryn Mawr College y Barnard College. Dos obras a las que se ha tenido acceso que tratan con profundidad la influencia que tuvieron alguna de estas instituciones son las de Dorothy Howells, *A Century to Celebrate: Radcliffe College, 1879-1979* (Cambridge (MA): Radcliffe College, 1978); Helen Horowitz, *Alma Mater: Design and Experience in the Women's Colleges from Their Nineteenth-Century Beginnings to the 1930s* (New York: Knopf, 1984). También se ha analizado la vinculación entre el exilio republicano y el Vassar College en Elena Sánchez, «El poder de los vencidos. Redes educativas y exilio republicano en Vassar College, 1922-1968», en *North America and Spain. Transversal perspectives*, ed. Julio Cañero (New York: Escribana books, 2017), 99-111.

[137] Dolores Augustine, «Nueva York como refugio para hispanistas exiliadas de España», en *Mujeres en el exilio republicano de 1939 (Homenaje a Josefina Cuesta).*, ed. Luiza Iordache y Rocío Negrete (Madrid: Ministerio de la Presidencia, Relaciones con las Cortes y Memoria Democrática, 2021), 227.

[138] Augustine, 230.

activistas como Jesús González Malo y organizaciones como las SS.HH.CC., que promovían un discurso antifranquista dirigido a la opinión pública estadounidense, aunque su diversidad ideológica dificultaba el control o la cooperación plena por parte de Estados Unidos. Finalmente, el ámbito educativo proporcionó un refugio y una segunda oportunidad para intelectuales exiliadas que, aunque en menor número que otros grupos, desempeñaron un papel relevante en el intercambio cultural entre ambos países. En suma, los exiliados españoles en Estados Unidos solieron encuadrarse en tres tipologías (con modelos mixtos e 'hibridaciones'):

- intelectuales o políticos con un alto grado de militancia,
- personalidades o ciudadanos de a pie que simpatizaron con la causa republicana, y trataron de arribar el hombro,
- académicos que aprovecharon las oportunidades de cooperación educativo-cultural de la conexión hispano-estadounidense.

**Las relaciones hispano-estadounidenses ante el final de la Guerra**

A finales de 1943, la situación diplomática entre el Régimen franquista y los Aliados estaba estancada. Mientras Franco consideraba que su retorno a la neutralidad, la retirada de la División Azul y el reemplazo de Serrano Suñer por el Conde de Jordana en el Ministerio de Exteriores eran gestos suficientes, Estados Unidos demandaba acciones más contundentes, particularmente en relación al comercio español con Alemania de materiales estratégicos como el wolframio. Ante esta postura estadounidense, los británicos optaron por una estrategia de presión diplomática moderada, evitando sanciones económicas severas. Esta posición británica respondía en gran medida a su dependencia de ciertos productos españoles, ya que el 18,4% de las exportaciones de España iban a Gran Bretaña, comparado con el 29,7% destinado a Alemania y el 8,2% a Estados Unidos. Esto explica el interés británico en no dañar sus relaciones comerciales con el Régimen[139].

El año 1944 se convirtió en un periodo crítico para el gobierno de Franco, quien recordaría más tarde que los primeros meses de ese año fueron especialmente difíciles. Según Juan Pablo Fusi, tres son los factores principales: las crecientes presiones de Estados Unidos y Reino Unido, que llegaron a cortar el suministro de

---

[139] Enrique Moradiellos señala que dentro de los productos se incluían el mineral de hierro y las piritas; así como naranjas, plátanos y tomates. Por ende, había una cierta dependencia de suministros. Moradiellos, *Franco frente a Churchill.*, 343-44.

petróleo a España; el temor a un movimiento guerrillero comunista en territorio español, y un episodio de tensión con los monárquicos[140]. De estos factores, la presión económica de Estados Unidos y Reino Unido es la que resulta central en el análisis de las relaciones internacionales de la época, dado que condicionó en gran medida la postura de España en el contexto de la guerra y las tensiones diplomáticas en torno a sus alianzas. Todo ello sin olvidar la cuestión monárquica, de la que se hablará en el siguiente capítulo.

La tensión diplomática se vio desde principios de año. El 3 de enero, el embajador estadounidense Carlton Hayes notificó al conde de Jordana la interrupción del suministro de petróleo hacia España. Pese a que Madrid respondió afirmando que había colaborado "activa y eficazmente" con los Aliados, esta declaración fue percibida como cínica y no tuvo efecto[141]. Posteriormente, el 25 de enero, el embajador español en Washington, Juan Francisco de Cárdenas, se reunió con el Departamento de Estado en un intento de revertir la situación. En dicha reunión, Estados Unidos expuso sus quejas: España continuaba enviando wolframio a Alemania, permitía actividades de espionaje nazi en Tánger y aún no había retirado a la División Azul del frente[142]. Incluso Carlton Hayes, generalmente favorable a Franco, expresó su preocupación, señalando que era necesario ejercer una presión firme, no solo verbal, sobre el régimen español. Además, Hayes comenzó a inquietarse por la persecución a los masones en España, tema que le afectaba personalmente debido a su pasado como miembro de una logia[143]. La falta de libertad religiosa fue una cuestión que le generó gran incomodidad; intolerancia que en los años siguientes se convirtió en uno de los escollos principales para el acercamiento entre Washington y Madrid, como detallamos más adelante[144].

La reacción española fue la de interrumpir desde el 2 de febrero todas las exportaciones "oficiales" de wolframio a Alemania[145]. Aunque esta medida satisfizo temporalmente a Washington, el 5 de febrero, el embajador español en EE. UU., Juan Francisco de Cárdenas, escribió al conde Jordana informándole de

---

[140] Juan Pablo Fusi, *Franco: Autoritarismo y Poder Personal* (Madrid: Punto de Lectura, 2001).

[141] Preston, *Franco*, 2015, 552.

[142] James W. Cortada, *Relaciones España-USA 1941-45* (Barcelona: DOPESA, 1973), 63.

[143] Carlton J. H. Hayes, *Misión de guerra en España* (Madrid: EPESA. Ediciones y Publicaciones Españolas, 1946), 268.

[144] «Memorandum de conversación entre Subsecretario de exteriores y consejero de embajada», 7 de enero de 1944, NARA, RG 59, 1940-1944, Box 3321.

[145] Richard Wigg, *Churchill y Franco. La política de apaciguamiento y la supervivencia del régimen, 1940-1945* (Barcelona: Marcial Pons, 2005), 205. Al respecto, Gabriel Cardona señala que "en 1944 España vendió subrepticiamente a Alemania diez veces más wolframio que en 1940" Gabriel Cardona, *Franco y sus generales. La manicura del tigre.* (Madrid: Temas de Hoy, 2001), 109.

cuestiones interesantes. La primera era que los ingleses estaban guiando la política estadounidense. Desde Washington se consideraba que el Foreign Office británico tenía buenas herramientas argumentales para confiar en su criterio. En cambio, los informantes de Cárdenas le aseguraban que "las relaciones entre Churchill y Roosevelt no eran tan estrechas como lo habían sido". Según Cárdenas, Churchill sugirió a Roosevelt una postura más flexible, permitiendo la exportación simbólica de wolframio a Alemania, dada la cooperación británica con Estados Unidos en la presión sobre otros países como Argentina[146].

Para abril de 1944, el Reino Unido tomó la iniciativa en las negociaciones con España, lo que generó tensiones con el embajador estadounidense Carlton Hayes, quien temía que este acercamiento debilitara la presión sobre el régimen de Franco. Sin embargo, el secretario de Estado, Cordell Hull, advirtió que cualquier cambio en España debía contar con el respaldo británico, pues Londres tenía un conocimiento más profundo de la situación española[147]. Finalmente, el 2 de mayo de 1944, España firmó un acuerdo con Reino Unido y Estados Unidos, que garantizaba la entrega de combustible a cambio de varias concesiones: reducir las exportaciones de wolframio, cerrar el consulado alemán en Tánger, retirar la División Azul del frente oriental, liberar barcos italianos en puertos españoles y clausurar la misión militar japonesa en Tánger. Aunque se evitó abordar temas controvertidos, persistían interrogantes sobre el control de la prensa por elementos fascistas en España. Esto revelaba una situación compleja, ejemplificada en la figura de Conrado Simonsen Armus[148], un sacerdote pro-nazi que medió en las negociaciones y ayudó a refugiados nazis en España[149].

En agosto de 1944, tras la muerte del conde Jordana, José Félix de Lequerica asumió el cargo de ministro de Exteriores de España. Lequerica centró sus esfuerzos en fortalecer los lazos con los Aliados, enfatizando que el verdadero peligro provenía del comunismo y de la Unión Soviética. Los servicios de

---

[146] «Telegrama de Cárdenas al ministro de Exteriores», 5 de febrero de 1944. CDMH, AFNFF, 24397.
[147] Preston, *Franco*, 2015, 557-58.
[148] Conocido como Conrado de Hamburgo, pero cullo nombre de nacimiento era Korad Simonsen.
[149] A raíz de una subasta de documentos privados del ministro de finanzas de Hitler, Hjalmar Schacht, se descubrió que el papa Pío XII hacía llegar, aún en 1949, "donativos papales" para los "refugiados alemanes en España". Este era el eufemismo con el que se hablaba de los nazis. Pues bien, resulta que el Padre Conrado de Hamburgo se encargó de escribir al futuro Pablo VI sobre su papel como "encargado de su Excelencia el nuncio pontificio en Madrid para la distribución del donativo papal para los refugiados alemanes en España en el año 1949". Palabras que nos hacen comprender el papel que tuvo este sacerdote. Más información en Rafael Poch, «Un nazi en la España de Franco», *La Vanguardia*, 8 de diciembre de 2011.

inteligencia estadounidenses y el FBI analizaron a Lequerica, buscando determinar si era pro-Eje, monárquico o liberal[150].

Su trayectoria era compleja: había sido Subsecretario del Consejo de ministros bajo el rey Alfonso XIII, miembro del liberal Ateneo de Madrid y embajador en la Francia colaboracionista de Vichy. Sin embargo, lo que interesaba a Estados Unidos era su postura actual y la de España, que, según *Associated Press*, apuntaba a un acercamiento lento pero decidido hacia los Aliados[151].

Así concluyó la Segunda Guerra Mundial para España, que logró mantener su régimen bajo la presión diplomática de Estados Unidos y Reino Unido. La posición británica, personificada en Churchill, fue decisiva en esta supervivencia, generando opiniones divididas entre historiadores, pues Churchill, en contraste con Roosevelt, mostró una actitud más comprensiva hacia Franco. A la par, empezó a crecer la visibilidad de opciones políticas alternativas al franquismo, un tema que tomaría mayor relevancia en los meses siguientes y se explorará en el capítulo siguiente.

---

[150] «Informe del Departamento de Estado», 6 de septiembre de 1944, NARA, RG 59, 1940-1944, Box 3324; «Informe del Departamento de Estado», 11 de agosto de 1944, NARA, RG 59, 1940-1944, Box 3324; «Informe del Departamento de Estado», 12 de agosto de 1944, NARA, RG 59, 1940-1944, Box 3324
[151] «Telegrama de Cárdenas al ministro de Exteriores», 13 de octubre de 1944, CDMH, AFNFF, 15848.

# Capítulo 2
## El Régimen señalado.
## Entre el rechazo internacional y el *momentum*
## de la oposición al franquismo

La Carta de las Naciones Unidas que acaban de firmar es una base sólida sobre la cual podremos crear un mundo mejor. La historia los honrará por ello. Entre la victoria en Europa y la victoria final, en la más destructora de todas las guerras, han ganado una batalla contra la guerra misma . . . Gracias a esta Carta, el mundo puede empezar a vislumbrar el día en que todos los hombres dignos podrán vivir libre y decorosamente.

Harry S. Truman
Conferencia de San Francisco, discurso de clausura, 26 de junio de 1945

### La gran ofensiva antifranquista

A comienzos de 1944 la victoria de los Aliados se barruntaba en el horizonte. Tal giro del guión respecto a la preponderancia geoestratégica nazi de apenas un par de años antes, generó dudas sobre la estabilidad de la dictadura franquista. ¿Qué sucedería si el Eje caía? ¿Cómo deberían actuar los vencedores respecto a España? ¿Cuál había sido el papel de España durante la contienda? Estas eran algunas de las preguntas que flotaban en círculos diplomáticos y de analistas políticos. Aunque las respuestas a estas cuestiones eran ambivalentes, podían resumirse en las conclusiones señaladas en el capítulo anterior. No se cuestionaba la cercanía del gobierno español con las potencias del Eje, pero tampoco podía negarse que España había evitado un compromiso oficial y explícito en el conflicto. Esta ambigüedad calculada sería la tabla de salvación argumentativa para Franco.

A pesar de ello, la opinión pública internacional comenzó pronto a cuestionar la conveniencia de que el dictador español permaneciera en el poder. En febrero de 1944, la revista británica *Time* publicó un editorial titulado *"Spain at the Cross-Roads"*, en el que se advertía sobre el peligro que representaba Falange[152]. El artículo afirmaba que los falangistas, junto con su estructura política e ideológica,

---

[152] «Informe del Departamento de Estado sobre artículo publicado en la revista *Times*», 9 de febrero de 1944, NARA, RG 59, 1940-1944, Box. 5233.

tenían el potencial de sobrevivir a la derrota del Eje. Ante esta posibilidad, el texto planteaba la necesidad de poner fin al régimen de Franco, sugiriendo explorar las alternativas monárquica y republicana.

De manera similar, la revista estadounidense *Harpers* criticó la postura del Departamento de Estado frente a la dictadura[153]. Señalaba la contradicción de que, en lugar de trabajar por la derrota del último bastión del fascismo en Europa, la administración de Roosevelt favoreciera a España mediante relaciones comerciales y diplomáticas, además de proporcionar la ayuda humanitaria previamente mencionada. Este rechazo no solo se manifestó en la prensa, sino también dentro de la propia administración Roosevelt. William Perry George, responsable de la División de Relaciones con Europa Occidental, expresó duras críticas hacia Carlton Hayes y su estrategia de acercamiento iniciada en octubre de 1943, argumentando que era necesario un cambio de rumbo que contribuyera al final de la dictadura franquista[154].

Aunque resulta difícil evaluar el impacto de las opiniones de Perry George, parece que la combinación de presión mediática y el escepticismo de algunos burócratas propició, al menos, un análisis más profundo de la situación española. En ese contexto, el consejero de la embajada estadounidense en Londres, W. J. Gallman, envió al secretario de Estado un informe elaborado por John S. Knight, en el que se detallaban las fuerzas antifranquistas[155]. Este documento, de casi cuarenta páginas, ofrecía un análisis minucioso de la oposición al Régimen, clasificándola en tres grandes bloques: partidos políticos, grupos ideológicos y movimientos separatistas, tal como se muestra en el siguiente cuadro.

---

[153] «Traducción del artículo publicado por Ernest K. Lindley», diciembre de 1944, CDMH, AFNFF, 261.

[154] «Memorandum de conversación entre Perry George y el Embajador Hayes», 11 de abril de 1944, Columbia University, Hayes Papers.

[155] Hijo del congresista republicano Charles Landon Knight, en abril de 1944 ejercía como jefe de la delegación estadounidense en la oficina de censura.

| | | |
|---|---|---|
| Partidos | UGT | Divididos en dos facciones en México:<br>• Ramón González Ania (anticomunista). Buena relación con la CNT, pero mala con los comunistas.<br>• González Ania (procomunista). |
| | CNT | Divididos en secciones regionales, pero con buenas relaciones entre sí. Su sede está en México, donde tiene dos publicaciones: *Solidaridad Obrera* y *CNT.* No hay menciones a líderes. |
| | POUM | Sede en Francia. Joaquín Maurin era su líder, pero murió en junio de 1942.<br>La Sede en México está dirigida por Julián Gorkin y Gironella. |
| | Comunistas | Cuartel general en México. Sus líderes eran Antonio Mije y Pedro Checa |
| Grupos políticos | Juan Negrín | Rompió con los comunistas en 1942.<br>La URSS sigue dándole soporte. |
| | Indalecio Prieto | Controló la Junta de Asistencia a los Republicanos Españoles. |
| | Coronel Casado | Grupo desactivado en este momento. Su hermana estaba en España. |
| | Tercer frente | Hace referencia a grupos de opinión. Destaca Garcitoral, que publica "Historia Crítica de España" en 1943. |
| | Largo Caballero | Tiene seguidores en México, Chile, Santo Domingo, Cuba, Colombia, Argentina y Panamá. Es un grupo numeroso. |
| | Martínez Barrio | Mantiene buenas relaciones con los nacionalismos periféricos. Tiene contactos con las cámaras de comercio de Cataluña y con grandes empresarios. Realizó un tour para captar simpatizantes (por América e Inglaterra). |
| | Monárquicos | Los Carlistas son una escisión.<br>Gil Robles es fundamental para Don Juan.<br>Hubo un encuentro entre Lerroux y el conde Rodezno en Lisboa.<br>Este grupo pretende una transición de la dictadura a la monarquía. |
| Separatistas | Vascos | Cooperan los tres separatismos.<br>Aguirre es el más activo. El PNV tiene delegaciones potentes en América. |
| | Catalanes | No hay unidad en el nacionalismo catalán. Tampoco hay un líder carismático. |

El informe elaborado por John S. Knight se basa en un intenso trabajo previo de los servicios de inteligencia estadounidenses, fundamentado en gran medida en la reconstrucción de información obtenida a partir de mensajes interceptados. Este método de recopilación de datos podría explicar la presencia de algunos errores en su contenido. Sin embargo, lo relevante aquí es el valor del documento como evidencia de que Estados Unidos había realizado un exhaustivo rastreo y tenía identificadas las alternativas políticas a la dictadura de Franco.

Dicho informe coincide temporalmente con un momento de revitalización de la oposición que buscaba poner fin al Régimen franquista. El 31 de marzo de 1944, el director del FBI reportó que, al menos desde febrero de 1943, ciertos sectores monárquicos se estaban movilizando con el objetivo de provocar la caída de la dictadura. Durante una reunión en el Hotel Statler, el general Juan Beigbeder y Atienza advirtió a un intermediario, cuyo nombre no ha trascendido, que el Duque de Alba estaba manteniendo conversaciones con el gobierno británico[156]. El propósito de estas negociaciones parecía claro: promover la instauración de una monarquía liberal en España tras la caída de Franco. Además, Beigbeder señaló al general Carlos Asensio, entonces ministro de Guerra, como uno de los principales instigadores de un posible golpe contra el dictador.

La progresiva liberación de Francia de la ocupación alemana sirvió como catalizador para la reactivación de la oposición al Régimen franquista. Esta renovación se manifestó en acciones concretas, como la reconstrucción de los gobiernos de la República, la Generalitat y el Gobierno Vasco. Un resurgimiento que ocurrió tras un periodo de relativa desorganización, excepto en el caso del movimiento vasco. La nueva situación llevó a la comunicación entre el exilio europeo, el americano y los grupos clandestinos del interior, llegándose a constituir guerrillas con los maquis[157]. Un contexto en el que los monárquicos representaron un caso peculiar dentro de la oposición. Este grupo, con un liderazgo relativamente definido, abarcaba desde exiliados políticos hasta miembros del propio gobierno de Franco. Su naturaleza heterogénea permitió que el Reino Unido estableciera contactos con militares de alto rango para influir en la política española mediante sobornos, buscando garantizar la neutralidad del país durante la Segunda Guerra Mundial[158].

---

[156]«Informe de Hoover a Adolf Berle», 31 de marzo de 1944, NARA, RG 59, 1940-1944, Box 5233.

[157] Julián Chaves, *Historia del Maquis. El largo camino hacia la libertad en España* (Barcelona: Ático de los libros, 2022).

[158] Ángel Viñas, *Sobornos: De cómo Churchill y March compraron a los generales de Franco* (Barcelona: Editorial Crítica, 2016).

No obstante, el principal problema de la oposición antifranquista era la profunda división interna, un hecho bien conocido en Washington. En el sector de los partidos "generalistas" surgieron dos grandes bloques. Por un lado, la Alianza Nacional de Fuerzas Democráticas (ANFD), formada en septiembre de 1944 por cenetistas reformistas, socialistas prietistas y republicanos, que adoptaron los principios democráticos de la Carta del Atlántico como su eje político. Por otro lado, los comunistas y negrinistas, que optaron por una estrategia diferente. Los comunistas del PCE, el PSUC y las JSU concentraron sus esfuerzos en reconstruir una red clandestina, a pesar de las dificultades que les había generado el pacto germano-soviético de 1939. Su actividad clandestina, aunque limitada, demostró cierta efectividad: el 19 de octubre de 1944, varios miles de *maquis* se adentraron en el valle de Arán, formando la Agrupación de Guerrilleros Españoles, una organización promovida por el PCE e integrada por combatientes españoles de la Resistencia frente a la Wehrmacht[159].

El mes de octubre de 1944 fue crucial para los republicanos españoles en el exilio. Bajo el liderazgo de Diego Martínez Barrios, la ANFD se unió a la Junta Española de Liberación (JEL), fundada por el PSOE en noviembre de 1943, con sede en México. Este movimiento buscaba integrar a los diferentes grupos políticos para preparar el renacimiento de la República Española. La unificación otorgó a Martínez Barrios un papel protagónico, quien emprendió una campaña internacional en busca de apoyos. Viajó a Nueva York y se reunió con figuras clave del Departamento de Estado y simpatizantes estadounidenses de la República española, promoviendo un mensaje contrario al Régimen franquista y alentando la esperanza de los exiliados españoles.

Estas iniciativas provocaron la reacción del embajador español en Washington, Juan Francisco de Cárdenas, quien trató de boicotear la campaña republicana en Estados Unidos. Entre sus esfuerzos destaca la solicitud oficial para denegar visados a representantes republicanos, una medida que fracasó en el caso de

---

[159] Este asunto preocupó no solo al Régimen de Franco. Carlton Hayes informó al Departamento de Estado y esto provocó una creciente preocupación por la posible invasión de ideas comunistas a través de estos grupos guerrilleros. Véase Álvaro Ferrary, «Una acción política realista y sensata hacia España: Franco, el Régimen y la oposición en la correspondencia diplomática norteamericana, 1944-1947», *Historia y Política*, n.º 46 (2021): 293-320. Para profundizar más, véase Joan Estruch, *El PCE en la clandestinidad (1939-1956)* (Madrid: Siglo XXI, 1982); Andrés Sorel, *La guerrilla antifranquista. La historia del maquis contada por sus protagonistas* (Tafalla: Txalaparta, 2002); José Luis Cervero, «El maquis invade el valle de Arán: la operación "reconquista de España por los comunistas Monzón y López Tovar, es abortada"», en *La liberación de París anima al maquis a «reconquistar» España: 1944*, ed. Juan Carlos Laviana, Daniel Arjona, y Silvia Fernández (Madrid: Unidad Editorial, 2006).

Martínez Barrios, pero que logró impedir el viaje del vasco Juan Ramón Aldasoro Galarza[160]. Sin embargo, este triunfo parcial resultó insuficiente, ya que el mensaje republicano logró ganar visibilidad en los medios estadounidenses. Así lo demuestra la publicación del 2 de diciembre de 1944 en *The New York Times*, que informaba sobre los planes de los antifranquistas. En este artículo, Martínez Barrios declaraba que el objetivo inmediato era establecer un gobierno provisional republicano en México, consolidando así la lucha contra la dictadura franquista[161].

De manera paralela, los monárquicos continuaron desarrollando su estrategia en torno a Don Juan de Borbón. Dentro del movimiento monárquico, destacaban figuras que presionaban al conde de Barcelona para que rompiera cualquier vínculo con el Régimen franquista, una postura defendida por políticos como José María Gil Robles. El antiguo líder de la CEDA mantuvo frecuentes conversaciones con Don Juan y su entorno. En una de ellas, posiblemente la más significativa de 1944, Gil Robles instó al príncipe Borbón a desvincularse oficialmente de la dictadura. Argumentaba que las dificultades que afrontaría la Dictadura tras la Segunda Guerra Mundial debían aprovecharse, calificando esa oportunidad como "probablemente la última" y subrayando que había llegado "la hora de un manifiesto de gran altura"[162].

Sobre la posición monárquica, en este período el economista Juan Ventosa Calvell hizo un análisis interesante. El antiguo ministro de Hacienda durante el reinado de Alfonso XIII consideraba que la restauración de la monarquía solo sería viable mediante una transición no traumática, con una intervención exterior mínima. En su opinión, cualquier injerencia internacional complicaría enormemente la llegada al poder de Don Juan[163]. En ese contexto, es pertinente recordar la carta enviada por los militares a Franco en septiembre de 1943, que ponía de manifiesto dos aspectos clave. En primer lugar, que los militares monárquicos no estaban dispuestos a levantarse en armas contra el dictador. En segundo lugar, que Franco había conseguido aglutinar un apoyo heterogéneo entre las diversas "familias" conservadoras, convenciendo a todas ellas de que su figura era el elemento cohesionador imprescindible para mantener la

---

[160] «Telegrama de Cárdenas a Franco», 25 de noviembre de 1944, CDMH, AFNFF, 15400.
[161] «Aid to Revive Spain as Republic asked; Martinez Barrio, ex-President, Seeks US support prior to convening of Cortes», 2 de diciembre de 1944, *The New York Times*, p. 6.
[162] «Memorándum de conversación entre Gil Robles y Don Juan de Borbón», 24 de septiembre de 1944, AGUN, Fondo Pablo Beltrán de Heredia, 022/002/0174.
[163] «Memorandum de conversación entre Juan Ventosa y Eugenio Vegas Latapié», 13 de noviembre de 1944, AGUN, Fondo Eugenio Vegas Latapié, 076/003/0110.

estabilidad del Régimen. Una ruptura del *status quo*, advertían, podría desatar una fragmentación interna[164].

Sin embargo, el bloque monárquico no se limitaba a los seguidores de Don Juan, los *juanistas*. Los carlistas, con una base social sólida, representaban otro sector nada desdeñable, y no todos aceptaron la dictadura franquista. Una facción de la Comunión Tradicionalista, liderada por Manuel Fal Conde y los partidarios de Javier de Borbón Parma, había rechazado desde el principio el Decreto de Unificación de 1937. Este grupo mantuvo contactos internacionales, como las conversaciones que sostuvieron el 25 de noviembre de 1944 con Carlton Hayes, embajador de Estados Unidos en España. Durante la reunión, en la que participaron tres destacados carlistas —Juan Sáenz-Díez, José María Arauz de Robles y Pedro Fernández Pardo—, Hayes concluyó que la integración entre los *juanistas* y los carlistas era inviable. Esta valoración fue posteriormente transmitida al Departamento de Estado, reflejando la división interna dentro del monarquismo español[165].

A finales de 1944, se percibía una diferencia fundamental entre los grupos opositores al Régimen franquista. Mientras los monárquicos confiaban en que el fin de Francisco Franco llegara por su abandono voluntario, los republicanos abogaban por su derrota. Esta divergencia respondía a varias razones, siendo una clave la posición de los monárquicos dentro del propio Régimen. Algunos ministros del Gobierno eran favorables a la restauración borbónica, lo que hacía que una ruptura abrupta pudiera deslegitimarlos. En contraste, la República en el exilio se mantenía al margen de cualquier vínculo con la dictadura, actuando desde una oposición real y organizada.

Al margen de la reactivación de la oposición, resulta fundamental analizar los movimientos de la España franquista para contrarrestar el "oportunismo" de sus detractores en el exilio. Como se ha observado en Washington, los agentes franquistas seguían de cerca las acciones de la oposición antifranquista. Con la llegada de Félix de Lequerica al Ministerio de Asuntos Exteriores, se intensificó una estrategia para mejorar la imagen del Régimen ante la opinión pública internacional. Parte de esta estrategia consistió en promover la idea de que España había protegido a los judíos durante la guerra, ayudándolos a escapar de los campos de concentración. En ese contexto, Cárdenas sostuvo

---

[164] Este asunto se aborda en Álvaro Ferrary, *El franquismo: minorías políticas y conflictos ideológicos: (1936-1956)* (Pamplona: EUNSA D.L., 1993).
[165] María Vázquez de Prada, *El final de una ilusión: Auge y declive del tradicionalismo carlista (1957-1967)* (Madrid: Schedas, 2016), 33.

reuniones en Washington con dos rabinos del Comité de Socorro, obteniendo el compromiso de una "publicidad que haga justicia de la labor de España". Sin embargo, este apoyo no fue unánime. Según el doctor Kalmanoritz, algunos centros judíos se mostraron reacios o incluso contrarios a emitir declaraciones favorables al Régimen, debido al historial franquista y su vinculación con Hitler[166]. En contraste, tanto Kalmanoritz como Perlzksig respaldaron abiertamente la dictadura.

El apoyo de estos sectores puede explicarse por los acontecimientos de finales de 1944. El 11 de octubre, llegaron al Capitolio las primeras noticias sobre el genocidio nazi contra los judíos. Pocas semanas después, el 1 de diciembre, Perlzksig —jefe de la Sección Política del Congreso Judío Mundial— elogió públicamente el papel de España, destacando la protección brindada a los sefardíes y a la población judía húngara[167]. Estas declaraciones tuvieron eco internacional, y *The New York Times* dedicó un espacio considerable a la noticia, lo que marcó un cambio respecto a su actitud previa hacia el Régimen[168]. El periódico había rechazado cubrir dos entrevistas concedidas el 18 de octubre por Franco a Armistead L. Bradford, del *United Press*[169]; y el 20 de noviembre, a la *International News Service*[170], meses antes, a Franco y a Lequerica. En dichas entrevistas, Franco abordó temas como la participación española en la guerra, las peculiaridades de la Dictadura y su disposición a integrarse en la comunidad internacional. Defendió la "democracia orgánica" como base del sistema político y justificó la actuación de la División Azul como una lucha contra el comunismo, al tiempo que lanzaba la paradójica argumentación de que lo anterior no suponía que quisiera enfrentarse a Rusia. También anunció futuros planes institucionales, como la restauración de la monarquía, y expresó su interés en mantener buenas relaciones con Estados Unidos y Brasil[171].

---

[166] «Telegrama de Cárdenas al Ministro de Asuntos Exteriores», 17 de noviembre de 1944, CDMH, AFNFF, 15605.
[167] «Telegrama de Cárdenas al Ministro de Asuntos Exteriores», 1 de diciembre de 1944, CDMH, AFNFF, 15322.
[168] «Telegrama del embajador Cárdenas», 1 de diciembre de 1944, CDMH, AFNFF, 15367
[169] «Telegrama de Carlton Hayes al Departamento de Estado», 3 de diciembre de 1944, NARA, RG 59, 1940-1944, box 5234.
[170] «Informe del embajador Cárdenas», 20 de noviembre de 1944, CDMH, AFNFF, 15589
[171] «Declaraciones del Caudillo de España en la entrevista concedida a la "*United Press*" en noviembre de 1944», 5 de noviembre de 1944. Entrevista íntegra en Agustín Del Río, *Viraje político español durante la II Guerra Mundial: 1942-1945 ; Réplica al cerco internacional : 1945-1946* (Madrid: Europa, 1977), 372-83. Estas declaraciones fueron utilizadas por la Delegación Nacional de

La falta de cobertura mediática de estas entrevistas en medios estadounidenses influyentes fue interpretada por Juan Francisco de Cárdenas como un acto de boicot. Sin embargo, las declaraciones de Perlzksig en el Congreso Judío Mundial, al ser ampliamente difundidas, constituyeron una valiosa oportunidad para contrarrestar este vacío informativo. En este contexto, el 2 de diciembre, Lequerica concedió una entrevista exclusiva a *The New York Times*, lo que reflejó un posible cambio de actitud del medio hacia España[172]. En ella, el ministro destacó el ofrecimiento de Franco a Paul Kennedy para participar en negociaciones de paz y reiteró que la integración de España en la comunidad internacional era indispensable para completar su estructura pues, de lo contrario, "no sería una institución completa" [173]. Tanto esta publicación como la cobertura previa fueron vistas por Cárdenas como un éxito diplomático que consolidaba su gestión frente a las críticas externas[174].

Estos pronunciamientos propagandísticos respondieron más a una apresurada reconfiguración de la imagen exterior que a un planteamiento verdaderamente convincente. Las potencias aliadas eran conscientes de esta debilidad y la consideraron insuficiente. Una muestra de ello fue la actitud de Churchill, quien dejó claro al Régimen franquista la realidad en que se encontraba: las simpatías pro-Eje exhibidas durante el conflicto mundial no serían ignoradas, y la afinidad de Falange —pilar fundamental de la estructura política de España— con el nazismo y el fascismo imposibilitaban cualquier apoyo británico a las aspiraciones españolas[175].

Ante este panorama, el Duque de Alba advirtió al ministro Lequerica sobre la necesidad de un cambio sustancial en la política española. Desde su posición como embajador en Londres, señaló la importancia de abordar la situación y el

---

Prensa como herramienta de aclamación a la política del Régimen. Para ello, se dictaron tres preceptos: el primera fue insertar la noticia en la portada de los periódicos; el segunda, exigía un comentario editorial, ensalzando el significado y destacando las reacciones exteriores; el tercero, incluía aquellos temas de la entrevista sobre los que se debía enfatizar a lo largo de los siguientes diez días. Véase Justino Sinova, *La censura de prensa durante el franquismo (1936-1951).* (Madrid: Espasa-Calpe, 1989), 167-69.

[172] Hay que tratar este asunto con precaución: la mención a España aparece en la última página. En concreto, en una columna central, la de menor tamaño. Véase Albert J. Gordon «Aid for Minorities is asked by jews; World Congress Ends Afer It Adopts Program Calling for Racial Safeguards", *The New York Times,* 2 de diciembre de 1944, 8.

[173] Paul P. Kennedy «Sapin Still Seeks Peace Table Place; Foreign Minister Says World Organization Would Not Be Complete Otherwise», *The New York Times*, 3 de diciembre de 1944, 25.

[174] «Telegrama de Cárdenas al Ministro de Asuntos Exteriores», 4 de diciembre de 1944, CDMH, AFNFF, 15354.

[175] Samuel Hoare, *Embajador ante Franco en misión especial* (Madrid: Sedmay, 1977), 341-47; Alberto J. Lleonart Amsélem y F. Ma Castiella y Maiz, *España y ONU* (Madrid: Consejo Superior de Investigaciones Científicas, 1978), 10-17.

protagonismo de Falange dentro del Régimen. Según él, la problemática exterior se concentraba en dos aspectos principales: el respaldo oficial del Estado a Falange como partido único y las políticas internas que evocaban al fascismo[176]. Por lo tanto, subrayó la necesidad de una transformación profunda para facilitar el entendimiento con las democracias occidentales. Además, el Duque de Alba destacó que, en ese momento, no existían figuras influyentes que defendieran abiertamente al Régimen. Según sus palabras, "siempre surgía algún paladín en nuestra defensa, [pero ahora] la reacción de los órganos tradicionales de derechas ha sido el silencio"[177]. Con ello aludía a sectores británicos que, en episodios anteriores, habían mostrado cierta cordialidad hacia Franco, entre los que se encontraba el propio Winston Churchill[178].

Con el final de la Segunda Guerra Mundial cada vez más cercano, la ausencia de una alternativa democrática férreamente organizada frente al franquismo fue restando credibilidad a la eventual restauración de la Segunda República. Durante la Conferencia de Yalta (4-11 de febrero de 1945), no hubo representación legítima de la oposición republicana. Aunque existían un gobierno y un presidente en el exilio, la figura de Juan Negrín, quien se mantuvo en el cargo hasta agosto de 1945, no contaba con el reconocimiento unánime de los partidos republicanos desde que la Diputación Permanente rechazó su liderazgo en julio de 1939. Para muchos, se trataba de un presidente deslegitimado, con críticos como Indalecio Prieto y Diego Martínez Barrio. Este rechazo se fundamentaba tanto en las conexiones comunistas de Negrín como en el interés de los "prietistas" por acercarse a los sectores monárquicos más liberales[179]. Este acercamiento, seguido de cerca por el Departamento de Estado estadounidense, giraba en torno al debate sobre la posibilidad de implantar un sistema parlamentario democrático en una monarquía constitucional[180].

---

[176] Delgado, *Imperio de papel*, 398.
[177] «Telegrama del embajador en Londres», 6 de noviembre de 1944, CDMH, AFNFF, 15391.
[178] Moradiellos, *Franco frente a Churchill.*; Carlos Collado, *El telegrama que salvó a Franco: Londres, Washington y la cuestión del Régimen* (Barcelona: Editorial Crítica, 2016); Thomàs, *Roosevelt y Franco. De la guerra civil española a Pearl Harbor*; Enrique Moradiellos, «Un Triángulo vital para la República: Gran Bretaña, Francia y la Unión Soviética ante la Guerra Civil española», *Amnis* 1 (2001): 1-65.
[179] Miguel Ángel Yuste, «La República Española en el exilio y la alternativa monárquica a Franco desde el final de la II Guerra Mundial hasta la resolución de las Naciones Unidas de noviembre 1950», *Espacio, Tiempo y Forma. Serie V, Historia Contemporánea*, n.º 18 (2006): 252-55.
[180] «Telegrama de Butterworth a la Secretaría de Estado», 19 de febrero de 1945, NARA, RG 59, 1945-1949, Box 3319.

La fragmentación de la oposición antifranquista también influyó en la posición de Estados Unidos. Pese a ello y a la altura de marzo de 1945, la administración de Franklin D. Roosevelt adoptó un enfoque más crítico hacia la dictadura franquista. En una instrucción dirigida a Norman Armour, Roosevelt afirmó que la amistad de Franco con Hitler y Mussolini podía provocar que los "ciudadanos estadounidenses [encuentren] difícil ver la justificación para que este país continúe manteniendo relaciones" con España[181]. Esta postura se fortaleció con la percepción de que Falange, como partido único, no solo era hostil a Estados Unidos, sino que también intentaba difundir su ideología fascista en el hemisferio occidental. Según Roosevelt, la influencia de Falange constituía un obstáculo para la aceptación internacional de España y debería ser disuelta por el propio Régimen[182].

El telegrama de Roosevelt incluía tres mensajes claros para el franquismo. En primer lugar, Estados Unidos reafirmaba que no interferiría en los asuntos internos de otros países, "a menos que exista una amenaza para la paz internacional". No obstante, dejaba en claro que "no veo lugar en la comunidad de naciones a gobiernos fundados en principios fascistas", lo que descartaba las aspiraciones españolas de ingresar en la ONU. En segundo lugar, Roosevelt expresaba que no existía animosidad hacia el pueblo español, reconociendo que "estaríamos felices de establecer acuerdos con España en el campo económico"[183]. Sin embargo, subrayaba que el rechazo al Régimen franquista estaba profundamente arraigado en la opinión pública estadounidense. Finalmente, el presidente estadounidense manifestó su esperanza de que España pronto asumiera un papel activo en la cooperación internacional, aunque este objetivo parecía difícil bajo el liderazgo de Franco.

Mientras tanto, los grupos opositores continuaron sus contactos, conscientes de que las circunstancias internacionales ofrecían una oportunidad para presionar a Franco. La reconstrucción mundial tras la derrota del fascismo planteaba un escenario en el que los monárquicos liberales y la Alianza Nacional de Fuerzas Democráticas (ANFD) buscaron puntos en común para presentarse como una alternativa cohesionada ante los Aliados. Sin embargo, estas conversaciones derivaron en la detención de destacados opositores, como Sigfrido Catalá, Juan

---

[181] «Roosevelt a Norman Armour», 10 de marzo de 1945, FRUS, Diplomatic Papers, 1945, Europe, Vol. V.

[182] Delgado, *Imperio de papel*; Eduardo González Calleja, «El servicio exterior de Falange y la política exterior del primer franquismo: consideraciones previas para su investigación», *Hispania: Revista Española de Historia* 54, n.º 186 (1994): 279-307; Fernández, «El antiamericanismo en la España del primer franquismo (1939-1953): el Ejército, la Iglesia y Falange frente a Estados Unidos».

[183] «Roosevelt a Norman Armour», 10 de marzo de 1945, FRUS, Diplomatic Papers, 1945, Europe, Vol. V.

Gómez Ejido y Sócrates Gómez, junto con numerosos militantes de base por parte del régimen de Franco[184]. Estas acciones represivas, sumadas a la falta de acuerdos internos, llevaron a la ruptura de negociaciones entre algunos sectores opositores en marzo de 1945.

Ante este panorama, y tras casi un año de silencio, don Juan de Borbón hizo público el *Manifiesto de Lausana*. Redactado por Eugenio Vegas Latapić y Julio López Oliván, el documento aprovechaba el contexto internacional para denunciar el régimen de Franco como una dictadura inspirada en los sistemas totalitarios de las potencias del Eje. El manifiesto proponía la restauración de una monarquía tradicional como alternativa. Este texto tuvo amplia difusión internacional, y la BBC llegó a especular sobre la formación de un gobierno de transición presidido por el general Kindelán, con generales como Aranda, Varela y Juan Bautista Sánchez González como miembros[185]. Sin embargo, la propuesta de don Juan de que Franco dimitiera no tuvo éxito. El ministro de Exteriores, Lequerica, comunicó a Vegas Latapié que los militares no apoyarían un movimiento que forzara la salida del dictador[186]. Las reacciones internas en la dictadura fueron limitadas, aunque se registraron dos dimisiones destacadas: el Duque de Alba como embajador en Londres y Alfonso de Orleans y Borbón como inspector de las fuerzas aéreas[187]. El fracaso de esta iniciativa llevó a don Juan a asumir nuevamente un perfil bajo[188].

Con la opción monárquica *juanista* debilitada, la causa republicana ganó algo más de relevancia. En marzo de 1945, el director del FBI recomendó al Departamento de Estado apoyar a Diego Martínez Barrio, destacando su potencial para liderar un cambio de régimen en España[189]. Desde las oficinas de J. Edgar Hoover se veía al Frente Democrático Español como un actor determinante en caso de una transición. Simultáneamente, Juan Negrín denunció públicamente las violaciones de derechos humanos del Régimen franquista[190], lo que atrajo la atención de medios internacionales como *The Times*, que señalaba el aislamiento

---

[184] Hartmut Heine, *La oposición política al franquismo. De 1939 a 1952.* (Barcelona: Editorial Crítica, 1983), 288-91.

[185] Paul Preston, *Franco: caudillo de España* (Barcelona: Grijalbo, 1994), 655.

[186] «Telegrama de Lequerica a Vegas Latapié», 22 de marzo de 1945, AGUN, Fondo Eugenio Vegas Latapié, 076/003/0135.

[187] «Memorándum de conversación entre Jacobo Fitz-James y don Juan de Borbón», 31 de marzo de 1945, AGUN, Fondo Francisco Moreno Herrera, 060/004/0062.

[188] Heine, *La oposición política al franquismo. De 1939 a 1952.*, 295. Ramón Villares, *Exilio republicano y pluralismo nacional: España, 1936-1982* (Madrid: Ambos Mundos, 2021).

[189] «Informe del FBI sobre Frente Democrático Español», 17 de marzo de 1945, NARA, RG 59, 1945-1949, Box. 3319.

[190] «Informa de Harriman», 27 de marzo de 1945, NARA, RG 59, 1945-1949, Box. 3319.

creciente de España, algo que se achacaba a una "incomprendida idiosincrasia natural española" [191].

Mientras la oposición antifranquista presentaba sus credenciales internacionales, el Gobierno franquista intentaba contrarrestar su aislamiento. En su búsqueda de nuevos aliados, comenzó a invitar a periodistas estadounidenses para que conocieran España y al propio Caudillo. En este contexto, Norman Armour informó que, siguiendo los consejos de Lequerica, Francisco Franco había apartado al falangista José Luis Arrese de la dirección de la prensa falangista. Armour también destacó que sería beneficioso fortalecer la relación con Lequerica, no solo por la confianza que le otorgaba el jefe del Estado, sino también porque ello permitiría influir en la elección de su sustituto en materia de prensa española.

En esta misma comunicación, se señaló que *The New York Times* había obtenido un permiso para viajar y entrevistar a Franco[192]. Apenas diez días después, llegó la noticia de la entrevista realizada el 12 de abril por Benjamin Weinthal, periodista de *Newsweek*, al dictador. En esa misma fecha, la revista estadounidense *The Sing* entrevistó al encargado de negocios español en Panamá. Durante esta conversación, el diplomático defendió el catolicismo frente a la persecución sufrida durante la Segunda República, justificó el golpe de Estado de 1936 como una reacción contra el comunismo y rechazó cualquier vinculación del Régimen con el fascismo internacional[193]. Fueron algunas de las primeras medidas diplomático-argumentativas con las que el franquismo trataba de (re) formular su discurso oficial para adaptarse a un contexto geopolítico nada favorable.

## El dilema sobre España en la ONU

La primavera de 1945 trajo la noticia del fallecimiento del presidente estadounidense Franklin D. Roosevelt. Siguiendo con los preceptos legales, el gobierno pasó a manos de su vicepresidente, Harry S. Truman, quien asumió el cargo de forma inesperada en un momento delicado. Sin experiencia en política exterior, Truman desconocía tanto los planes bélicos como los acuerdos alcanzados con los soviéticos. Por ello, en un primer momento, se limitó a

---

[191] «Informe sobre artículo publicado por la revista *Times*», 26 de marzo de 1945, NARA, RG 59, 1945-1949, Box. 3319.
[192] «Informe sobre publicación en *The New York Times*», 6 de abril de 1945, NARA, RG 59, 1945-1949, Box. 3319.
[193] «Telegrama informando sobre acciones de Lequerica en Estados Unidos», 12 de abril de 1945, NARA, RG 59, 1945-1949, Box. 3319.

continuar con el proyecto diseñado por Roosevelt, lo que incluía la Conferencia de Naciones Unidas, cuyo pistoletazo de salida se produciría en San Francisco el 25 de abril de 1945[194].

La inesperada situación en la Casa Blanca provocó una rápida reacción de los dirigentes franquistas, quienes solicitaron a Juan Francisco de Cárdenas información sobre el nuevo presidente. El embajador español envió su análisis el 21 de abril, describiendo a Truman como un hombre "sencillo, sincero y honorable", al que situó "a la derecha de Roosevelt en cuanto a su ideario político"[195]. No obstante, este informe no ofreció datos relevantes sobre posibles simpatías o antipatías hacia España. En los últimos años la historiografía ha profundizado en el perfil de Truman y su visión sobre el país ibérico: en general, puede resumirse en que tenía un mayor desdén hacia el régimen franquista que su predecesor[196].

Paralelamente a la llegada de Truman y con la Conferencia de San Francisco en el horizonte, la presión sobre el régimen de Franco se intensificó desde tres frentes principales. En primer lugar, el antiguo embajador Claude Bowers reactivó su crítica al franquismo. En una conversación con Nelson Rockefeller, destacó el buen desempeño de Fernando de los Ríos en las relaciones bilaterales, insinuando la conveniencia de restaurar el gobierno republicano en el exilio[197]. En segundo lugar, la American Youth for Democracy, vinculada al Partido Comunista de Estados Unidos, presentó al Departamento de Estado una petición para romper relaciones

---

[194] La legación estadounidense estuvo liderada por el secretario de Estado, Edward R. Stettinius jr., pero los dos miembros más influyentes fueron Tom Connally por el partido demócrata y Arthur H. Vandenberg por el partido republicano. Esta elección responde a la estrategia de Roosevelt de hacer partícipe a los dos principales partidos políticos del país. Entendía el expresidente que solo así conseguirían mayor aceptación social y política.

[195] «Memorándum de conversación entre Cárdenas y el ministro de Asuntos Exteriores», 21 de abril de 1945, AGA, Servicio Exterior en Estados Unidos de América, 26.2 (10).

[196] Donald McCoy, *La Presidencia de Harry S. Truman* (Madrid: Editorial San Martín, 1987); R. H. Ferrell, *Truman in the White House: The Diary of Eben A. Ayers* (Columbia: University of Missouri Press, 1991); A. Hamby, *Man of the People: A Life of Harry S. Truman* (New York, NY: Oxford University Press, 1995); Diane Kirby, *Harry Truman's Religious Legacy: The Holy Alliance, Containment and the Cold War. En Kirby "Religion and the Cold War* (London: Palgrave MacMillan, 2013); Wayne Bowen, «De enemigo a aliado: Harry Truman y el Régimen de Franco», en *Guerra Civil y Franquismo. Una perspectiva internacional*, ed. Raanan Rein y Joan María Thomàs (Zaragoza: Prensas de la Universidad de Zaragoza, 2016), 79-98; Wayne Bowen, «Con la mayor reticencia: Harry Truman, Francisco Franco y la Alianza España-Estados Unidos», en *Estados Unidos, Alemania, Gran Bretaña, Japón y sus relaciones con España entre la guerra y la postguerra (1939-1953)*, ed. Joan María Thomàs (Madrid: Universidad de Comillas, 2016), 63-102.

[197] «Telegrama de Claude Bowers al Departamento de Estado», 2 de abril de 1945, NARA, RG 59, 1945-1949, Box 3319.

con España debido a su vinculación con el fascismo[198]. Finalmente, los antiguos brigadistas internacionales, representados por Nora P. Hasenclever, denunciaron la represión franquista. En un documento dirigido al funcionario del Departamento de Estado Archibald MacLeish[199], Hasenclever advirtió sobre la situación de Albert Assa, un colombiano sefardita encarcelado en Barcelona, cuya precaria condición reflejaba la persistencia de la violencia represiva del Régimen, incluso seis años después del final de la Guerra Civil[200].

Estos ejemplos ilustran la creciente presión de la opinión pública internacional sobre un régimen señalado por su exclusión de la Conferencia de San Francisco. En contraste, la oposición antifranquista asistió al evento con una delegación integrada por Negrín, Prieto, Esplá y Aguirre, entre otros[201]. Sin embargo, su participación fue limitada, aunque presenciaron el rechazo de España a las Naciones Unidas. Esta decisión se basó en que la dictadura franquista había sido "instituida con ayuda de la fuerza armada de países que han luchado contra las Naciones Unidas"[202]. Aunque la presencia de los antifranquistas en San Francisco fue simbólica, lo verdaderamente significativo fue el mensaje enviado al Régimen: su aislamiento internacional persistía.

Consciente de la creciente presión internacional, el Gobierno franquista reelaboró su estrategia de comunicación exterior. Como señala Ángel Viñas, esta política se basó en una "resistencia desde el blocao", estructurada en tres ejes: economía, anticomunismo y apoyo católico[203]. La economía respondía al reconocimiento de las tensiones entre capitalismo y comunismo durante la guerra mundial, previendo los conflictos que finalmente surgieron. El anticomunismo, ya utilizado para justificar la División Azul, se reafirmó como un pilar ideológico del Régimen. Por último, el catolicismo aportaba una justificación moral a las acciones españolas, como ocurrió durante la Guerra Civil. Bazas argumentativas que los representantes de la Dictadura utilizaron para defender a Francisco Franco. Así se

---

[198] «American Youth for Democracy al Departamento de Estado», 17 de abril de 1945, NARA, RG 59, 1945-1949, Box 3319.

[199] Antiguo jefe de la Biblioteca del Congreso de Estados Unidos, durante la Segunda Guerra Mundial se vinculó al *Research and Analysis Branch* de servicio de inteligencia de la Office of Strategic Services y terminó siendo parte de la War Department's Office of Facts and Figures (OWI).

[200] «Telegrama de Nora P. Hasenclever al Departamento de Estado», 26 de abril de 1945, NARA, RG 59, 1945-1949, Box 3319.

[201] Villares, *Exilio republicano y pluralismo nacional*, 60.

[202] Patricia Fagen, *Transterrados y ciudadanos. Los republicanos españoles en México* (México: Fondo de Cultura Económica, 1975), 105.

[203] Ángel Viñas, *En las garras del águila. Los pactos con Estados Unidos, de Francisco Franco a Felipe González (1945-1995)* (Barcelona: Editorial Crítica, 2003).

explica que el ministro de exteriores, José Félix de Lequerica, advirtiese a Norman Armour sobre las intenciones expansionistas de la URSS tras la guerra[204], una preocupación que Armour compartía, según sus informes[205]. Además, en mayo, Pedro de Areilza aseguró al diplomático británico que Franco preparaba reformas como el Fuero de los Españoles, insistiendo en la estabilidad del Régimen y tratando de justificar que dicho 'fuero' suponía un avance para garantizar los derechos de la ciudadanía[206].

Entre las iniciativas más destacadas del Gobierno de Franco en este periodo sobresale una propuesta de la Vicesecretaría de Estudios Políticos en materia de política exterior. En un extenso informe, se planteó la creación de un Instituto Español de Relaciones Culturales en Estados Unidos con diversos objetivos: mejorar la percepción internacional desfavorable hacia España, establecer un sistema de difusión de prensa española, contrarrestar la imagen de España como un país totalitario y fomentar la creación de grupos de "quintacolumnistas pro-franquistas" en colaboración con ciertos sectores católicos estadounidenses[207]. Estas propuestas, meticulosamente elaboradas, sentaron las bases para la posterior formación del *Spanish Lobby*, un grupo de presión que será analizado más adelante.

Un evento clave en esta estrategia fue la entrevista de A. L. Bradford a Franco, publicada por *United Press*. En ella, el dictador presentó una España de "tranquilidad y progreso", consciente de la mala prensa del Régimen y de la carga que representaba la Falange. Bradford interpretó que, a diferencia de Alfonso XIII, Franco no cedería ante la presión internacional, pues mantenía su poder sin oposición interna significativa[208]. Según el periodista, solo una invasión externa podría haber desestabilizado la dictadura, un escenario que, como sabemos, nunca ocurrió.

A pesar de la presión antifranquista, el Gobierno de Franco intentó mantener una apariencia de continuidad en sus relaciones internacionales, en especial en el

---

[204] «Informe de Norman Armour sobre conversación con Lequerica», 1 de mayo de 1945, NARA, RG 59, 1945-1949, Box. 3319.
[205] «Telegrama de Norman Armour al Departamento de Estado sobre el peligro de la URSS», 1 de mayo de 1945, NARA, RG 59, 1945-1949, Box. 3319.
[206] «Telegrama de Norman Armour al Departamento de Estado sobre España y los monárquicos», 8 de mayo de 1945, NARA, RG 59, 1945-1949, Box. 3319.
[207] «Proyecto para el establecimiento de un Instituto de Relaciones culturales en Estados Unidos», 2 de abril de 1945, CDMH, AFNFF, 1368. Lorenzo Delgado, «Las relaciones culturales entre España y los Estados Unidos. De la guerra mundial a los pactos de 1953», *Cuadernos de Historia Contemporánea*, n.º 25 (2003): 35-59.
[208] «Memorándum sobre entrevista de Bradford a Francisco Franco», 22 de junio de 1945, NARA, RG 59, 1945-1949, Box 3320.

ámbito comercial. En 1945, se registraron transacciones significativas que reflejaron una cierta normalidad en las relaciones bilaterales con Estados Unidos. Por ejemplo, el 8 de mayo de ese año se firmaron acuerdos para la compra de materias primas destinadas a la fabricación de explosivos. En esta operación participaron instituciones como la Fábrica de Pólvoras y Explosivos de Granada y la Unión Española de Explosivos de Madrid, bajo la coordinación del Ministerio del Ejército y la Compañía Peninsular de Comercio S.A., que sellaron un contrato con la Faesy & Besthoff Trading Corp. de Nueva York para la adquisición de 30 toneladas de Dietil difenilurea (*centralita*) [209].

Otro acuerdo destacable fue el interés de la Socony-Vacuum Oil Company en explorar el mercado español, específicamente en proyectos de prospección petrolífera en colaboración con CEPSA y la Compañía de Investigación y Explotaciones Petrolíferas S.A. (CIEPSA) en Burgos[210]. Este tipo de negociaciones evidenciaba que, a pesar del aislamiento político, las relaciones comerciales entre ambos países permanecían relativamente activas. Incluso México, que promovió la exclusión de España en la ONU, firmó un acuerdo con el Régimen franquista para la exportación de algodón, lo que generó críticas desde el Departamento de Estado de Estados Unidos[211].

En el ámbito ideológico, sectores católicos estadounidenses desempeñaron un papel relevante en la defensa del Régimen. Figuras como el poeta, historiador e hispanista William Thomas Walsh argumentaron a favor de Franco, presentándolo como un baluarte contra el comunismo. En una editorial se mostró muy crítico con la postura que tenía su gobierno hacia España[212]. Bajo el argumento de que "a miles de ciudadanos les gusta Franco", realizó un análisis de once puntos divididos en dos bloques. El primer bloque se centraba en que Franco salvó a los españoles y católicos de los "planes satánicos" de Stalin y el comunismo. En el segundo comentaba la buena prensa que tenía Franco entre católicos de renombre como el Cardenal Spellman. Además, Walsh publicó obras en español, como *La actual situación de España* (1944) y *El caso*

---

[209] «Informe sobre compra de material para la construcción de explosivos», 8 de mayo de 1945, NARA, RG 59, 1945-1949, Box. 3319.
[210] «Memorándum de conversación entre Corwin y Towsend», 2 de agosto de 1945, NARA, RG 59, 1945-1949, Box. 3320.
[211] «Informe de exportación de México a España», 9 de junio de 1945, NARA, RG 59, 1945-1949, Box. 3320.
[212] Dr. Walsh, «Reader's Forum», *The Tablet*, 1 de septiembre de 1945, p. 6. También presente en: «Informe sobre publicación de William Thomas Walsh», 4 de septiembre de 1945, NARA, RG 59, 1945-1949, Box. 3320.

*crucial de España* (1946), las cuales defendieron al dictador como salvador de la fe católica y de los valores occidentales. Este discurso resonó entre algunos intelectuales y religiosos en Estados Unidos, aunque su impacto fue limitado. En esta investigación, se ha constatado que el nombre de William Thomas Walsh se vinculó con el nombre de profesores universitarios estadounidenses que tenían especial simpatía hacia Franco. Eso al menos se colige de un documento de 1949 solicitado por el miembro del Opus Dei, Rafael Calvo Serer[213].

Sin embargo, el contexto político internacional evolucionaba en contra del Régimen. Las decisiones adoptadas en la Conferencia de Potsdam (julio-agosto de 1945) dejaron claro el rechazo de las potencias aliadas hacia Franco. Un posicionamiento hostil hacia el *Caudillo* que vivió una relativa intensificación con la llegada de Clement Attlee en el Reino Unido, y de Truman en Estados Unidos; con Stalin en la Unión Soviética compartían su animadversión hacia la dictadura española.

Frente a estas presiones, el Régimen respondió con medidas propagandísticas y cambios legislativos superficiales, insistiendo en la idea de que "España tenía razón". Ejemplo de esta estrategia fue la obra *Wartime Mission in Spain, 1942–1945* de Carlton Hayes, publicada en 1945 por el exembajador estadounidense en España, quien presentó a Franco como defensor de la Iglesia Católica y del anticomunismo[214]. La publicación del trabajo de Carlton Hayes generó reacciones diversas. Por un lado, el régimen franquista lo reconoció y agradeció públicamente, concediéndole a Hayes en 1952 la Gran Cruz de la Orden de Alfonso X El Sabio, un gesto que subraya la relevancia que se dio a su labor en la legitimación de la dictadura. Además, según el embajador Juan Francisco de Cárdenas, el libro tuvo un notable éxito comercial, siendo superado en ventas únicamente por las memorias del general George C. Marshall, aunque no aportó datos al respecto[215]. Pero no todo fue color de rosas para Hayes, también recibió numerosas críticas. Según le confesó a John LaFarge Jr., gran parte de los reproches recibidos partieron de personas u organismos vinculados conla propaganda soviética. Hayes señaló

---

[213] «Memorándum de conversación entre Tarnowski y Calvo Serer», 8 de febrero de 1949, AGUN, Fondo Rafael Calvo Serer, 001/031/0153. Valenciano que mostró su rechazo al franquismo a partir de los años cincuenta, cuando pasó a convertirse en parte del Consejo Privado del Conde de Barcelona. nésimo Díaz Hernández, *Rafael Calvo Serer y el grupo Arbor* (Valencia: Publicacions de la Universitat de València, 2008); Onésimo Díaz Hernández y Fernando de Meer Lecha-Marzo, *Rafael Calvo Serer: La búsqueda de la libertad (1954-1988)* (Madrid: Rialp, 2010).

[214] Thomàs, «Catolicismo, Antitotalitarismo y franquismo durante la Segunda Guerra Mundial y la inmediata postguerra: Carlton J. H. Hayes y España», 49.

[215] «Carta de Cárdenas al ministro Artajo», 24 de diciembre de 1945, AGA, Ministerio de Asuntos Exteriores, 8402.

como ejemplos a periódicos de tendencia pro-Moscú, como *PM, The Nation* o *Daily Worker*[216]. Sin embargo, omitió reconocer que otras publicaciones, sin vínculos con el comunismo también mostraron su desacuerdo con la perspectiva defendida en su obra, cuestionando su argumento y el papel de España bajo el Régimen franquista.

A pesar de estas maniobras de información y comunicación tendentes a rehabilitar la imagen del *Caudillo*, el cerco internacional se estrechaba, con el punto álgido del rechazo oficial de España en la ONU el 9 de febrero de 1946. Ese mismo día, el héroe de la Resistencia francesa Cristino García fue condenado a muerte y ejecutado semanas después, lo que desató una ola de rechazo internacional. Desdén hacia el franquismo que no fue unánime, como demuestra, por ejemplo, el tono exculpatorio de *The Tablet* de Brooklyn, defendiendo la postura franquista al presentar a García como un criminal vinculado al maquis[217].

La respuesta del Gobierno francés fue especialmente relevante: el 26 de febrero de 1946 decidió cerrar su frontera con España. Sin embargo, esta medida generó cierta división en el propio ejecutivo de París; por ejemplo no contó con el respaldo de los ministros franceses de Asuntos Exteriores y Economía, quienes advertían de las graves repercusiones económicas que podría acarrear para su país[218]. Aunque no adoptaron medidas similares, los Gobiernos de Washington y Londres se unieron a Francia en una declaración tripartita el 4 de marzo, condenando moralmente al Régimen franquista. En el documento, manifestaron su esperanza de que Francisco Franco abandonara el poder y permitiera a los españoles decidir su futuro. Este acto marcó un hito en la geopolítica global, pues fue la primera declaración internacional firmada exclusivamente por las potencias occidentales, sin la participación de la Unión Soviética, reflejando las divergencias entre los Aliados respecto a España[219]. Apenas un día después, Winston Churchill pronunció en Fulton su emblemático discurso sobre el "telón de acero"[220].

[216] Leonard Lyons, «Lyons Den», *The Courier-Journal,* 31 de diciembre de 1945, 12; «Dr. Carlton Hayes Awarded Notre Dame's Laetare Medal», *The Indianapolis Star,* 31 de marzo de 1946, 22; «Religion Books given to library», *The Tablet,* 11 de mayo de 1946, 14; W. G. Rogers, «The Literary Guidepost», *The News Leader,* 13 de noviembre de 1945, 4.
[217] «Cristino García was Criminal», *The Tablet,* 9 de marzo de 1946, 9.
[218] Xabier Hualde, *El «Cerco» aliado. Estados Unidos, Gran Bretaña y Francia frente a la dictadura franquista (1945-1953)* (Bilbao: Universidad del País Vasco, 2016), 137-38.
[219] Borja de Riquer Permanyer, *La dictadura de Franco: Historia de España Vol. 9* (Barcelona: Editorial Crítica, 2010), 110.
[220] «Se abre el telón de acero a la guerra fría», *La Vanguardia,* 5 de marzo de 2021, consultado el 23 de abril de 2021 https://www.lavanguardia.com/hemeroteca/20210305/6263521/abre-telon-acero-guerra-fria-churchill-discursos.html; Alejandro San Francisco, «Churchill: el discurso del Telón de

El análisis de la situación española fue encomendado al Consejo de Seguridad de la ONU, a instancias de Polonia, país afín a la Unión Soviética. Las reacciones fueron diversas: la URSS, México y Francia apoyaron la iniciativa; Reino Unido, Brasil y los Países Bajos se opusieron; mientras que Australia, China y Estados Unidos indicaron que necesitaban más información para tomar una decisión. En el caso estadounidense, prevaleció el temor a que una crisis interna fortaleciera al comunismo en España. Por su parte, el Reino Unido intentó persuadir a otros países de aceptar una propuesta australiana para crear un subcomité de investigación, considerando que alargar el proceso podría beneficiar a los comunistas españoles[221].

Aunque las presiones internacionales contra Franco aumentaban, la Nota Tripartita dejó claro que no habría una intervención militar en España. Esto calmó al Régimen, pero inquietó a la oposición, que replanteó sus estrategias. Los monárquicos, debilitados tras el fracaso de sus planes en 1945 y el impacto del Manifiesto de Lausana, quedaron relegados; figuras como el general Kindelán fueron enviadas a Canarias, dejando claro el mensaje de Franco sobre la importancia de la lealtad[222]. Mientras tanto, el Gobierno republicano en el exilio trasladó su centro de operaciones a Francia, buscando tanto ayudar a los refugiados como recuperar estructuras institucionales. En este contexto, Santiago Carrillo se unió al gobierno de Giral como ministro sin cartera, reforzando la estrategia del PCE de distanciarse de Largo Caballero y aprovechar el impacto mediático del fusilamiento de Cristino García. Sin embargo, la incorporación de elementos comunistas también complicó las relaciones con Estados Unidos, que empezaba a endurecer su postura frente al comunismo.

En contraste, algunos actores internacionales defendieron la continuidad de Franco. El senador estadounidense Harlan John Bushfield, miembro del partido republicano ¿? advirtió en el Senado que derrocar al dictador tendría como resultado "una guerra civil sangrienta, devastadora y terrible, iniciada sin ningún otro motivo que el de no gustarle al Departamento de Estado el general Franco"[223]. Por su parte, Ralph H. Ackerman, embajador en República Dominicana, alertó sobre las consecuencias humanitarias de imponer sanciones a España, señalando que estas "provocarían un empeoramiento de

---

Acero», *El imparcial,* 7 de marzo de 2021, consultado el 23 de abril de 2021, https://www.elimparcial.es/noticia/222767/opinion/churchill:-el-discurso-del-telon-de-acero.html.

[221] «Conversación entre Cadogan y Bevin», 17 de abril de 1946, The National Archives, Foreign Office, 371, 60.356. «Respuesta de Bevin a Cadogan», 21 de abril de 1946, NARA UK, FO, 371, 60.356.

[222] Paul Preston, *El gran manipulador. La mentira cotidiana de Franco* (Barcelona: Ediciones B, 2008), 551.

[223] «Bushfield es favorable al régimen», 19 de marzo de 1946, CDMH, AFNFF, 13070.

las condiciones de vida de las clases pobres"[224]. También destacó que un cambio de gobierno no garantizaba el apoyo de la comunidad internacional, dejando entrever el temor a una eventual inestabilidad que favoreciera al comunismo.

En el ámbito católico, organizaciones como los Caballeros de Colón desempeñaron un papel relevante. Tras la Segunda Guerra Mundial, esta orden lanzó una campaña en 1946 denominada "Cruzada para la Preservación y Promoción de los Ideales Americanos", enfocada en combatir el comunismo. En esa línea, publicaron el 10 de abril el folleto titulado *Shall We Help the Communists to Crucify Christian Spain?*, defendiendo a España como un bastión del catolicismo frente al comunismo[225]. La Sodality of the Annunciation of Our Lady adoptó un enfoque diferente, argumentando que si Estados Unidos rechazaba al Régimen franquista por su carácter dictatorial, debía aplicar el mismo criterio a otros países aliados en la guerra[226].

En otras publicaciones se adoptó una línea más claramente pro-Franco, con la pretensión de "revelar la verdad" sobre España. Entre ellas, destaca el folleto *The Spanish Newsreel*, donde el ya mencionado William Thomas Walsh ensalzaba las virtudes del Régimen franquista y subrayaba que el catolicismo era su principal sostén. La obra, con su afirmación de que "España siempre es fuerte cuando realmente se siente católica", tuvo un impacto significativo en la promoción de la imagen del régimen[227].

Herbert J. Howley se sumó al movimiento profranquista con su obra *Justice Towards Spain*, escrita con motivo del décimo aniversario de la Guerra Civil Española. En ella abordó las causas y el desarrollo del conflicto, que según su visión fue una "guerra en la que España luchó contra las fuerzas del comunismo", justificando el golpe militar de 1936 como una respuesta a la persecución religiosa[228]. Leonard Valway, por su parte, defendió una línea similar en *The Big Bad Wolf of Spain?*, donde destacó a Franco como el líder que guió al país hacia la "recuperación de la

---

[224] «Memorándum de conversación entre Ackerman y Horsey», 29 de marzo de 1946, NARA, RG 59, 1945-1949, Box. 3319.
[225] «Caballeros de Colón y España», 22 de abril de 1946, NARA, RG 59, 1945-1949, Box. 3319.
[226] «Documento enviado al Departamento de Estado quejándose de los apoyos a España», 19 de febrero de 1946, NARA, RG 59, 1945-1949, Box. 3319.
[227] «Folleto *The Spanish newsreel*», agosto de 1946, CDMH, AFNFF, 18002.
[228] «Publicación de Herbert J. Howley», agosto de 1946, CDMH, AFNFF, 18004.

libertad"[229]. Estas afirmaciones coincidieron con la visita de Valway a Salamanca para cubrir el Congreso de Pax Romana, como corresponsal para *The Boston Globe*[230].

Estos argumentos profranquistas, basados en el temor al comunismo y la defensa de la cristiandad, no pasaron desapercibidos en la opinión pública estadounidense. Según una encuesta de Gallup en mayo de 1946, el 43% de los estadounidenses estaba a favor de romper relaciones con España, mientras que otro 43% se oponía y un 14% se mostró indeciso[231]. Algunos historiadores, como Joan María Thomàs, atribuyen este equilibrio al relativo éxito de obras como la de Hayes[232], mientras que Philip W. Bonsal, funcionario de la embajada en Madrid, lo relacionó con la disminución de las campañas antiespañolas, favorecida por el desplazamiento de los exiliados republicanos hacia Francia[233]. Poco después, Franco recibió una visita propagandística clave en 1946[234]. Liderados por el cardenal Francis Spellman, cincuenta prelados destacados, junto con figuras como James A. Farley y Frank C. Walker, llegaron a España en julio[235]. Farley, presidente de la Coca-Cola Export Corporation y figura prominente del Partido Demócrata, buscaba consolidar su influencia política. Por su parte, Walker, delegado de Estados Unidos en la ONU, representaba la relevancia diplomática del grupo. Esta visita, de evidente valor propagandístico para el franquismo, ponía de manifiesto el interés de sectores católicos y demócratas en evitar que se acentuase el aislamiento de España.

En el ámbito de la inteligencia, el FBI y otros servicios estadounidenses jugaron un papel crucial al analizar la situación española. En 1946, el FBI emitió al menos seis informes sobre España. En todos a los que hemos tenido acceso, el interés principal era determinar la fuerza real de las fuerzas comunistas, y de sus posibles aliados. Por ejemplo, el 28 de enero de 1946 se emitió un análisis amplio sobre las fuerzas comunistas españolas, alertando sobre la influencia comunista y los riesgos

---

[229] Leonard H. Valway, «The big bad Wolf of Spain? In The Stylus», primavera de 1946, CDMH, AFNFF, 17998.

[230] Leonard H. Valway, «Dominicans aided columbus when professors scoffed», *The Boston Globe*, 22 de agosto de 1945, 18.

[231] Jarque, *Queremos esas bases. El acercamiento de Estados Unidos a la España de Franco*, 99-100.

[232] Thomàs, «Catolicismo, Antitotalitarismo y franquismo durante la Segunda Guerra Mundial y la inmediata postguerra: Carlton J. H. Hayes y España», 73.

[233] «Opinión pública sobre España ha mejorado», 1 de octubre de 1946, NARA, RG 59, 1945-1949, Box. 6336. Según hemos podido saber, Pablo León Aguinaga está a punto de publicar una obra sobre la figura de Philip W. Bonsal durante su trabajo en la embajada de Madrid.

[234] Sobre este viaje hay un interesante informe del Departamento de Estado al que no se ha podido acceder pero que se conoce su existencia: Division of Foreign Reporting Services, & Bosnal, P. W., «Article on U.S. Foreign Service and Visit of Cardinal Spellman to Madrid in March 1946», 1946, US Department of State.

[235] «Visita de Spellman a España», 28 de agosto de 1946, NARA, RG 59, 1945-1949, Box. 6336.

asociados a un gobierno republicano encabezado por figuras como Santiago Carrillo[236]. El 3 de julio, un informe destacaba el peligro de una alternativa comunista en España, preocupación amplificada por publicaciones como las de *Think Weekly*, que retrataron al franquismo como baluarte contra el comunismo[237].

Pese a ello, Hoover reconocía la voluntad de un amplio sector de la ciudanía estadounidense por la instauración de la democracia en España. Así es como explicaba la información de que los veteranos de la Brigada Abraham Lincoln recibieran tanto apoyo social y económico[238]. El director del FBI veía en los VALBA (acrónimo en inglés de la Veteran Abraham Lincoln Batallion) la prolongación de los intereses comunistas españoles. Pero también, y esto hay que recordarlo, de los deseos democratizadores. Así se entiende la interpretación que hizo de la donación del periodista Vincent Sheean de 15 mil dólares a esta organización[239]. Un novelista que fue reportero por el New York Herald Tribune en España durante el conflicto civil[240].

En octubre de 1946, el Consejo de Seguridad de la ONU debatió nuevamente la cuestión española. Reino Unido argumentó que España no representaba una amenaza para los estados miembros, mientras que Francia propuso retirar embajadores y cesar relaciones económicas con el Régimen. Sin embargo, la oposición de la Unión Soviética a estas medidas permitió que las potencias occidentales evitaran un posicionamiento definitivo. Tanto Estados Unidos como Reino Unido optaron por condenar moralmente al franquismo sin adoptar acciones que pudieran desestabilizar la región. En este caso fueron determinantes las opiniones de George F. Kennan y William Walton Butterworth, que apoyaban la teoría de que España podía caer en la órbita de intereses estratégicos soviéticos[241].

---

[236] «Informe de J. Edgar Hoover sobre comunistas españoles», 28 de enero de 1946, NARA, RG 59, 1945-1949, Box. 3319.

[237] «Informe sobre publicación estadounidense criticando a Franco», 29 de septiembre de 1946, CDMH, AFNFF, 18003.

[238] «Informe de Hoover sobre las Brigadas Internacionales», 7 de noviembre de 1946, NARA, RG 59, 1945-1949, Box. 6336.

[239] Vincent Sheean describió en *Not Peace but a Sword* (1939) sus vivencias entre marzo de 1938 y marzo de 1939. Periodo en el que visitó Praga, Madrid, Londres, París y Berlín.

[240] Cecil Eby, *Between the Bullet and the Lie: American Volunteers and the Spanish Civil War* (New York: Rineheart and Winston, 1969), 237.

[241] Butterworth fue primer secretario de la Embajada de Estados Unidos en Madrid entre 1942 y 1944. Al mismo tiempo, estuvo a cargo de las operaciones de la *United States Commercial Co*. para la Península Ibérica, una entidad gubernamental que realizó la adquisición de materiales de guerra estratégicos, incluido el tungsteno. «Kennan al secretario de Estado», 1 de marzo de 1946, FRUS, 1946, The British Commonwealth, Western and Central Europe, Vol. V, 751.52/2-2746;

A pesar de estas posturas, el debate sobre España permanecía abierto. A finales de octubre, se planteó nuevamente llevar la cuestión española ante el Consejo de Seguridad. Reino Unido, principal opositor a esta iniciativa, sostuvo que España no representaba una amenaza para los miembros de la ONU y que, por tanto, la organización carecía de jurisdicción para intervenir en asuntos internos de otros países. No obstante, el gobierno de Clement Attlee enfrentaba presiones internas, ya que figuras destacadas del Partido Laborista, como Harold Laski y Aneurin Bevan, habían expresado su apoyo a la destitución de Franco. Por su parte, Estados Unidos respaldó la postura británica, considerando que la exclusión de España de la ONU ya reflejaba el posicionamiento internacional y que el asunto debía tratarse como una cuestión interna[242].

En paralelo, los servicios de inteligencia analizaron escenarios en caso de la caída de Franco. Lester C. Houck y Jack D. Neal plantearon en un documento denominado "Plan de conducta en acaso de la caída de Franco" una serie de estrategias para garantizar el orden en España y evitar su sovietización[243]. Entre ellas, proponían juicios rápidos a los gobernantes franquistas, asistencia internacional para estabilizar el país y un control informativo a través de la radio. Estas discusiones reflejaban el temor de Estados Unidos a que España se convirtiera en un satélite soviético, preocupación compartida por el Pentágono, que en 1946 elaboró el informe "Pincher"[244]. Este documento advertía que España apenas podría resistir 70 días ante un ataque soviético, un factor clave para justificar la no intervención directa contra Franco.

En medio de estas discusiones, Francia propuso la retirada de los embajadores en Madrid y el cese de las relaciones económicas con el Régimen franquista, una medida que generó inquietud en Washington y Londres. Ambas potencias temían que tal decisión afectara sus intereses comerciales y políticos, a la vez que enfrentaban la presión de sus opiniones públicas para sancionar al franquismo. Sin embargo, la intervención de la Unión Soviética resultó decisiva: Moscú vetó la resolución del subcomité para evitar tensiones con las repúblicas liberadas durante

---

«Butterworth al Secretario de Estado», 15 de febrero de 1946, FRUS, 1946, The British Commonwealth, Western and Central Europe, Vol. V, 852.00/2-1546.

[242] «Telegrama enviado por el Departamento de Estado a la misión estadounidense en Sudamérica», 18 de octubre de 1946, The National Archives, Foreign Office, 371/60.364.

[243] «Memorándum de conversación entre Jack Neal y Lester Houck», 18 de noviembre de 1946, NARA, RG 59, 1945-1949, Box. 6336.

[244] Rafael Moreno, *La historia secreta de las bombas de Palomares: La verdad sobre el accidente nuclear silenciada durante 50 años* (Barcelona: Editorial Crítica, 2016), 236.

la Segunda Guerra Mundial[245], un desenlace previsto por el régimen de Franco[246]. Finalmente, tanto Estados Unidos como Gran Bretaña optaron por una condena moral al franquismo sin adoptar medidas que pudieran precipitar la caída del Régimen. Temían que un colapso repentino generara inestabilidad política o aislara a España de forma perjudicial para sus intereses económicos y estratégicos[247].

Para contrarrestar esta presión internacional, Franco organizó una manifestación masiva en la Plaza de Oriente con la que demostrar que mantenía un férreo control de la situación [248]. Se celebró el 9 de diciembre de 1946, y según los organizadores, congregó a 300 mil personas, un acto que pretendía poner en sordina las voces que abogaban por un cambio de Régimen. Finalmente, el 12 de diciembre, la ONU recomendó la retirada de embajadores, aunque persistieron las dudas sobre las alternativas al franquismo, especialmente por el temor a la influencia comunista. Argentina, Costa Rica, Ecuador, El Salvador, Perú y República Dominicana fueron los únicos países que votaron en contra de esta resolución.

### La Guerra Fría y la llegada de José Félix de Lequerica.

Con las fuerzas militares y las distintas familias políticas conservadoras cohesionadas en torno al dictador, el intento de Naciones Unidas de provocar un cambio político en España fue perdiendo fuelle. Sin embargo, la percepción internacional sobre el país tampoco había mejorado. Entre febrero y marzo de 1947, la relación del franquismo con los regímenes fascistas y nazis del pasado continuaba siendo un lastre. En ese contexto, *The Gazette and Daily*, junto con la Library of Congress, planificó la publicación de *Fascism In Action*, obra de George Seldes, antiguo periodista del *Chicago Tribune*[249]. Seldes, crítico con las políticas anticomunistas de Estados Unidos, había sido vinculado por algunos investigadores con la Unión Soviética[250].

Este proyecto editorial cobró relevancia por dos hechos significativos. En primer lugar, el líder republicano Arthur Vandenberg impulsó en el Congreso el

---

[245] La lectura que se hacía sobre la propuesta francesa implicaba que todos los territorios liberados y ocupados durante la Segunda Guerra Mundial debían independizarse, lo que afectaría a los territorios recientemente incluidos en el paraguas de la Unión Soviética.

[246] Preston, *El gran manipulador. La mentira cotidiana de Franco*, 206.

[247] Mota, *Un sueño americano. El Gobierno Vasco en el exilio y Estados Unidos (1937-1979)*, 212-13.

[248] «Apoyo a Franco del pueblo español», 9 de diciembre de 1946, NARA, RG 59, 1945-1949, Box. 6336.

[249] «*The Gazette and Daily*», 15 de febrero de 1947, NARA, RG 59, 1945-1949, Box. 6349.

[250] David M. Oshinsky, *A Conspiracy So Immense: The World of Joe McCarthy* (Oxford, New York: Oxford University Press, 2005), 94.

bloqueo de la financiación para su publicación. En segundo lugar, la oposición surgió porque miembros del Partido Republicano reconocieron que la obra vinculaba a Franco y Salazar con el fascismo, lo cual consideraron perjudicial para la política exterior estadounidense. Everett Dirksen McKinley, representante republicano por Illinois, argumentó que publicar el libro dañaría los avances en la lucha anticomunista, relegando al fascismo a un problema secundario. Esta postura no fue aislada: el representante John J. Finlay, de Chicago, escribió a George C. Marshall advirtiendo que la caída de Franco podría propiciar un gobierno pro-soviético en España[251].

En el ámbito internacional, marzo de 1947 marcó un punto de inflexión. La confirmación de que Gran Bretaña era incapaz de seguir brindando ayuda económica a Grecia y Turquía hizo que el presidente Harry S. Truman solicitase al Senado la aprobación de un paquete de asistencia para ambos países[252]. En ese contexto, Truman pronunció un discurso en el que se justificaba la necesidad de apoyar a naciones amenazadas por el comunismo bajo la 'Teoría del Dominó'. Nacía así la denominada 'Doctrina Truman de contención del comunismo'. Se considera este momento como el pistoletazo de salida de la Guerra Fría [253]. Aunque algunos autores vienen insistiendo recientemente en que ese marco cronológico, seguramente válido para el bloque occidental, no puede ser aplicado sin más a otros escenarios geopolíticos, con particularidades y ritmos diferentes[254].

En lo sucesivo, el objetivo marcado por los diplomáticos estadounidenses era claro: evitar a toda costa la expansión del comunismo. Por lo tanto, se refuerza la idea de que el anticomunismo era una tendencia en alza por entonces. El viraje en la política exterior que se produce en la primera mitad de 1947 no fue baladí. Hasta la fecha, desde Washington primaba el mantenimiento de la cooperación con las potencias que permitieron la victoria en la Segunda Guerra Mundial[255]. Sin

---

[251] «Telegrama de John J. Finlay a George Marshall», 12 de febrero de 1947, NARA, RG 59, 1945-1949, Box. 3320.

[252] Según Ferrell, para conseguir esta ayuda, Vandenberg recomendó al Harry S. Truman «aterrorizar al pueblo» Robert Ferrell, *Harry S. Truman and the Cold War Revisionists* (Columbia: Missouri University Press, 2006), 32.

[253] José Antonio Montero y Pablo León, *Los Estados Unidos y el mundo: la metamorfosis del poder americano (1890-1952)* (Madrid: Editorial Síntesis, 2019), 307.

[254] Thomas Field, Stella Krepp, y Vani Pettinà, *Latin America and the Global Cold War* (North Carolina: The University of North Carolina Press, 2020); Francisco Rodríguez-Jiménez, Lorenzo Delgado Gómez-Escalonilla, y Benedetta Calandra, *US Public Diplomacy Strategies in Latin America During the Sixties. Time for Persuasion* (New York: Routledge, 2024).

[255] Fernando Termis Soto, *Renunciando a todo. El régimen franquista y los Estados Unidos desde 1945 hasta 1963* (Madrid: UNED, 2005), 4.

embargo, tanto el Plan Marshall como la Doctrina Truman establecieron un cambio significativo[256]. Estados Unidos quería liderar y gestionar la reconstrucción europea, y solo la Unión Soviética se podría interponer.

No obstante, la nueva estrategia de la administración Truman encontró detractores, especialmente entre sectores de izquierda. Un ejemplo destacado fue la queja recibida por el senador demócrata Tom Connally, quien presidió el *Senate Foreign Relations Committee* hasta enero de 1947. Aunque su sucesor republicano, Vandenberg, asumió el cargo, ambos mantuvieron una colaboración estrecha en asuntos de política exterior[257]. Connally, representante de Texas, recibió una carta de la *International Union of Operating Engineers*, firmada por Joe W. Rigdon, quien cuestionaba el apoyo de Estados Unidos a Turquía. Rigdon argumentaba que, al igual que España era reconocida como un régimen fascista por sus intenciones durante la Segunda Guerra Mundial, no se debía respaldar a otros gobiernos totalitarios, como el turco[258].

Con respecto a España, se produjeron algunos cambios en el enfoque estadounidense hacia el Régimen franquista. Aunque los argumentos habituales, centrados en la naturaleza autoritaria del sistema, se mantuvieron, comenzaron a incorporarse temas de "política social". Un informe de los servicios diplomáticos de la embajada estadounidense en Madrid, fechado el 5 de marzo de ese año, analizaba la situación de los derechos civiles en España, prestando especial atención al divorcio[259]. Además, cuestiones como los derechos de las mujeres y las políticas basadas en estructuras tradicionales, como la familia, representaron un obstáculo adicional para un acercamiento bilateral. Philip Bonsal, observador crítico del nacionalcatolicismo y la influencia de la Falange en la moral del Régimen, expresó su preocupación al respecto[260]. La modernización del país también fue un tema recurrente en los debates internos. Incluso figuras monárquicas, como Jaume Miravitlles y Eugenio Vegas Latapié, señalaron la necesidad de superar lo que consideraban una "supervivencia feudal" en las

---

[256] Este cambio se produjo porque la Unión Soviética no aceptó participar del Plan Marshall, aunque tuvo la propuesta sobre la mesa.

[257] United States Senate, «Committee on Foreign Relations», Millennium Edition 1816-2000 (Washington DC: United States Senate, 2000), 36 y ss.

[258] «Telegrama recibido por Tom Connally sobre España», 27 de marzo de 1947, LOC, Fondo Tom Connally, Legislation, Foreign Relations, Box. 177.

[259] «Informe del consulado en Madrid sobre derechos civiles en España», 5 de marzo de 1947, NARA, RG 59, 1945-1949, Box. 6349.

[260] «Memorándum de Philip Bonsal al Departamento de Estado», 6 de marzo de 1947, NARA, RG 59, 1945-1949, Box. 6349.

estructuras legislativas del Régimen. Miravitlles enfatizó en su correspondencia la urgencia de transformar estas bases para garantizar el progreso político[261].

A pesar de su resistencia al cambio, el Régimen franquista aprobó la Ley de Sucesión en la Jefatura del Estado el 28 de marzo de 1947. Este hecho resultó determinante para la oposición antifranquista, debilitando casi por completo a la causa monárquica. Mientras algunos monárquicos confesaban su pesimismo, otros dentro del Gobierno aceptaban la medida con resignación para evitar enfrentamientos con Franco. Consciente del debilitamiento de su posición, Juan de Borbón emitió el Manifiesto de Estoril el 7 de abril, en el que rompía políticamente con el Régimen, se alineaba con las Naciones Unidas e incluso dejaba abierta la puerta a pactos con exiliados como Indalecio Prieto o José María Gil Robles[262]. Entre los carlistas, la reforma tuvo un impacto similar, dejando a esta facción también debilitada.

Desde una perspectiva diplomática, las relaciones entre España y Estados Unidos no experimentaron cambios significativos tras la aprobación de la Ley de Sucesión. Aunque algunos interpretaron esta ley como un "gesto de buena voluntad", la postura dominante en el Departamento de Estado fue mantener a España en aislamiento. En una circular enviada en abril a las legaciones de Europa occidental, se argumentaba que la Ley de Sucesión solo servía para consolidar la ausencia de libertades y fortalecer el Régimen. Como solución, se propuso respaldar a los grupos antifranquistas no comunistas dentro del país[263]. Sin embargo, diplomáticos como Sargent, Mallet y Howard advertían que cualquier intervención exterior podría fortalecer aún más a Franco[264]. La incomodidad que generaba la dictadura quedaba en un segundo lugar, ante la prioridad del momento: el temor a la expansión comunista, que alcanzaría niveles cuasi paranoicos en los años duros del macartismo.

En este contexto, Paul T. Culbertson adquirió protagonismo[265]. Dean Acheson, subsecretario de Estado, buscaba enviar a un reconocido

---

[261] «Carta de Jaume Miratvilles a Eugenio Vegas», 18 de abril de 1947, AGUN, Fondo Eugenio Vegas Latapié, 076/005/0211.

[262] Permanyer, *La dictadura de Franco*, 114-15.

[263] «Telegrama del embajador al Departamento de Estado», 7 de abril de 1947, NARA, RG 59, 1945-1949, Box. 6339.

[264] Florentino Portero, *Franco aislado. La cuestión española (1945-1950)* (Madrid: Aguilar, 1989), 240-42.

[265] Paul Culbertson tiene una relación directa con España debido a que, su hermano William Smith Culbertson, ejercía como abogado para la firma Cummings. Esto fue así hasta que tuvo que dimitir debido a presiones del Departamento de Estado, que alegaban cuestiones de incompatibilidad. Esto se puede observar en dos fuentes directas: «Memorandum de conversación entre Theodor Achilles y

anticomunista sin vínculos estrechos con Franco para evaluar la situación española. Curiosamente, esta designación fue bien recibida por diplomáticos españoles como Germán Baraibar, quien afirmó que con Culbertson "ganamos con el cambio"[266]. Baraibar albergaba la esperanza de que el anticomunismo del nuevo representante estadounidense pudiera facilitar un acercamiento entre ambos países, a pesar de las diferencias ideológicas.

Mientras desde España se analizaban los pequeños cambios, desde la división de relaciones europeas estadounidense, John Hickerson propuso la posibilidad de que el Export-Import Bank otorgara préstamos a España y de que el país ibérico se incorporase al Banco Mundial. Sin embargo, este planteamiento partía de una premisa fundamental: la desaparición de la dictadura franquista. Según Hickerson, "como condición precedente a tal ayuda hemos asumido, por supuesto, que Franco habrá desaparecido y habrá sido reemplazado por un régimen interino"[267]. Para ello, eran necesarias las alternativas al Régimen. En este sentido, Paul Culbertson evaluó las posibles alternativas, entre las que se encontraba la opción monárquica sugerida por Salvador de Madariaga[268]. No obstante, Culbertson rechazó esta idea, calificando a los monárquicos de "insensatos" y afirmando: "Se me acercan a pedirme que Norteamérica asfixie económicamente a España. Si eso ocurriera, caería Franco, pero la monarquía no recogería la herencia. Lo que tiene que hacer el Rey es ponerse de acuerdo con Franco"[269]. De forma aún más contundente, Hickerson advirtió al Departamento de Estado que "la oposición carece de materia gris" y recomendó mantener "máximo silencio en Naciones Unidas" sobre la cuestión española[270]. Estas posturas llevaron al Departamento de Estado a concluir, tras semanas de deliberación, que no existían condiciones propicias para un cambio político en España.

A mediados de 1947, el panorama internacional experimentó un cambio significativo. Las discusiones sobre la reconstrucción europea alcanzaron un punto

---

William Culbertson», 19 de julio de 1948, NARA, RG 84, 1940-1963; «Carta de Lequerica a Martín Artajo», 3 de mayo de 1949, CDMH, AFNFF, 12749.

[266] «Telegrama de Baraibar a Martín Artajo», 26 de marzo de 1947, CDMH, AFNFF, 18762.

[267] «Informe económico sobre España», 25 de abril de 1947, NARA, RG 59, 1945-1949, Box. 3320.

[268] Esta idea la planteó Winston Churchill a Harry Truman durante la Conferencia de Potsdam. Al parecer, ante la pregunta del estadounidense sobre "¿Qué hacemos con los republicanos españoles?", la respuesta del premier fue "esperar a que vengan a pedirnos el restablecimiento de la monarquía". Virgilio Botella, *Entre memorias. Las finanzas del Gobierno republicano español en el exilio*. (Sevilla: Renacimiento, 2002), 146.

[269] Thomas Smith, *Encyclopedia of The Central Intelligence Agency* (New York: Checkmark Books, 2001), 53-55.

[270] «Carta de Jack Hickerson a Philip W. Bonsal», 1 de mayo de 1947, NARA, RG 59, 1945-1949, Box. 6339.

álgido el 5 de junio, cuando el secretario de Estado, George Marshall, defendió su propuesta de ayuda económica en la Universidad de Harvard, conocida posteriormente como 'Plan Marshall'. Aunque no se profundizará aquí en los debates historiográficos sobre su significado en el contexto de la Guerra Fría, es relevante señalar que las condiciones exigidas para acceder a esta ayuda chocaban frontalmente con los principios comunistas[271].

En contraposición, el Plan Molotov surgió como la respuesta soviética, ofreciendo una alternativa para los países alineados con la órbita comunista. Este antagonismo dividió aún más a Europa: mientras algunos países occidentales se acogieron al Plan Marshall, la Unión Soviética reforzó su influencia sobre los Estados que adoptaban posturas comunistas. Este bloque se consolidó aún más con la llegada al poder de Józef Cyrankiewicz en Polonia en junio de 1947, lo que convirtió al país en un claro satélite soviético.

En 1947, con las dinámicas internacionales ya definidas, surgió un apoyo inesperado al Régimen franquista por parte del general Charles Willoughby, entonces destacado en Japón como mano derecha de Douglas MacArthur. A la luz de la documentación consultada, se puede afirmar que Willoughby defendió a la dictadura franquista. Así se constata en una carta a Omar Bradley, en la que enfatiza en la importancia estratégica de España en la defensa de Europa occidental. Según relató, tras dialogar con Eben Sumner Draper y George Kennan, ambos coincidieron en la necesidad de reconsiderar la política hacia Franco ante un posible avance comunista, destacando a España como una "cabeza de puente" clave[272].Este respaldo desde el ámbito militar quedó reflejado en los informes del State War Navy Coordinating Committee, que evaluó las necesidades estratégicas de Estados Unidos[273]. En el caso de España, el comité planteó dos recomendaciones: evitar la caída del Régimen para impedir la entrada de elementos comunistas y proporcionar ayuda económica. Sin embargo, razones políticas frenaron temporalmente la segunda propuesta[274]. Pero habría más. En un nuevo informe elaborado meses después, se

---

[271] Estos principios eran: la unidad europea, el buen gobierno y la correcta utilización de la ayuda. Intervenir en las decisiones de los países receptores, es decir, ceder parte de la soberanía nacional a Estados Unidos, era impensable en Moscú. Delgado, *Imperio de papel*, 129-30.

[272] Los intereses de Draper tienen relación con que, en ese momento, era el propietario de la Draper Corporation, empresa dedicada a la industria textil.

[273] «Informe de Patterson sobre la situación global», 5 de marzo de 1947, FRUS, 1947, General, The United Nations, Vol. I.

[274] Antonio Marquina, *España en la política de seguridad occidental. 1939-1986.* (Madrid: Servicio de Publicaciones del Estado Mayor del Ejército, 1986), 136-44; Portero, *Franco aislado. La cuestión española (1945-1950)*, 264; Termis Soto, *Renunciando a todo. El régimen franquista y los Estados*

abordó el riesgo de una expansión soviética en caso de conflicto bélico, subrayando la relevancia geográfica de España, especialmente como puerta al Mediterráneo[275]. También se destacó el interés en las Islas Canarias, cuya posición estratégica ofrecía un control crucial sobre las rutas de navegación en el Atlántico[276]. Esta perspectiva generó tensiones entre el Pentágono, favorable a un acercamiento con la dictadura como parte de la defensa de Europa, y el Departamento de Estado, que aún consideraba la posibilidad de derrocar a Franco.

Dentro del Departamento de Estado, la figura de Outeridge Horsey fue clave para matizar esta postura. En un informe de alto secreto fechado el 30 de junio, Horsey señaló la ineficacia de la oposición al Régimen y recomendó suavizar las sanciones económicas menores, que describió como "ineficaces" y "ridículas"[277]. Además, advirtió del riesgo de que otras potencias aprovecharan las necesidades españolas, perjudicando los intereses económicos de Estados Unidos. Esta postura fue respaldada y ampliada por William Koren, quien en agosto propuso una estrategia integral: asistencia militar y económica, supervisión de los acuerdos mediante una misión estadounidense, e integración de España en el Plan Marshall para facilitar la modernización agrícola[278]. A pesar de su importancia, estas propuestas no resultaron decisivas. La mejora de las relaciones hispano-estadounidenses requería el respaldo de figuras de mayor peso, como George Kennan. Desde el Policy Planning Staff, Kennan presentó a finales de octubre un informe crítico que señalaba el fracaso de las sanciones diplomáticas impuestas desde 1946[279]. En su análisis, concluyó que la caída de Franco solo sería posible mediante una intervención directa, descartada en pleno proceso de reconstrucción europea y con la Guerra Fría como prioridad dominante.

En los últimos meses de 1947, las relaciones hispano-estadounidenses se centraron en dos temas clave: las sanciones de Naciones Unidas y el Plan Marshall.

---

*Unidos desde 1945 hasta 1963*, 19; Viñas, *En las garras del águila. Los pactos con Estados Unidos, de Francisco Franco a Felipe González (1945-1995)*, 39-54.

[275] «Informe del Joint Chiefs of Staff», 12 de mayo de 1947, FRUS, 1947, General, The United Nations, Vol. I.

[276] «Informe del Joint Chiefs of Staff», 9 de septiembre de 1947, FRUS, 1947, General, The United Nations, Vol. I.

[277] «Horsey muestra su opinión sobre España al Departamento de Estado», 30 de junio de 1947, NARA, RG 59, 1945-1949, Box. 3320.

[278] El documento es mucho más amplio y pormenorizado, pero la idea sustancial es lo antedicho. También se analizan la falta de una oposición firme al Régimen y otras cuestiones ya comentadas. «Telegrama de William Koren a Horsey», 8 de agosto de 1947, NARA, RG 59, 1945-1949, Box. 6340.

[279] «Política Estadounidense hacia España», 24 de octubre de 1947, NARA, Records of the Policy Planning Staff, 1947-1953, Country and Area Files, Box. 22.

En cuanto al primero, George Kennan recomendó evitar reactivar la "cuestión española" en la ONU, postura respaldada por George Marshall, quien firmó el informe correspondiente[280]. Sin embargo, las negociaciones sobre la ayuda económica fueron más complicadas. Aunque desde algunos gabinetes del gobierno estadounidense se contempló la posibilidad de incluir a España en el Plan Marshall, las reticencias de varios socios europeos acabarían por frustrar tal admisión[281]. Pese a ello, el cambio en la estrategia estadounidense resultó significativo: la estabilidad del Régimen franquista pasó de ser un problema, a considerarse un factor deseable para el bienestar de Europa[282].

El Pentágono apoyó lo que se conoció como la Doctrina Kennan hacia España, pues facilitaba la implementación de estrategias militares. No obstante, tanto Harry Truman como parte del Departamento de Estado seguían viendo con desdén al dictador español. Estados Unidos no buscaba derrocar a Franco, pero tampoco estaba dispuesto a legitimar plenamente su régimen o establecer relaciones bilaterales formales sin que se produjesen cambios significativos en la política y la economía españolas.

Este enfoque generó reacciones, como la del congresista republicano por Wisconsin, Alvin Edward O'Konski. Durante las negociaciones del Plan Marshall, O'Konski propuso incluir a España en la ayuda, argumentando que "se supone que es un plan para detener al comunismo en Europa, sin embargo, el único país que en Europa lo ha vencido totalmente [España] es el único que está fuera del programa"[283]. Su propuesta, aunque rechazada por el Ejecutivo, desató una cruzada mediática. En marzo de 1948, O'Konski protagonizó titulares tanto por su defensa de España como por acusaciones de colaboracionismo con los soviéticos hacia otras figuras. Su primera víctima fue el ex vicepresidente de Henry A. Wallace[284]. En la misma dirección, participó en el interrogatorio de Richard F. Fincke, presidente de *Alpine Aircraft Sales Corp.* al que se acusaba de vender bienes

---

[280] «Informe de George Kennan sobre España», 24 de octubre de 1947, FRUS, 1947, The British Commonwealth, Europe, Vol. III.
[281] Viñas, *En las garras del águila. Los pactos con Estados Unidos, de Francisco Franco a Felipe González (1945-1995)*, 46.
[282] Hualde, *El «Cerco» aliado. Estados Unidos, Gran Bretaña y Francia frente a la dictadura franquista (1945-1953)*. Ver especialmente pp. 207-221. Sobre esta misma cuestión véanse asimismo Boris Liedtke, *Embracing a Dictatorship. US Relations with Spain, 1945-1953* (London: MacMillan, 1998); Portero, *Franco aislado. La cuestión española (1945-1950)*; Termis Soto, *Renunciando a todo. El régimen franquista y los Estados Unidos desde 1945 hasta 1963*.
[283] «Telegrama de Baraibar a Martín Artajo», 17 de marzo de 1948, AGA, Exteriores, 12276.
[284] «Wallace's man accused in probe of sales to red», *The Times Dispatch* (Virginia), 25 de marzo de 1948, p. 1.

esenciales a la Unión Soviética. En su defensa, Frincke utilizó la baza emocional. Sabedor del pensamiento del representante republicano hacia España, le respondió que las ventas de productos no solo se produjeron a países satélites de la Unión Soviética, también a España[285]. Sea como fuere, lo determinante aquí no es tanto la demagogia con la que actuó O'Konski, sino la capacidad de influencia que tuvo para proponer ante la Cámara de Representantes el replanteamiento de la posición oficial hacia España.

Esta votación, con 149 votos a favor y 52 en contra, tuvo gran repercusión. Mientras medios estadounidenses como *The Boston Globe* y *The Los Angeles Times* informaron del avance hacia la inclusión de España en el Plan Marshall[286], el británico *The Guardian* criticó duramente la medida, calificándola de "locura"[287]. Para frenar la aprobación en el Senado, Truman recurrió al líder republicano Arthur Vandenberg, quien logró bloquear la propuesta a finales de marzo. Aunque la decisión fue respaldada por el Departamento de Estado, generó críticas del Departamento de Defensa, donde se tenía una visión más pragmática en la que España era considerada como un "baluarte" en Europa Occidental frente al comunismo. Esta diferencia de actitudes respecto al caso español marcó las relaciones bilaterales en los años siguientes.

Ante la imposibilidad de integrarse en el Plan Marshall, el Régimen franquista también quedó excluido de los acuerdos del Pacto Atlántico y el Tratado de Bruselas[288]. Aunque algunos planificadores militares consideraban deseable la participación de España, las condiciones políticas seguían siendo un obstáculo. Para mejorar esta situación, el gobierno español diseñó dos estrategias: de un lado, fortalecer las relaciones bilaterales con Estados Unidos; y de otro, buscar aliados internacionales para garantizar recursos esenciales. En este contexto, la Argentina de Juan Domingo Perón se convirtió en un socio clave para asegurar la estabilidad alimentaria de España[289].

---

[285] «Action by Clark urged in shipping arms to Russia», *St. Louis Post-Dispatch* (Missouri), 25 de marzo de 1948, p. 6.
[286] «Aid», *The Boston Globe* (Massachusetts), 1 de abril de 1948, p. 6; «Deal Spain out of ERP», *The Journal Times* (Wisconsin), 1 de abril de 1948, p. 1; «U.S. reported forging anti-Russ defense line», *The Los Angeles Times* (California), 1 de abril de 1948, p. 11.
[287] «O'Konski's Folly», *The Guardian* (London), 1 de abril de 1948, p. 4.
[288] Con el Tratado de Bruselas, firmado en marzo de 1948 daba comienzo el sistema de asistencia mutua de los países firmantes: Francia, Reino Unido, Bélgica, Países Bajos y Luxemburgo. El antecedente podría estar situado en el Tratado de Dunkerque de 1947 firmado entre Francia y Reino Unido.
[289] Raanan Rein, *La salvación de una dictadura. Alianza Franco-Perón (1946-1955)* (Madrid: Consejo Superior de Investigaciones Científicas, 1995).

## El nuevo representante del franquismo en Estados Unidos: José Félix de Lequerica

En los meses siguientes, el ejecutivo franquista recuperó parte del proyecto planteado por la Vicesecretaría de Estudios Políticos unos años antes[290]. Conviene destacar dos puntos clave del mismo. En primer lugar, se reconocía la falta de "quintacolumnistas desde el punto de vista de la propaganda" que pudieran apoyar en la difusión de mensajes positivos sobre la figura del *Caudillo*; por ello, se sugería la posibilidad de incentivar una red estadounidense de apoyos, fundamentalmente entre los sectores católicos, y otros círculos políticos del país americano. En segundo lugar, se planteó crear una partida presupuestaria específica destinada a "regalos" para fortalecer relaciones con figuras clave.

El encargado de ejecutar esta estrategia fue José Félix de Lequerica, antiguo ministro de Asuntos Exteriores, nombrado el 17 de abril de 1947 inspector de Misiones Diplomáticas y Consulares de España. Desde la salida del embajador Juan Francisco de Cárdenas en junio de 1947, la representación española en Washington había estado en manos de ministros plenipotenciarios: Germán Baraibar hasta septiembre de 1949 y Eduardo Propper del Callejón hasta enero de 1951[291]. La misión de Lequerica consistía en "hacer olvidar el cliché fascista asignado al Régimen" y presentar a España como un aliado estratégico en la lucha contra el comunismo[292].

Tras breves estadías en Londres y La Haya, Lequerica llegó a Washington D.C. el 19 de abril de 1948. Su misión enfrentaba dos grandes obstáculos: la ausencia de reconocimiento oficial como embajador por parte de las autoridades estadounidenses y la precaria estructura diplomática con la que contaba la España franquista en Estados Unidos. Estas dificultades ya habían sido advertidas en el documento elaborado por la Vicesecretaría de Estudios Políticos[293].

Apenas llegó a Washington DC, Lequerica comenzó a forjar redes para lo que sería el futuro *Spanish Lobby*, que examinaremos en detalle en el siguiente capítulo. Parece que el diplomático actuó con bastante autonomía, sin excesiva injerencia desde Madrid, aunque también recibió algunas instrucciones bastante llamativas como que no debía "implorar ni mendigar nada, pues España nada espera como favor, aunque confía

---

[290] «Proyecto de la Vicesecretaría de Estudios Políticos», 2 de abril de 1945, CDMH, AFNFF, 1368.

[291] Jarque, *Queremos esas bases. El acercamiento de Estados Unidos a la España de Franco*, 293.

[292] María Jesús Cava Mesa, *Los diplomáticos de Franco. J.F. de Lequerica. Temple y tenacidad (1890-1963)* (Bilbao: Universidad de Deusto, 1989), 250.

[293] «Proyecto de la Vicesecretaría de Estudios Políticos», 2 de abril de 1945, CDMH, AFNFF, 1368.

firmemente en que se reconocerá total justicia y verdad a nuestra causa"[294]. Estas directrices, poco realistas en el contexto internacional, reflejaban un desconocimiento de la realidad geopolítica del momento, lo que habría llevado a Lequerica a buscar orientación por su cuenta.

Desde su llegada, detectó una grave falta de profesionalismo en el cuerpo diplomático en Estados Unidos, al que calificó como "aficionado" y "aprendiz". Por ello, solicitó a Joaquín Ruiz Jiménez, director del Instituto de Cultura Hispánica, personal más capacitado para la embajada[295]. Entre sus primeras decisiones, destacó su rechazo al antiguo embajador Juan Francisco de Cárdenas (denominado "señor C" en sus mensajes al ministro Artajo), a quien describió como uno de sus principales enemigos y cuyo trabajo consideraba "demoledor" para los intereses de España[296]. Por otro lado, intentó incorporar a figuras como Sanz Briz (aunque no lo logró), el Sr. Otero, Jaime Argüelles y Elorza. Además, propuso la inclusión de un agregado eclesiástico para contrarrestar la influencia del PNV en algunos círculos católicos estadounidenses importantes.

La elección de Sanz Briz y la permanencia de Germán Baraibar, designado cónsul en Nueva York, no parecieron casuales. Ambos habían desempeñado un papel relevante durante el periodo en el que el Régimen franquista ayudó a sefardíes perseguidos por los nazis. Un movimiento estratégico con el que probablemente se buscaba enviar un mensaje de buena voluntad hacia las comunidades judías norteamericanas. Este enfoque resultaba particularmente significativo dado que Lequerica arrastraba una reputación de antisemitismo, adquirida durante su estancia en la embajada de París[297].

En Washington, Lequerica se centró en labores de relaciones públicas. Su estrategia priorizó las reuniones informales, consideradas más efectivas que los encuentros oficiales. Su primer gran contacto ocurrió en abril de 1948, en un almuerzo organizado por William Christian Bullitt Jr., antiguo embajador estadounidense en Francia y anticomunista declarado[298]. Bullitt, viejo conocido de Lequerica desde su etapa en París, se convirtió en un enlace clave para ampliar su

---

[294] «Telegrama de Martín Artajo al Encargado de Negocios», 19 de mayo de 1948, Archivo Lequerica, 192. En Cava Mesa, *Los diplomáticos de Franco. J.F. de Lequerica. Temple y tenacidad (1890-1963)*, 263.

[295] «Carta de Lequerica a Ruíz Jiménez», 26 de mayo de 1948, Archivo Lequerica. En Cava Mesa, 265.

[296] «Carta del ministro al embajador», 17 de noviembre de 1948, Archivo Lequerica. En Cava Mesa, 265.

[297] Viñas, *En las garras del águila. Los pactos con Estados Unidos, de Francisco Franco a Felipe González (1945-1995)*, 57.

[298] «Carta de Lequerica al ministro Artajo», 27 de abril de 1948, Archivo Lequerica, 3. En Cava Mesa, *Los diplomáticos de Franco. J.F. de Lequerica. Temple y tenacidad (1890-1963)*, 268.

red de contactos. Al encuentro asistieron, además de los españoles Germán Baraibar y el Marqués de Nerva, figuras destacadas como el subsecretario Lovett, el almirante Roscoe H. Hillenkoetter (director de la CIA)[299], Loy W. Henderson (director de la Oficina de Asuntos de Cercano Oriente y África) y Alice Roosevelt Longworth[300], hija mayor de Theodore Roosevelt. Estas personalidades, de gran influencia estratégica, representaban para España aliados potenciales en un momento crucial de la Guerra Fría.

Estos encuentros se realizaron con discreción, lo que dificulta evaluar su impacto debido a la falta de registros documentales. Sin embargo, hay elementos clave que no son meras especulaciones. En primer lugar, la composición de los asistentes: por un lado, representantes del Régimen franquista; por otro, cuatro figuras (más el anfitrión y sus parejas) cercanas a los centros de poder en Estados Unidos. En segundo lugar, su postura previa respecto a España. Hillenkoetter y Robert Lovett, por ejemplo, participaron en la elaboración del NSC 3, que abogaba por una reorientación de la política estadounidense hacia España, según Lovett, "dejando atrás los prejuicios sobre nuestros intereses en ese país"[301]. Además, las conexiones de Bullitt con figuras clave como Francis Spellman y James A. Farley resultarían determinantes en la mejora de las relaciones bilaterales con el tiempo.

El segundo encuentro documentado tuvo lugar en mayo de 1948, con la participación de Norman Armour, John D. Hickerson, Theodore C. Achilles y William B. Dunham. Presidida por Achilles, Lequerica aprovechó para explicar cómo el Régimen había evolucionado desde su instauración, destacando logros como la Ley de Sucesión, el Fuero de los Españoles, el Fuero del Trabajo y la Ley de Cortes, en un intento por demostrar que España no se mantenía estancada. Además, cuestionó por qué países como Portugal y Turquía, con regímenes similares al franquista, eran considerados "miembros respetables de la familia

---

[299] Su papel al frente de la agencia lo ha resumido recientemente Kenneth McDonald, afirmando que "Admiral Hillenkoetter was an experienced officer who inspired a great deal of loyalty who worked for him and he was a man of considerable intelligence and perception"Smith, *Encyclopedia of The Central Intelligence Agency*, 127.

[300] Casada con el líder republicano Nicholas Longworth III (Ohio), Alice Roosevelt Longworth llevó una vida política intensa. Inicialmente, se opuso a la entrada de Estados Unidos en la Liga de Naciones tras la Gran Guerra. Más tarde, en las elecciones presidenciales de 1944, ridiculizó al republicano Thomas Dewey, lo que resultaba comprensible, dado que Dewey era el rival de su primo, Franklin D. Roosevelt. Conrad Black, *Champion of Freedom* (New York: Public Affairs, 2003), 950.

[301] William Chislett, «El antiamericanismo en España: el peso de la historia», *Real Instituto Elcano de Estudios Internacionales y Estratégicos*, n.º 47 (2005): 4.

democrática" mientras que España no[302]. Lequerica también expresó su frustración por la negativa de Estados Unidos a permitir la entrada de España en el Plan Marshall y los bloqueos económicos que impedían los préstamos privados o del Export-Import Bank, manifestando que no comprendía la actitud obstruccionista del Gobierno estadounidense.

Sobre la cuestión de los préstamos, durante el periodo de sanciones diplomáticas, las transacciones comerciales se vieron limitadas. A pesar de esto, el Régimen franquista intentó obtener financiación para adquirir bienes primarios. El Departamento de Estado bloqueó varias solicitudes, incluida una del Export-Import Bank en 1947, alegando que España no pertenecía al Banco Mundial[303]. Más tarde, Floyd Blair del National City Bank solicitó permiso para conceder un préstamo, pero la respuesta fue igualmente negativa, aunque no se especificaron las razones[304]. Posteriormente, el vicepresidente del Chase National Bank Alfred W. Barth fue quien inició una negociación para financiar las mejoras estimadas por RENFE por un valor de 180 millones[305]. Al no recibir respuesta, desde el mismo banco se consultó si el préstamo concedido de 2,5 millones a CEPSA era correcto. En este caso, la respuesta fue afirmativa, pues la Standard of New Jersey tenía participación en esta última empresa española de combustibles[306]. Este trato sugiere que las financiaciones eran aprobadas cuando existían intereses directos para las empresas estadounidenses, pero no para proyectos que no ofrecieran beneficios inmediatos. El motivo podía ser doble. Por un lado, no se quería cruzar la línea de financiar explícitamente al régimen; por el otro, la capacidad de presión de la industria petrolera era mayor[307]. A pesar de todo lo antedicho, parece que Lequerica olvidó en sus quejas la aprobación del préstamo de 10 millones de

---

[302] «Memorándum de conversación con Lequerica», 12 de mayo de 1948, NARA, Records of the Policy Planning Staff, 1947-1953, Country and Area Files, Box. 22.

[303] «Préstamos del Export-Import Bank», 25 de abril de 1947, NARA, RG 59, 1945-1949, Box 3320.

[304] Un ejemplo se vio en 1947. El 3 de febrero hubo una consulta para saber en qué situación se encontraba la postura del gobierno estadounidense. M. P. Anderson, Director de la *Export Division* explica que no es posible la transacción comercial de ese tipo con España. «Documento sobre la pertinencia de vender armas a España», 3 de febrero de 1947, NARA, RG 59, 1945-1949, Box 6340.

[305] Alfred Barth fue un reconocido apoyo del Régimen en Estados Unidos, como se ha demostrado en Pablo León Aguinaga, «Betting on Franco. El Chase , la world Commerce Corporation y las relaciones hispano-norteamericanas (1936-1952)», en *Franco, Estados Unidos y Gran Bretaña durante la primera Guerra Fría: diplomacia, lobbies, intereses estratégicos y anticomunismo*, ed. Wayne H. Bowen et al. (Madrid: Comillas, 2022), 55-100.

[306] «Préstamo privado del Chase National Bank a España», 4 de marzo de 1948, NARA, RG 59, 1945-1949, Box 6340.

[307] La capacidad de influencia sobre el gobierno de las empresas petroleras quedó patente en Sampson, *Las Siete Hermanas. Las grandes compañías petroleras y el mundo que han creado*.

dólares aprobado por el Chase Bank para la mejora de la flota aeronáutica de Iberia[308].

Volviendo sobre la hoja de ruta sugerida en el informe de la Vicesecretaría de Estudios Políticos mencionado, se enfatizaba la necesidad de encontrar apoyo político para el Régimen. En ese contexto, el Partido Republicano se presentaba como una opción más accesible, dado el rechazo explícito del presidente demócrata Truman hacia la dictadura franquista. Aprovechando las elecciones presidenciales, se consideraba estratégico contar con el respaldo de los republicanos. Además, se sugería la creación de un aparato propagandístico, en el cual entraba en juego el funcionario español Pablo Merry del Val[309]. Su misión era acercarse a los círculos culturales, un sector que al principio no había sido prioritario para Lequerica.

Esta premisa, fomentada desde la cartera de Alberto Martín Artajo, explica el encuentro con Mervin Hart en la Universidad de Harvard[310]. Hart ya había comentado a Juan Francisco de Cárdenas con anterioridad su admiración hacia Franco, sobre quien afirmó que, "al dejar su presencia, tuve la sensación de que ahí estaba uno de los hombres de más recio carácter del mundo de hoy"[311]. El objetivo fundamental de estas gestiones era tejer una red de contactos con personalidades de distintos ámbitos de la vida política, social, económica y educativas estadounidense que pudieran generar contenido periodístico favorable al *Caudillo*, al tiempo que se minimizaban o ponían en sordina las críticas. Esta tarea fue asumida por el periodista Julio Garzón, editor del *Diario de la Prensa* de Nueva York[312]. La colaboración no fue desinteresada; tras la aprobación de Agnes Ethel Leaycraft Camprubí, presidenta del diario[313], Lequerica propuso al Ministerio conceder subvenciones para compensar el esfuerzo. El objetivo era comprometer un medio de comunicación de prestigio en la defensa de los intereses franquistas[314].

---

[308] «Inversión estadounidense en aeropuertos españoles», 11 de mayo de 1948, NARA, RG 59, 1945-1949, Box 6355.

[309] Hijo del Marqués Alfonso Merry del Val y Zulueta, procedía de una familia con una trayectoria amplia en la embajada de Reino Unido. Su padre, por ejemplo, fue titular en Londres entre 1913 y 1931. Por lo tanto, conocía los círculos políticos y un nivel de inglés superlativo.

[310] Profesor de derecho de tendencia conservadora, fue miembro del *National Economic Council*, un grupo formado por libertarios cuyas posturas fueron muy cuestionadas.

[311] Véase «Merwin Hart hace un informe sobre la entrevista concedida por Franco», 4 de agosto de 1947, CDMH, AFNFF, 14240.

[312] Fundada en 1913 por Rafael Viera, es el periodo en español más antiguo de Estados Unidos. Actualmente se llama *El Diario* y tiene su sede en Nueva York.

[313] Emparentada por línea materna con Franklin Delano Roosevelt, se casó con José Camprubí en 1909. De ahí que ella fuera quien le sucediese en la presidencia del periódico.

[314] El diario contó con la colaboración de personalidades como María de Maeztu, Vicente Blasco Ibáñez, Concha Piquer, Pablo Casals, Jacinto Benavente. Federico García Lorca o Ramón María del

De forma paralela al intento de creación de una agencia de información propia, los diplomáticos españoles ampliaron sus redes en otros sectores. Se establecieron encuentros con ejecutivos del *Newsweek, Look, Life, The Herald Tribune* así como con personalidades *freelance* como Walter Lippmann. Con respecto al último, claramente hostil a Franco, mantuvo un encuentro con Lequerica en un almuerzo con Phyllis Abell. Abell era esposa del astrónomo George Abell, quien sirvió durante la Segunda Guerra Mundial bajo las órdenes de Charles Willoughby. Fue esta amistad la que permitió que Willoughby escribiera a George Abell pidiendo un "trato preferencial para los representantes de España" y favoreciera el encuentro[315]. De esta conversación nació la idea del posterior viaje de Lippmann y su esposa Helen Byrne, a España. Visita que contó el doctor Gregorio Marañón como anfitrión[316].

Valle-Inclán. Emilia Cortés Ibáñez, «José Campubrí y La Prensa, pilar del Hispanismo en Nueva York», *Oceánide*, n.º 5 (2012): 1-13.

[315] «Charles Willoughby a George Abell», 13 de mayo de 1948, MacArthur Memorial Archives and Library, Papers of Major General Charles A. Willoughby, Box. 1.

[316] Cava Mesa, *Los diplomáticos de Franco. J.F. de Lequerica. Temple y tenacidad (1890-1963)*, 281.

# Capítulo 3
## *Spanish Lobby*: el arma diplomática franquista

Los Estados Unidos y otras naciones afines a nuestro pensamiento, se encuentran con la oposición directa de un régimen contrario a los objetivos y un concepto totalmente diferente de vida. Ese régimen adhiere a una filosofía falsa que pretende ofrecer la libertad, la seguridad, y una mayor oportunidad para la humanidad. Engañados por esa filosofía, muchos pueblos han sacrificado sus libertades sólo para aprender a su pesar que el engaño y la burla, la pobreza y la tiranía, son su recompensa. Esa falsa filosofía es el comunismo.

Harry S. Truman, Discurso inaugural, 20 de enero de 1949

### La continuidad de Harry S. Truman y el dúo Clark-Lequerica

En el contexto de la Guerra Fría, las tensiones aumentaron considerablemente. Tras la propuesta de Estados Unidos de crear un estado alemán occidental (Bizona), esta área fue incluida en el Plan Marshall a partir de febrero de 1948. Los soviéticos rechazaron esta acción, ya que consideraban que era la demostración de que Washington intentaba perpetuar su influencia sobre el territorio. En marzo, las tensiones escalaron con la imposición de restricciones al tráfico hacia Berlín, y el 24 de junio, se cortó completamente el acceso, dando inicio al bloqueo de Berlín. Este hecho aceleró la creación de un estado alemán occidental, una situación que no convenía a los soviéticos. Entre mayo y junio de 1948, la crisis diplomática brindó a los pro franquistas una oportunidad para avanzar en sus objetivos de promoción del *Caudillo* en suelo estadounidense.

Pero había todavía bastantes escollos por delante. Por ejemplo, eran habituales las referencias a la falta de libertad religiosa en España en varios medios de comunicación norteamericanas, entre ellos el prestigioso *The New York Times*. Lequerica recurrió a un antiguo conocido, Frederick Caldwell, alto directivo de la International Telephone & Telegraph Corporation (ITT) y la Compañía Telefónica Nacional de España (CTNE), quien le sugirió reunirse con Julius Ochs Adler, presidente de *The New York Times*, masón y propietario de *Chattanooga Times*. A pesar de la condición de masón de Adler, su actitud moderada representaba una vía para resolver el problema de imagen del Régimen. Sin embargo, el objetivo final era acercarse al editor-director del periódico, Arthur Ochs Sulzberger. La complejidad de la situación, debido a la fama de antisemita de Lequerica y su simpatía por círculos progresistas, dificultaba esta aproximación. Según la versión de Lequerica, las negociaciones culminaron de forma exitosa. En un mensaje dirigido a Martín Artajo, le comunicó que conseguir una tregua mediática fue "la mejor noticia enviada por mí en más de dos meses de actividad norteamericana"[317].

El problema de la narrativa sobre la libertad religiosa en España representaba un desafío considerable para Lequerica. La Constitución estadounidense tiene como pilar fundamental este principio, y los diplomáticos españoles eran conscientes de que la realidad legal española dificultaba argumentar que el país respetaba esa libertad, principalmente porque, en la práctica, no existía. Aunque el Régimen franquista intentaba maquillar la situación, la celebración de cultos no católicos implicaba riesgos para los practicantes. Ante esta realidad, el cuerpo diplomático optó por acercarse al sector católico más influyente de Estados Unidos: los jesuitas. Figuras como el Padre Joseph Thorning, crítico de la República española desde los inicios de la Guerra Civil, y organizaciones como la *National Catholic Welfare Conference* (NCWC), que apoyaron al bando franquista, resultaron cruciales[318]. Sin embargo, la figura clave fue el Cardenal neoyorquino Francis Spellman, con quien Lequerica se reunió por primera vez en julio de 1948[319]. Spellman, cercano al presidente de la Coca Cola James Farley (un retrato suyo estaba en el despacho del demócrata[320]), desempeñó un papel significativo en la mejora de las relaciones entre España y ciertos sectores de poder en Estados Unidos[321]. James Farley fue un personaje central en este periodo histórico. Desempeñó un papel relevante en el ascenso del Partido Demócrata durante la presidencia de Franklin D. Roosevelt. Como director de campaña de Roosevelt en 1932 y 1936, y posteriormente como presidente del Comité Nacional Demócrata y director general de correos (Postmaster General), Farley fue clave en la construcción de la coalición del New Deal. Además, fue uno de los primeros políticos católicos en alcanzar una gran proyección nacional en Estados Unidos. Rompió con Roosevelt en 1940, cuando se

---

[317] «Carta de Lequerica al ministro», 18 de junio de 1948, Archivo Lequerica, 17. En Cava Mesa, 273.

[318] José Luis González, «La Guerra Civil Española y la Conferencia de obispos norteamericana», *Hispania Sacra*, enero-junio, LXIV (2012): 315-41.

[319] El retraso se debía, en cierto modo, a guardar las formas oficialmente. Cava Mesa, *Los diplomáticos de Franco. J.F. de Lequerica. Temple y tenacidad (1890-1963)*, 235.

[320] Daniel Scroop, *Mr. Democrat. Jim Farley, the New Deal, and the Making of Modern American Politic* (Michigan: The Univesity of Michigan Press, 2006), 220.

[321] También conocida como Comisión Hoover, fue creada por Harry S. Truman en 1947 con el objetivo de recomendar cambios administrativos en el Gobierno Federal. Peri Arnold, «The First Hoover Commission and the Managerial Presidency», *The Journal of Politics* 38, n.º 1 (1976): 46-70.

opuso a un tercer mandato presidencial, y más tarde se dedicó al mundo empresarial, presidiendo la Coca-Cola Export Corporation.

Lequerica no limitó sus esfuerzos al círculo republicano. Aunque figuras como Alvin E. O'Konski y Joseph McCarthy le ofrecieron respaldo, también estableció vínculos con demócratas influyentes, como el senador Pat McCarran y el congresista Eugene J. Keogh. McCarran fue clave en 1948, ya que, tras dialogar con Lequerica y Baraibar, se comprometió a proponer una enmienda para otorgar a España créditos por valor de 50 millones de dólares a través de la Economic Cooperation Administration (ECA)[322]. En este camino de acercarse al Partido Republicano, Lequerica apostó por apoyar al candidato republicano Thomas E. Dewey, gobernador de Nueva York, quien lideraba el ala progresista del partido y había vencido en las primarias al conservador Robert A. Taft, un perfil más afín a los intereses franquistas. Dewey parecía favorito según las encuestas, lo que llevó a Lequerica a centrar sus esfuerzos en estrechar lazos con el Partido Republicano[323].

Mientras Lequerica empezaba a moverse, la Administración Truman intentaba evitar que la "cuestión española" reapareciera en la ONU. En abril, Hickerson consultó a sus homólogos británicos, señalando que Estados Unidos veía con buenos ojos la incorporación de España a algunas agencias, aunque descartaba, por el momento, el retorno de embajadores[324]. En julio, esta postura sufrió ligeros cambios; se consideró revocar la resolución de 1946, pero sin que Washington tomara la iniciativa, ya que las sanciones no habían tenido el impacto esperado[325]. En agosto, Achilles defendió evitar a toda costa un nuevo debate sobre España en la ONU[326]. Sin embargo, países como Polonia y algunas repúblicas americanas se opusieron, proponiendo incluir el tema en la agenda de la Asamblea General.

Mientras las altas esferas diplomáticas angloestadounidenses debatían cómo manejar la "cuestión española" en la ONU, Lequerica continuó el despliegue de la estrategia señalada con anterioridad: agasajar a personalidades influyentes

---

[322] «Telegrama de Lequerica a Martín Artajo», 1 de julio de 1948, CDMH, AFNFF, 11417.
[323] Ken Hechler y George Elsey, «The Greatest Upset in American Political History: Harry Truman and the 1948 Election», *White House Studies* 6, n.º 1 (2006): 1-83.
[324] «Telegrama de la embajada en Washington al Western Department», 16 de febrero de 1948, The National Archives, Foreign Office, 371/79.710.
[325] «Telegrama de la embajada en Washington al United Nations Department», 1 de agosto de 1948, The National Archives, Foreign Office, 371/73.336.
[326] «Telegrama de Franks a Bevin», 23 de septiembre de 1948, The National Archives, Foreign Office, 371/73.338.

mediante viajes financiados a España[327]. Ese fue el caso de Robert McCormick, director del *Chicago Tribune*[328]. Aunque se intentó coordinar un encuentro con Francisco Franco, este no fue posible por la ausencia del dictador en Madrid, por lo que el coronel Carlos Miranda, subsecretario del Ministerio de Exteriores, actuó como guía[329]. Sin embargo, el impacto del viaje en términos propagandísticos fue limitado. Se publicó una breve nota el 5 de agosto en este periódico estadounidense, pero no se incluyeron editoriales relevantes hasta el 15 de ese mes[330]. Esta demora y la falta de apoyo explícito a Franco reflejaban cierta cautela de McCormick para defender públicamente al Régimen.

El caso de McCormick fue solo el inicio. En agosto, Merwin Kimball Hart, simpatizante declarado del franquismo, también visitó España. Autor de *America, Look at Spain!*, Hart reforzó sus elogios al Régimen al afirmar que España había sido "la única nación que derrotó al comunismo"[331]. Durante una comida en el Hotel Ritz de Madrid, mencionó que en 1942 pidió al presidente Roosevelt un cambio de actitud hacia España, consolidándose como un aliado temprano del franquismo. La presencia en España de personalidades como Hart, no respondió en exclusiva a la labor de Lequerica, también contribuyeron al respecto, entre otros, Cárdenas, quien actuó como anfitrión.

En septiembre de 1948, un grupo de demócratas estadounidenses visitó España en ruta hacia la reunión Interparlamentaria de Roma. La delegación, liderada por el exvicepresidente Alben W. Barkley e integrada por figuras como los senadores William Fulbright y Scott W. Lucas, realizó una visita que, según el Departamento de Estado, no tuvo carácter oficial ni incluyó reuniones formales[332]. A pesar de ello, en Roma, Lucas declaró que Estados Unidos debía colaborar más estrechamente con el gobierno

---

[327] Una de las cuestiones más importantes en relación con los traslados de pasajeros fue la firma de un acuerdo de la estadounidense Trans World Airways con las autoridades españolas. «Regulación de viajes y pasajeros entre España y Estados Unidos», 21 de octubre de 1948, NARA, RG 59, 1945-1949, Box 6363.

[328] En la misiva con Charles Willoughby que se mencionó con anterioridad, le habló de que tenía una propuesta de vacaciones turísticas a España.

[329] «Robert Rutherford "Coronel" McCormick visita España», 7 de agosto de 1948, NARA, RG 59, 1945-1949, Box 6340.

[330] Al parecer, se estarían planteando la integración de Islandia, Portugal, Noruega, Dinamarca, Suecia, Grecia, Turquía e Italia en la OTAN. Henry Wales «West Europe makes new bird for U.S. treaty», *Chicago Tribune* (Illinois), 15 de Agosto de 1948, p. 22.

[331] «Viaje de Merwin Hart a España», 13 de agosto de 1948, NARA, RG 59, 1945-1949, Box 6340.

[332] «El avión presidencial de Truman llegó a Madrid el 3 de septiembre con varios representantes», 9 de septiembre de 1948, NARA, RG 59, 1945-1949, Box 6356.

de Franco, destacando sus reformas sociales[333]. Tales comentarios venían como anillo al dedo en la estrategia de rehabilitar la imagen internacional de Franco.

Simultáneamente, Lequerica también trató de obtener declaraciones públicas favorables de políticos estadounidenses. En octubre, el republicano Edward John Gurney expresó que Estados Unidos debía esforzarse por incluir a España en la ONU y en el Plan Marshall, señalando que España había sido "el primer país anticomunista"[334]. Su postura llegó a las páginas de *The New York Times*, donde algunos observadores reconocían a España como "una de las fuerzas más poderosas en Europa occidental"[335]. En paralelo, James Farley, visitó Madrid y se reunió con Franco. Farley aseguró que "la actitud de su país hacia la situación mundial no cambiará sean cuales sean los resultados de las elecciones presidenciales", pues la clase política "es partidaria de una firme resistencia a la agresión política rusa, único medio de evitar la guerra"[336]. Un golpe de realidad proveniente de uno de sus principales aliados en Estados Unidos.

Desde el ejecutivo franquista, se siguió con suma atención el resultado de las elecciones de 1948. Se pensaba que podían ser determinantes para el devenir de las relaciones hispano-estadounidenses. Una victoria del candidato republicano, Thomas E. Dewey, podría traer aire fresco a una conexión que no acaba de despegar, en parte por la abierta antipatía del candidato demócrata, Harry Truman.

Las divisiones internas dentro del Partido Demócrata hacían presagiar la derrota de Truman. No fue un presidente electo y tampoco contaba con el apoyo político de su partido. Los miembros más derechistas se vieron alejados por el programa de derechos civiles; los de izquierda, no comprendían la política exterior contra la Unión Soviética. Un ejemplo en este último aspecto fue el mencionado caso de Henry Wallace, quien fundó el Partido Progresista. Por si fuera poco, en algunos estados del sur, se fundó el Partido Demócrata de los Derechos de los Estados. Se trataba de una segregación dentro del partido de Truman. En definitiva, concurrían tres partidos "de izquierdas" frente al Partido Republicano. Con estos condicionantes, el camino para Dewey parecía más sencillo. Al menos así lo creían los analistas políticos. Tal es así que el diario *Chicago Tribune* publicó como titular "Dewey derrota a Truman". Una de las imágenes para la historia electoral norteamericana[337].

---

[333] «Senador Lucas está en Madrid», 17 de septiembre de 1948, NARA, RG 59, 1945-1949, Box 6356.

[334] «Telegrama de Lequerica a Martín Artajo», 5 de octubre de 1948, CDMH, AFNFF, 8879.

[335] «Telegrama de Lequerica a Martín Artajo», 7 de octubre de 1948, CDMH, AFNFF, 9006.

[336] «Viaje de James Farley a España», 7 de octubre de 1948, NARA, RG 59, 1945-1949, Box 6356.

[337] Jones Maldwyn, *Historia de Estados Unidos, 1607-1992* (Madrid: Cátedra, 2001), 484.

### Charles Patrick Clark, el padre del *Spanish Lobby*

El resultado electoral de 1948 exigió un replanteamiento estratégico por parte del Régimen franquista. Hasta ese momento, los avances diplomáticos habían sido limitados, y la reelección de Harry S. Truman hacía presagiar que la situación no mejoraría demasiado para los intereses franquistas. Para intentar desbloquear aquel punto muerto se pensó en la creación de un lobby que promoviera políticas favorables hacia España. A tal efecto se contrató a Charles Patrick Clark el 31 de enero de 1949, con el cargo de "consejero legal especial de la Sección de Relaciones Culturales de la Embajada de España", dirigida por Pablo Merry del Val[338]. Su sueldo anual, de 50.000 dólares, evidenciaba la importancia de esta contratación, aunque más que los servicios de un individuo se adquirieron los de un influyente bufete de abogados. Algunos indicios sugieren que los contactos con Clark podrían haberse iniciado incluso en 1948, previo al acuerdo formal[339].

La elección de Clark respondió a recomendaciones y criterios estratégicos. Ante la falta de experiencia directa en la misión asignada, Lequerica recurrió al consejo del jesuita Joseph Thorning, un firme anticomunista y defensor de la causa franquista desde la Guerra Civil Española[340]. Parece ser que fue Thorning quien presentó a Clark como candidato ideal[341]. Su perfil ofrecía ventajas significativas: además de ser un abogado de prestigio, Clark mantenía una relación cercana con el presidente Truman, forjada cuando este era senador y Clark trabajaba en el influyente Comité Truman (Senate Special Committee to Investigate Contracts

---

[338] Cava Mesa, *Los diplomáticos de Franco. J.F. de Lequerica. Temple y tenacidad (1890-1963)*, 286.

[339] Theodore J. Lowi, «US Bases in Spain», en *Case Studies in American Government*, ed. Edwin Bock y Alan Campbell (New Jersey: Englewood Cliffs, 1965), 271; Russell Howe y Sarah Trott, *The Power Peddlers: How Lobbyists Mold American's Foreign Policy* (New York: Doubleday, 1977), 403; Richard Rubottom y Carter Murphy, *Spain and the United States. Since World War II* (New York: Praeger Publishers, 1984), 10-11; Cava Mesa, *Los diplomáticos de Franco. J.F. de Lequerica. Temple y tenacidad (1890-1963)*, 284.

[340] Además, parece ser que Thorning estuvo subcontratado por Clark. Joan Maria Thomàs, «La lucha por el cambio de la política estadounidense hacia la España franquista en los años 1948-1950: José Félix de Lequerica, Lobbystas contratados, senadores "amigos", *Spanish Lobby* y *Spanish Bloc*», en *Franco, Estados Unidos y Gran Bretaña durante la primera Guerra Fría*, ed. Joan Maria Thomàs et al. (Madrid: Comillas, 2022), 155-56.

[341] Lowi, «US Bases in Spain», 271; Howe y Trott, *The Power Peddlers: How Lobbyists Mold American's Foreign Policy*, 403; Rubottom y Murphy, *Spain and the United States. Since World War II*, 10-11; Cava Mesa, *Los diplomáticos de Franco. J.F. de Lequerica. Temple y tenacidad (1890-1963)*, 284; Viñas, *En las garras del águila. Los pactos con Estados Unidos, de Francisco Franco a Felipe González (1945-1995)*, 527.

Under the National Defense Program)[342]. La conexión personal con Truman convertía a Clark en una pieza clave para la estrategia de la embajada española, que buscaba no solo un asesor legal, sino también un intermediario con acceso directo a los círculos de poder en Washington. Este enfoque ilustraba el modus operandi de la diplomacia franquista, que intentaba maximizar el impacto de sus limitados recursos mediante colaboraciones con figuras que pudieran generar beneficios políticos y jurídicos en un contexto internacional adverso.

Antes de avanzar en el análisis del *Spanish Lobby* y su desarrollo, veamos algunos detalles sobre el origen del término y su aplicación. El concepto fue formulado por primera vez en 1961 por el historiador Arthur P. Whitaker[343]. Sin embargo, según Joan María Thomàs, ya había sido utilizado anteriormente por el periodista William V. Shannon[344]. Rastreando la prensa estadounidense, localicé una referencia aún más temprana. El 21 de abril de 1945, el *Hartford Courant* publicó un artículo donde William Shirer, corresponsal del *Chicago Tribune* y del *The New York Herald Tribune*, denunciaba la creación de un "poderoso lobby franquista" en San Francisco[345].

Aceptar esa afirmación implicaría reconocer la existencia de un *Spanish Lobby* antes de la llegada de Lequerica y de la contratación de Charles Patrick Clark, algo que no puede demostrarse con las evidencias disponibles. En cambio, existen menciones posteriores que coinciden con el periodo de Lequerica y la estructuración formal del *lobby*. Una noticia firmada por Lloyd Shearer vincula a James Farley, presidente de Coca-Cola, como "jefe del pro-Franco lobby"[346], mientras que otra, escrita por Edward A. Harris, señala a la firma Truitt como agente del "Franco lobby"[347]. Estos ejemplos, especialmente los dos últimos, muestran la existencia de un *Spanish Lobby* antes de la formulación académica del término por Whitaker. Refuerzan, además, la percepción de una estrategia organizada de influencia política en Estados Unidos, cuyo desarrollo fue crucial para las aspiraciones diplomáticas del Régimen franquista durante la posguerra.

---

[342] La información de la composición y objetivos puede verse en https://www.senate.gov/about/powers-procedures/investigations/truman.htm (consultado el 3 de mayo de 2025).

[343] Arthur P. Whitaker, *Spain and Defense of the West: Ally and Liability* (New York: Harper & Brothers, 1961).

[344] William V. Shannon, «The Franco Lobby. A Jumble of cotton, silver, cork, generals, society pages, and cocktails», *The Reporter,* 20 de junio de 1950.

[345] «Shirer Urges Aid to Spanish Republicans at San Francisco», *Hartford Courant,* 21 de abril de 1945, 6.

[346] Lloyd Shearer, «Names in the news», *West Los Angeles Independent,* 2 de junio de 1949, 29.

[347] Edward A. Harris, «We no longer need Franco, but Washington lobby for Spanish leader is active», *St. Louis Post-Dispatch*, 5 de junio de 1949, 23.

Fijar la cronología exacta del *Spanish Lobby* resulta complejo; tampoco es fácil definir su estructura con precisión. Las aproximaciones conceptuales ofrecidas por la historiografía han mostrado limitaciones, pues con frecuencia identifican a individuos como parte del grupo sin proporcionar documentación verificable. Ante estas carencias, algunos autores han optado por categorizaciones amplias que incluyen ciertos sectores o perfiles. Un ejemplo paradigmático es el esquema de Theodore J. Lowi[348], presentado en 1965 y asumido posteriormente por Ángel Viñas. Según este modelo, el *Spanish Lobby* estaría compuesto por cinco grupos "perfectamente identificables" [349]:

a)  Los católicos.
b)  Los anticomunistas por excelencia.
c)  Los planificadores de la estrategia militar estadounidense y miembros de la Administración.
d)  Los republicanos estadounidenses.
e)  Hombres de negocios.

Por otro lado, Richard Rubottom y Carter Murphy enfocaron el análisis en los ámbitos de acción del lobby: político, militar, religioso y económico[350].

Aunque ambas propuestas son relevantes, presentan limitaciones para el presente estudio. El modelo de Lowi, por ejemplo, al incluir categorías amplias como "católicos" y "republicanos", puede sugerir la participación generalizada de todos los miembros de estos grupos, dejando fuera a individuos de otras confesiones religiosas o de filiación demócrata. Por su parte, la propuesta analítica de Rubottom y Murphy, aunque más operativa, no aborda de manera satisfactoria el papel de la opinión pública, un elemento central en la Diplomacia Pública y el ejercicio del Soft Power.

Así pues, consideramos necesario incorporar a aquellas personas con capacidad de influir en la sociedad estadounidense y, en lugar de la categoría "economía", utilizaremos "compañía". Este término agrupa a empresarios y figuras del ámbito corporativo, más acorde con la documentación analizada. Así, partiendo de la propuesta de Rubottom, hemos elaborado un modelo ajustado a las características percibidas en esta investigación.

---

[348] Lowi, «US Bases in Spain».

[349] Viñas, *En las garras del águila. Los pactos con Estados Unidos, de Francisco Franco a Felipe González (1945-1995)*, 59-60.

[350] Richard Rubbotom y Carter Murphy, *Spain and the United States since World War II* (New York: Praeger, 1984), 10-11.

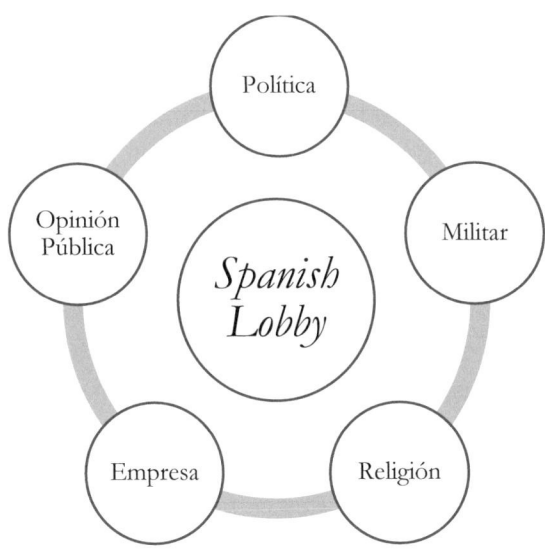

Gráfico 1. Representación gráfica de la composición del lobby. Elaboración propia.

El *Spanish Lobby* se nutría por tanto de una red abogados, liderada por Charles Patrick Clark. Al bufete de este último se sumaron otras firmas prestigiosas como Cummings, Stanley y Truitt & Cross, seleccionadas no solo por su renombre, sino también por su influencia estratégica. Max O'Reill Truitt, socio del bufete, era yerno del vicepresidente Alben W. Barkley, mientras que Homer Cummings, presidente de la firma, había sido fiscal general de Estados Unidos. Además, William Smith Culbertson, hermano del encargado de negocios en Madrid, Paul Culbertson, también formaba parte de esta firma, aunque debió renunciar debido a incompatibilidades señaladas por el Departamento de Estado. Esto dejó a Truitt como principal responsable del caso español, respaldado por su experiencia previa como asesor del general Trujillo en República Dominicana[351].

La acción conjunta de estos bufetes, sumada al esfuerzo diplomático de la legación española, permitió el acceso a figuras clave en los centros de poder estadounidenses. Las estrategias se centraron en tres objetivos principales:

---

[351] Robert Crassweller, *Trujillo. La trágica aventura del poder personal* (Barcelona: Bruguera, 1966). Vid en Thomàs, «La lucha por el cambio de la política estadounidense hacia la España franquista en los años 1948-1950: José Félix de Lequerica, Lobbystas contratados, senadores "amigos", *Spanish Lobby* y *Spanish Bloc*».

- convencer al ejecutivo estadounidense de la importancia de España en los planes geoestratégicos de defensa de Europa Occidental.
- obtener votos favorables que permitieran la aprobación en el Congreso norteamericano de ayudas económicas para la malnutrida España.
- mejorar la percepción que sobre el Régimen franquista tenía el del Gobierno estadounidense como objetivo principal, y la sociedad en su conjunto de manera secundaria[352].

Estas líneas de actuación buscaban debilitar la oposición del secretario de Estado y del presidente, facilitando un acercamiento con la Dictadura.

Entre los bufetes involucrados, Clark desempeñó un papel central, como evidencian los registros contables. En 1951, recibió 75.000 dólares por sus servicios, frente a los 12.000 destinados a Truitt[353]. Esta disparidad refuerza la idea de que Clark fue el eje del *Spanish Lobby*, mientras que la contratación de Truitt respondió más a intereses estratégicos puntuales. Lequerica admitió que Truitt no realizaba servicios directos, pero representaba un entorno influyente, por lo que recomendó mantener su vinculación[354]. Incluso en 1950, el embajador reconocía que eliminar la asignación a Truitt sería lógico, aunque desaconsejable debido a su parentesco con el vicepresidente[355]. Esto deja claro que mientras una contratación obedecía a necesidades prácticas, la otra respondía a consideraciones estratégicas.

A partir de estas premisas, el dúo formado por Charles Patrick Clark y José Félix de Lequerica estableció los cimientos del *Spanish Lobby*. Ahora bien, este grupo no debe interpretarse como un conjunto homogéneo de personas vinculadas directamente entre sí. Por el contrario, estaba compuesto por individuos y entidades cuyo nexo principal era actuar en favor de España, aunque algunos, como James Farley y Francis Spellman, compartieran conexiones adicionales, mientras que otros operaban de manera independiente[356].

Esto no implica que cualquier persona que hiciera declaraciones favorables al Régimen franquista perteneciera automáticamente al *Spanish Lobby*. Uno de los grandes desafíos de esta investigación ha sido identificar con precisión su composición.

---

[352] Lowi, «US Bases in Spain», 1965.

[353] «Carta de Lequerica a Franco», 1952, CDMH, AFNFF, 19848.

[354] «Carta de Lequerica a Franco», 1952, CDMH, AFNFF, 19848.

[355] «Carta de Lequerica a Martín Artajo», 10 de enero de 1951, CDMH, AFNFF, 9536.

[356] Por ejemplo, la amistad de James Farley y Francis Spellman se observa en que en una gran cantidad de ocasiones el primero realiza donaciones en fundaciones eclesiásticas del segundo. Situaciones que se dan tras una serie de intercambio de misivas muy amistosas. «Farley hace donaciones a la fundación de Spellman», 29 de septiembre de 1947, LOC, Fondo James Farley, Box. 20.

Por ejemplo, el general Charles Willoughby, admirador declarado de Franco como estratega militar, intentó influir en las decisiones de Estados Unidos sobre España[357].

En contraste, figuras como George Marshall, expresó algunas opiniones que podían favorecer al Régimen franquista, pero no mostró afinidad ideológica. Se movía más bien en los principios de la *realpolitik* y los intereses estratégicos de su país[358]. Este punto, ya planteado en la introducción, merece ser reiterado: el *Spanish Lobby* no abarcó a todas las personas que actuaron en beneficio de España, ya que no todas lo hicieron bajo la influencia de Lequerica, Clark o mediante vínculos comerciales. Por ello, se podría afirmar que fue la acción coordinada entre las firmas legales contratadas y la actividad diplomática de la legación española lo que permitió acceder a personalidades influyentes en los círculos de decisión política de Estados Unidos. Este acceso, de otra forma difícil o costoso, tenía un propósito claro: reorientar la política estadounidense hacia un acercamiento con España.

Las estrategias del *Spanish Lobby* se articularon en torno a tres objetivos principales: persuadir al Ejecutivo estadounidense del papel estratégico de España en la defensa de Europa Occidental; obtener votos favorables para la concesión de ayudas económicas; y mejorar la percepción la Dictadura por parte del Gobierno estadounidense. Estos pilares buscaban, en última instancia, "debilitar la oposición del secretario de Estado y del presidente, facilitando el establecimiento de relaciones más estrechas con el Régimen franquista"[359].

Con la reciente reelección de Harry S. Truman como presidente de Estados Unidos, el Congreso representaba un espacio estratégico, especialmente debido a la presencia de sectores económicos interesados en fortalecer relaciones con España. Entre ellos destacaba el sector algodonero, deseoso de encontrar mercados para sus excedentes. En este contexto, figuras como Walter George, senador por Georgia y presidente del Comité de Finanzas, y Tom Connally, senador por Texas y presidente del Comité de Relaciones Exteriores, adquirían una relevancia particular. Otros líderes del Senado también resultaban potencialmente influenciables, como Burnet Maybank, senador por South Carolina y presidente del Comité Bancario, y Kenneth McKellar, senador por Tennessee y líder del Comité de Créditos. Aunque todos pertenecían al Partido Demócrata, ya se han señalado las peculiaridades culturales y regionales que caracterizaban a ese partido por

---

[357] «Willoughby a Vandenberg», 7 de julio de 1948, MacArthur Memorial Archives and Library, Papers of Major General Charles A. Willoughby, Box. 2.
[358] «Memorándum de conversación entre Gufler y otros miembros del Staff», 8 de junio de 1948, NARA, Records of the Policy Planning Staff, 1947-1953, Country and Area Files, Box. 22.
[359] Lowi, «US Bases in Spain», 1965.

entonces, lo que permitía abordar a estos legisladores bajo enfoques adaptados a sus contextos específicos.

De las personalidades mencionadas, es necesario detenerse en el caso de Tom Connally, senador demócrata por Texas, que ocupó un lugar destacado debido a su papel en el Comité de Relaciones Exteriores del Senado, del cual fue presidente a partir de 1949. Dada su relevancia, revisé cerca de una treinta de cajas de documentos relacionados con la actividad política de Connally entre 1948 y 1953. Alguno de los documentos que resultó más significativo fue, por ejemplo, una carta de Kenneth Kirby de octubre de 1951 en la que se solicitaba explícitamente que no se apoyase a la dictadura franquista, al tiempo que se lamentaba el respaldo de la Iglesia Católica estadounidense[360]. Parte del fondo documental Connally refleja a su vez lo que era una destacada prioridad en la política exterior estadounidense del momento: la lucha contra el comunismo en Grecia y Turquía[361].

En contraste, James Farley, demócrata y destacado defensor de España, realizó declaraciones públicas en noviembre de 1948 criticando la postura antifranquista de algunos representantes y del Ejecutivo[362]. Estas palabras generaron amplia repercusión, atrayendo apoyos de figuras como Terence J. McManus, presidente del bufete McManus & Ernst, y Edward P. F. Eagan, presidente de la Comisión Atlética del Estado de Nueva York[363]. Entre las respuestas destaca una carta de Edward A. Mahar, asistente editorial del *Journal of American*, que aludió a la formación de un "bloque anti-Truman" favorable a España. Mahar mencionó también a Murray Snyder, quien más tarde sería secretario de prensa asistente de Eisenhower, como partidario de apoyar a Franco, evidenciando tensiones internas en el entorno político estadounidense[364].

El embajador estadounidense en Madrid, Paul Culbertson, siguió de cerca estas dinámicas, pero criticó el impacto de visitas como las de Farley y otros representantes. Según él, estas acciones alimentaban una percepción errónea en España, donde se interpretaba el rechazo estadounidense como dirigido al pueblo, y no al Régimen[365]. Culbertson se comprometió a "seguir martilleando siempre que pueda la necesidad de

---

[360] «Carta de Kenneth Kirby a Tom Connally», 29 de octubre de 1951, LOC, Tom Connally Papers, Box 46.
[361] Para el primer caso, véase «Carta de Jean C. Hight a Tom Connally», 15 de abril de 1947, LOC, Tom Conally Papers, Box 177; para el segundo caso «Carta de Harry Foehner a Tom Connally», 25 de agosto de 1949, LOC, Tom Conally Papers, Box 229.
[362] «James Farley critica la actitud de Estados Unidos», 7 de noviembre de 1948, NARA, RG 59, 1945-1949, Box 6356.
[363] «Telegrama de Farley», 8 de noviembre de 1948, LOC, James Farley Papers, Box 20.
[364] «Edward A. Mahar escribe a Farley sobre Franco y España», 9 de noviembre de 1948, LOC, James Farley Papers, Box 20.
[365] «Visita a España de una personalidad», 18 de noviembre de 1948, NARA, RG 59, 1945-1949, Box 3320.

una liberalización política". Aunque indicaba que "no deberíamos hacerlos ilusiones de obtener lo que alguna vez satisfará en su totalidad a nuestros aliados en Europa occidental". Con esto, quedaba claro que la entrada de España en los planes de recuperación económica era muy complicada, más si cabe porque se requiere la aceptación de dieciséis naciones.

No obstante, las visitas de figuras políticas estadounidenses continuaron. A finales de noviembre de 1948, una delegación liderada por Short Dewey, presidente del Comité de Servicios Armados de la Cámara de Representantes, viajó a España. Le acompañaron los congresistas Melwin Price, Mendel Rivers, C.W. Bishop, Paul W. Shaefer, George J. Bates, el capitán Tom Kelly, el teniente coronel de la Armada J. C. Meyer (agregado fuerzas aéreas) y el coronel Rockwell (Ejército de Tierra). Dewey afirmó públicamente que "España debe ser incorporada a la Unión Occidental", declaración que la Associated Press difundió ampliamente el 27 de noviembre[366]. Finalmente, en diciembre de 1948, John Foster Dulles, entonces asesor de Thomas Dewey, destacó la necesidad de un bloque anticomunista que incluyera a España. Dulles, cuya influencia creció posteriormente como secretario de Estado bajo Dwight D. Eisenhower, rechazó las críticas hacia el Régimen franquista en el contexto de una *Spanish Red Week* organizada por una iglesia protestante en Nueva York[367]. Estas palabras, pronunciadas en un periodo de tensiones globales, subrayaron la importancia estratégica que algunos sectores comenzaban a atribuir a España en la lucha contra el comunismo, perspectiva que marcaría la política exterior estadounidense en años posteriores.

### Primeros resultados del lobby

La presión ejercida por personalidades demócratas y republicanas en favor de la España franquista comenzó a producir algunos resultados. En una nota enviada a Franco por el tándem Lequerica-Baraibar, informaban de que *The New York Tribune* había publicado la noticia "Franco eleva el beneficio social". El texto desmenuzaba a su vez las supuestas mejoras sociales impulsadas por la dictadura[368]. Aunque este respaldo mediático fue celebrado por los partidarios del Régimen, los responsables diplomáticos españoles lo recibieron con cautela, pues en los Departamentos de Estado y de Guerra empezaban a surgir dudas sobre

---

[366] «Visita a España de varios congresistas norteamericanos», 29 de noviembre de 1948, CDMH, AFNFF, 9134.
[367] «John Foster Dulles», en *Dictionary of American Biography* (New York: Charles Scribner's Sons, 1980).
[368] «Telegrama de Lequerica a Martín Artajo», 31 de diciembre de 1948, CDMH, AFNFF, 18986.

algunos miembros de la embajada estadounidense en Madrid, como el agregado militar Lilliam R. Tombacher, acusado de mantener vínculos cercanos con figuras del Régimen y socios favorables a España[369].

A pesar de esas tensiones, la publicación del *Tribune* representó un avance significativo para el régimen, dado el prestigio del medio en la opinión pública estadounidense. Paralelamente, en diciembre de 1948, el Régimen franquista aprobó una ley que permitía a sefardíes en Egipto y Grecia solicitar la nacionalidad española, acompañada de la publicación de *España y los judíos*, una obra editada por la Oficina Diplomática de Información del Ministerio de Asuntos Exteriores. Este libro trazaba la relación histórica entre España y los judíos desde el edicto de expulsión de 1492 hasta la nueva legislación. La medida generó interés en el Departamento de Estado, que encargó al cónsul en Madrid, John Wesley Jones, un informe detallado sobre el documento y su posible repercusión[370].

Jones indagó y consultó a representantes del Estado de Israel. Estos, le indicaron que "ellos no podían afirmar que el régimen español participó directamente en la política de exterminio". Esto provocó que la antipatía entre ambos países fuera incomprensible para el diplomático estadounidense. Al fin y al cabo, "estaban en contra de la nación que había salvado a tantos hombres de su raza". Tras estas pesquisas, Jones determina que la situación de los judíos en España es anómala. Por un lado, no son perseguidos como sí lo son los protestantes; por el otro, tampoco tienen las mismas condiciones de igualdad de culto que los católicos. Asimismo, indica que el Gobierno de Franco ha pedido a las comunidades judías en Madrid y Barcelona que sería oportuno "el envío de delegados a la próxima reunión en Estados Unidos del Congreso Judío Mundial". Para ello, "tendrían facilidades burocráticas y económicas"[371].

Estas acciones reflejaron una estrategia coherente del Régimen para mejorar su imagen internacional. Por un lado, ofrecía ciudadanía a sefardíes en zonas en conflicto; por otro, promovía la presencia de portavoces favorables en un evento de relevancia mundial. La prensa estadounidense empezó a hacerse eco de estas iniciativas. Según informaba Baraibar al ministro Artajo, periódicos importantes de Nueva York y Washington publicaban noticias sobre los esfuerzos de Franco en favor de los sefardíes, destacando que había contribuido a su salida de territorios

---

[369] «Telegrama de Baraibar a Martín Artajo», 5 de enero de 1949, CDMH, AFNFF, 18961.
[370] «Informe sobre actitud de los judíos hacia España», 31 de marzo de 1949, NARA, RG 59, 1945-1949, Box 5029.
[371] «Informe sobre actitud de los judíos hacia España», 31 de marzo de 1949, NARA, RG 59, 1945-1949, Box 5029.

nazis. Medios como *The Baltimore Sun* analizaron la decisión de Franco desde un enfoque histórico, mencionando cómo la dictadura desafiaba el edicto de expulsión de los Reyes Católicos[372]. Por su parte, *The Evening Star* señaló que permitir el retorno de descendientes de judíos a España reabría un "fascinante capítulo de la historia europea"[373].

La campaña de los pro-franquistas en los medios de comunicación cobró fuerza en este periodo. En cuanto a la posibilidad de aprobar una ayuda económica a España, *The Troy Messenger* (Alabama) publicó una entrevista con Franco, en la que el dictador expresó su preocupación por la expansión comunista y su disposición a participar en una coalición defensiva con el mundo occidental[374]. *The News-Chronicle* (Pennsylvania) recogió sus palabras y destacó que, a pesar de ser una dictadura, los intereses económicos de las empresas privadas estaban protegidos y que el Gobierno español no competía con ellas[375]. Ambas noticias apuntaban a suavizar la imagen del Régimen y a promover la idea de una normalización de relaciones, incluso en términos económicos, como la concesión de créditos y ayudas, ya fuera mediante el Plan de Recuperación Europea (ERP) o acuerdos bilaterales. Esta maquinaria propagandística sentaba las bases para lo que España deseaba obtener.

A mediados de enero de 1949, un informe desde la embajada española en Washington reveló la supuesta sorpresa producida por el hecho de que un grupo de cien estudiantes de Georgetown y el Colegio de Mount Vernon visitaron la embajada española[376]. Nombrar aquella visita como sorpresa quizás fuera mucho decir. El responsable de este mensaje fue el jesuita José Sobrino, encargado de becarios españoles en Estados Unidos. Si se tiene en cuenta que la Universidad de Georgetown es de confesión jesuita, es posible que se tratase de una gestión personal de Sobrino. Pero, sea como fuere, aquella visita suponía una buena noticia para quienes trabajaban para propiciar el acercamiento hacia la España franquista de la sociedad norteamericana.

---

[372] «Franco's gesture, and the Edict of 1492», *The Baltimore Sun* (Maryland), 5 de junio de 1949, p. 12.
[373] «Telegrama de Lequerica a Martín Artajo sobre los judíos», 12 de enero de 1949, CDMH, AFNFF, 19134.
[374] No se sabe con exactitud a cuál se refiere. Pues el 14 de diciembre de 1949 se produjo una a *The New York Times* y días después al *Daily Telegraph*. «Publicación en New York Times sobre España», 2 de febrero de 1949, CDMH, AFNFF, 19082.
[375] «Churchill and Spain», *The News-Chronicle* (Pennsylvania), 7 de enero de 1949, p. 9.
[376] «Visita a la embajada española por estudiantes estadounidenses», 18 de enero de 1949, CDMH, AFNFF, 18871.

El aparente éxito de Lequerica en su misión se corroboró con la visita de Alfred Barth, vicepresidente del Chase National Bank a Madrid. Junto al ministro de Industria, Juan Antonio Suances Fernández, discutieron la precaria situación económica de España, especialmente en lo referente al abastecimiento de alimentos, y negociaron un préstamo para la compra de grano[377]. Gracias a la intervención del embajador español con los congresistas, se logró un préstamo de 25 millones de dólares, acordado el 8 de febrero de 1949. Sin embargo, la designación de Dean Acheson como secretario de Estado por Truman representó un contratiempo, ya que Acheson había mostrado su rechazo al Régimen franquista[378].

El préstamo suscitó diversas reacciones. En España, los empresarios catalanes expresaron su descontento al cónsul estadounidense, señalando que el préstamo no beneficiaría a su sector, sino que se destinaría principalmente a la red ferroviaria, la alimentación y el pago a la ITT[379]. En Estados Unidos, la reacción fue igualmente crítica. El congresista demócrata Henry M. Jackson, en una carta a Truman, calificó la política hacia España como una "traición" al pueblo estadounidense y condenó la concesión del préstamo, considerando que este favorecía la "perpetuación del régimen fascista"[380]. También el PSOE se manifestó en contra de la operación, evidenciando que, a pesar de los avances en el blanqueo de la imagen del Régimen, no todos los sectores políticos aceptaban las concesiones económicas a España[381].

El trabajo entre bastidores de José Félix de Lequerica alcanzó una nueva dimensión en el primer cuatrimestre de 1949. A los logros previos, el embajador sumó esfuerzos para fortalecer la red de apoyo y atraer nuevos simpatizantes. Entre estos, se encontraba el embajador Carlton Hayes, defensor del Régimen durante la Segunda Guerra Mundial, quien fue nombrado Doctor Honoris Causa por la Universidad de Salamanca en febrero. Dada la relevancia de este reconocimiento, Baraibar sugirió iniciar contactos parlamentarios vinculados a Hayes, con la idea de invitar a los parlamentarios al acto y organizar un encuentro con autoridades

---

[377] «Memorándum de Alfred Barth sobre conversaciones en Madrid», 31 de enero de 1949, NARA, RG 59, 1945-1949, Box 6362.

[378] Acheson fue muy crítico con España. en un documento de mayo de 1949 se constata cómo el secretario de Estado nombrado por Truman se mostraba en contra de la dictadura por la ausencia de libertades y recomendaba no nombrar aún a ningún embajador para Madrid. «Opinión de Acheson analizada por Francisco Carvajal Xifré», 12 de mayo de 1949, AGUN, Fondo Francisco Carvajal Xifré, 054/001/0211.

[379] «Reacciones a la ayuda de 25 millones», 17 de febrero de 1949, NARA, RG 59, 1945-1949, Box 6362.

[380] «Respuesta del Gobierno estadounidense a la ayuda de 25 millones», 21 de febrero de 1949, NARA, RG 59, 1945-1949, Box 6362.

[381] «Queja del PSOE por la ayuda a España», 23 de febrero de 1949, NARA, RG 59, 1945-1949, Box 6362.

españolas[382]. Además, en abril de 1949, el almirante Inglis, jefe de los Servicios de Inteligencia Naval, visitó España y aprovechó para entrevistarse con Franco y el teniente general Juan Vigón[383].

Estos movimientos de cooptación y fortalecimiento de empatías pro-Franco no eran del todo baratos. Lequerica se vio obligado a gestionar los recursos con cautela, lo que se convirtió en un problema recurrente. A pesar de que el Ministerio de Exteriores aprobaba una partida económica, los plazos no siempre coincidían con las necesidades, y los gastos aumentaban[384]. Para solucionar esta dificultad, Lequerica informó a Franco en una carta personal que había iniciado conversaciones con figuras de origen judío para financiar los gastos. Sin embargo, algunos miembros del *Spanish Lobby* cercanos al sector católico se opusieron a esta estrategia, por lo que la misiva de Lequerica buscaba anticipar posibles críticas de estos sectores ultracatólicos[385]. Esta estrategia preventiva se justificaba, ya que, para Franco, los resultados eran lo más importante en su esfuerzo por salir del ostracismo internacional.

Los esfuerzos realizados en secreto parecían acercar la posibilidad de acuerdos oficiales. Como Carrero Blanco le indicó a Franco en enero de 1949, la tensión internacional impulsaría los acuerdos bilaterales, lo que abriría la puerta a la participación de España en las organizaciones defensivas de Europa occidental[386]. El Pentágono y el Departamento de Estado tenían intereses diferentes y había que aprovecharlo[387]. La fórmula utilizada para conseguir acceder al Pacto Atlántico era que Portugal, a raíz del Pacto Ibérico firmado con Madrid, actuase como aliado español y favoreciese la entrada de España. Una misión que, por tanto, no dependía directamente de España[388]. Por ello, lo que sí dependía de la acción directa, era labor para el *Spanish Lobby* y los simpatizantes con el Régimen, que finalmente no

[382] «Telegrama de Lequerica a Martín Artajo», 18 de febrero de 1949, CDMH, AFNFF, 18874.
[383] Viñas, *En las garras del águila. Los pactos con Estados Unidos, de Francisco Franco a Felipe González (1945-1995)*, 64.
[384] Durante este primer año, Lequerica tuvo que recurrir a otros fondos para sufragar los gastos de sus gestiones. Según Ángel Viñas, el déficit el primer año fue de 44.000 dólares. Viñas, 59.
[385] «Telegrama de Lequerica a Francisco Franco», 3 de marzo de 1949, CDMH, AFNFF, 12089.
[386] «Nota de Carrero Blanco a Franco sobre el Pacto Atlántico y las posibilidades que ofrece a España», 20 de enero de 1949. En Laureano López Rodó, *Testimonio de una política de Estado* (Barcelona: Planeta, 1987), 197-200.
[387] Es cierto que hay dudas con respecto a participar en la defensa de Gibraltar como se observa en Portero, *Franco aislado. La cuestión española (1945-1950)*, 315.
[388] Portugal y España estuvieron en contacto constante estas semanas y el régimen de Salazar intentó convencer a sus socios de la entrada de España. Jiménez, *Franco y Salazar. La respuesta dictatorial a los desafíos de un mundo en cambio 1936-1968*.

logró los objetivos propuestos[389]. Lo mismo sucedió en la ONU en mayo[390]. El intento por derogar las sanciones propuestas en 1946 no fructificó España quedó a un solo voto de obtener lo que pretendía[391].

Así, aunque se lograron algunos avances en la captación de nuevos defensores de la causa franquista en Estados Unidos, a nivel internacional España no alcanzó los tres grandes objetivos que se había planteado: ser admitida en el Plan Marshall, ingresar en el Pacto Atlántico y conseguir el regreso de embajadores[392]. Pero lentamente parecían ir fraguando los cimientos para la consecución futura de esos objetivos.

### Lucha en tres frentes: Pentágono, Legislativo y Ejecutivo

El fracaso en alcanzar los tres objetivos fundamentales del Régimen franquista no fue casual. Aunque el trabajo del lobby y de Lequerica avanzaba, el número de voces contrarias a estrechar lazos con la dictadura permanecía elevado. Entre los opositores más influyentes destacó Dean Rusk, recién nombrado subsecretario de Estado. En una conversación con Baraibar, Rusk condicionó cualquier cooperación a mejoras en la situación de los protestantes y a la introducción de medidas legislativas que fomentaran la libertad religiosa[393]. Además, expresó su preocupación por la información de Dunham, quien, a través de Matthew J. Connelly, le alertó sobre posibles intentos de Lequerica para influir en diplomáticos estadounidenses en terceros países, como Myron C. Taylor en Brasil, para cambiar políticas hacia España[394]. Por ello, Rusk buscó información sobre la oposición al franquismo entrevistándose con Miravitlles[395], reabriendo así un tema aparentemente cerrado.

La postura crítica de Rusk, compartida por Dean Acheson, generó un debate entre partidarios y detractores del acercamiento al Régimen franquista. James Farley,

---

[389] «Circular del Secretario de Estado», 14 de abril de 1949, FRUS, 1949, Western Europe, Vol. IV.

[390] Alberto J. Lleonart Amsélem y F. Ma Castiella y Maiz, *España y ONU* (Madrid: Consejo Superior de Investigaciones Científicas, 1978); Portero, *Franco aislado. La cuestión española (1945-1950)*, 318-38.

[391] Robert Pernell Huff, «The Spanish Question Before the United Nations» (Stanford, Stanford University. Department of Political Science, 1966), 407-8.

[392] Huff, 407-8.

[393] «Memorándum de conversación entre Baraibar y Rusk», 29 de marzo de 1949, NARA, RG 59, 1945-1949, Box. 6358.

[394] «Carta de Dunham a Rusk», 30 de abril de 1949, NARA, RG 59, 1945-1949, Box. 6358.

[395] «Memorándum de conversación entre Jaume Miratvilles y Dean Rusk», 31 de marzo de 1949, NARA, RG 59, 1945-1949, Box. 6358.

defensor del envío de embajadores a España, argumentó ante Acheson que líderes del Congreso como John McCormack y Joseph Martin respaldaban la propuesta[396]. Por el contrario, senadores como McFarlan y Lucas recordaron que, aunque la resolución de la ONU de 1946 no fue reafirmada, tampoco había sido derogada, lo que justificaba mantener el statu quo[397]. En la misma línea, Paul H. Appleby reflexionó sobre si oponerse a la resolución en 1947 fue un error, pues había intensificado el problema político interno[398]. Este intercambio de argumentos evidenció la persistente polarización en torno a España durante el periodo postbélico.

El aumento de las críticas al franquismo tuvo su origen en una decisión de Acheson en abril de 1949. Sorprendentemente, el Departamento de Estado comunicó a Paul Culbertson que se retiraba el veto al acceso de empresas españolas a financiación pública. Este gesto, motivado por presiones internas, alivió parcialmente la asfixia económica de España. Sin embargo, las condiciones exigidas no favorecían los intereses del Régimen: las empresas españolas debían competir en igualdad de condiciones con las de otros países, y Acheson demandó ajustes económicos como la equiparación del cambio de la peseta, la flexibilización de las leyes de inversión extranjera y la moderación de la intervención del Instituto Nacional de Industria[399]. Este enfoque marcó un nuevo capítulo en las relaciones bilaterales, evidenciando la delicada situación económica española y exigiendo la adaptación al libre mercado.

La relajación de medidas hacia España generó fuertes críticas. La asociación Americans for Democratic Action condenó cualquier apoyo a "una dictadura fascista"[400]. George W. Sadler, representante baptista, denunció la falta de libertad religiosa y recordó el asalto a una iglesia en Trafalgar en 1947. Por su parte, el National Council of Jewish Women, en un documento firmado por León A. Rosenbaum, pidió a Acheson que no respaldara a España ni facilitara préstamos del Export-Import Bank, el retorno de embajadores o la admisión de España en la ONU[401]. Estas críticas contrastaron con anteriores

---

[396] «Telegrama de James Farley a Dean Acheson», 29 de abril de 1949,
[397] «Carta del senador Lucas a McFarland», 19 de abril de 1949, NARA, RG 59, 1945-1949, Box. 6359.
[398] *Ibídem.*
[399] «Acheson a la embajada de España», 13 de abril de 1949, FRUS, 1949, Western Europe, Vol. IV.
[400] Esta asociación estadounidense tenía lazos muy cercanos con el Gobierno Vasco en el exilio y ejerció de *lobby* antifranquista. Además, Eleanor Roosevelt era uno de sus miembros más destacados. «Opinión sobre Franco de la American for Democratic Action», 6 de mayo de 1949, NARA, RG 59, 1945-1949, Box. 6360.
[401] «Consejo nacional de mujeres judías opina sobre España», 18 de mayo de 1949, NARA, RG 59, 1945-1949, Box. 6360.

reconocimientos al papel de España en la ayuda a los sefardíes. Acheson respondió ambiguamente, admitiendo la falta de libertades fundamentales en España y reafirmando que no se nombraría un embajador hasta que la resolución de 1946 fuera derogada[402]. Esta postura estableció las líneas rojas de la política estadounidense hacia el Régimen franquista.

En medio de estas tensiones, James Farley trató de tranquilizar a Juan Francisco de Cárdenas, asegurándole que, "pese a la presión de las izquierdas", las relaciones entre ambos países se reanudarían pronto[403]. Mientras tanto, empresarios estadounidenses continuaron presionando al Gobierno de Truman para avanzar en acuerdos comerciales. Un caso destacado fue el de E. W. Tabone, representante de Willys Overland Export Corporation, quien pidió a la embajada española que mediara para concretar la venta de tres mil jeeps militares al Ministerio de Guerra español[404]. Aunque este tipo de transacciones todavía generaba reticencias, la presión empresarial evidenciaba el interés en aprovechar el mercado español, incluso en sectores militares.

Esta dinámica respondía al temor de que otros países cubrieran esas demandas. En el desfile del 1 de octubre de 1949 participaron 36 tractores blindados canadienses adquiridos mediante contrabando, lo que reforzó la percepción de que España estaba buscando proveedores alternativos[405]. Esto llevó a Estados Unidos a aprobar la exportación de 42 aviones militares, aunque la operación requería una autorización especial debido a la legislación vigente y la precaria economía española[406]. Así, pese a las restricciones formales, la presión empresarial y las necesidades estratégicas comenzaban a abrir resquicios en la política estadounidense hacia el franquismo.

El senador republicano Raymond E. Baldwin, de Connecticut, consultó el 20 de junio al Departamento de Estado sobre las razones para no reconocer plenamente al régimen de Franco[407]. Las respuestas que recibió fueron reveladoras. Por un lado, J. W. Coburn, también de Connecticut, lo remitió al senador Ralph Brewster, conocido defensor de la causa española. Por otro, Ernest A. Gross, secretario de Dean Acheson, aclaró que Estados Unidos ya

---

[402] «Informe de Carvajal Xifré sobre Acheson», 12 de mayo de 1949, AGUN, Fondo Francisco Carvajal Xifré, 054/001/0211.
[403] «Garret envía carta a Juan de Cárdenas sobre James Farley», 2 de mayo de 1949, CDMH, AFNFF, 115559.
[404] «Venta de jeep militares a España», 10 de mayo de 1949, NARA, RG 59, 1945-1949, Box. 6360.
[405] Gabriel Cardona, *Franco y sus generales. La manicura del tigre.* (Madrid: Temas de Hoy, 2001), 133.
[406] Liedtke, *Embracing a Dictatorship. US Relations with Spain, 1945-1953*, 74.
[407] «Queja del senador Raymond E. Baldwin», 20 de junio de 1949, NARA, RG 59, 1945-1949, Box. 6361.

reconocía al gobierno de España desde abril de 1939, aunque la resolución de 1946 impedía el envío de embajadores a Madrid. En una línea similar, Lindley Beckworth, miembro de la Cámara de Representantes y futuro juez de la Corte Suprema, planteó consultas en el mismo sentido. Este interés reflejaba no solo la actividad del lobby encabezado por Lequerica, sino también las acciones individuales de sectores con intereses en España, lo que complicaba distinguir entre voluntades genuinas y maniobras interesadas.

Desde el ámbito empresarial, la presión para mejorar las relaciones con España provenía de sectores estratégicos. Mientras la industria automotriz buscaba permisos para vender vehículos militares, el sector bancario se sumó al esfuerzo. William Cameron Forbes, exembajador en Japón y gobernador en Filipinas, solicitó al Departamento de Estado el reconocimiento pleno del Régimen franquista. Forbes argumentó que España, como baluarte del antisovietismo en Europa, merecía apoyo. Para limpiar la imagen de Franco, afirmó que la campaña del Caudillo no dependió exclusivamente de Hitler y Mussolini, pues "fue financiada en gran parte por Gran Bretaña". Estas afirmaciones, aunque discutibles, buscaban legitimar la dictadura. No obstante, Truman dejó clara su posición al afirmar que Franco era "tan dictador como Mussolini o Hitler" y que ni las presiones del cardenal Spellman ni del Papa cambiarían su postura sobre el envío de embajadores[408].

El Régimen franquista, en su intento por fortalecer apoyos, ofreció prebendas y reconocimientos a personalidades influyentes. En junio de 1949, concedió la encomienda de Isabel la Católica a Monseñor Matthew Smith, director del *Denver Catholic Register* y figura destacada de la *National Catholic Welfare Conference*, que controlaba unos 300 periódicos con más de cuatro millones de lectores[409]. Este gesto, además de reconocer su influencia favorable hacia España, podría haber intentado aliviar tensiones con sectores católicos descontentos por los contactos del Régimen con líderes judíos en busca de financiación, una estrategia que había generado malestar en algunos círculos religiosos.

Otra táctica fue organizar visitas a España para figuras influyentes. Cuando se trataba de visitas individuales, la atención era máxima para garantizar un impacto positivo. Un caso destacado fue el viaje del empresario Cornelius Jonah Vanderbilt IV y su esposa, promovido por recomendación del senador republicano George W.

---

[408] Ferrell, *Truman in the White House: The Diary of Eben A. Ayers*, 309-10.
[409] «Imposición encomienda de Isabel la Católica a Monseñor Smith», 17 de junio de 1949, CDMH, AFNFF, 12570.

Malone[410]. Lequerica informó al ministro Artajo sobre la importancia de garantizar una experiencia favorable, dado el prestigio de la familia Vanderbilt y la influencia de Cornelius en la sociedad estadounidense[411]. Además, Vanderbilt IV, conocido por su documental *Hitler's Reign of Terror* (1934), había demostrado un claro posicionamiento antinazi, lo que confería aún más relevancia a su visita. Que una figura de su perfil pudiera difundir una imagen positiva del Régimen franquista representaba un espaldarazo significativo en los esfuerzos de propaganda internacional del franquismo[412].

El 22 de junio, Estados Unidos dio un paso más hacia la normalización de relaciones con la dictadura franquista[413]. Ese día, Paul Culbertson, máximo representante oficial en España, envió al Departamento de Estado un documento clasificado de cuatro páginas, clave para el futuro. En él, reconoció que los intentos por democratizar España habían fracasado, destacando la debilidad de la oposición al Régimen y la estabilidad de Francisco Franco. Aunque admitió la dificultad de aceptar políticamente al dictador debido al rechazo que esto generaría en sectores estadounidenses, señaló que el franquismo no era peor que sus predecesores, incluida la Segunda República, marcada, según él, por caos, desorden y represión. Para él, "cualquiera que discuta la política hacia España desde cualquier punto de vista que no sea el de condenar a FRANCO (sic) está sujeto al ataque de algunos elementos en su país por aprobar o apoyar todas las prácticas y formas del actual Régimen español, muchas de las cuales apestan demasiado". Una afirmación que se complementa con la crítica a los sistemas anteriores, sentenciando que "el actual Régimen español no es peor que sus antecesores, y con ellos incluyo la última República con su caos, desorden y represión"[414].

Ante esto, Culbertson sugirió que la posición de Estados Unidos respecto a España debía basarse en intereses propios y puso como ejemplo a Francia y Gran Bretaña, que, según afirmó, manejaban sus relaciones con el Régimen sin enfrentar mayores problemas internos. Sin embargo, la presión de la opinión pública en

---

[410] George W. Malone fue Senador por Nevada, mismo Estado que Patrick Anthony McCarran, la persona que escribió a Lequerica asegurándole que propondría la concesión de ayuda económica a España en 1948.

[411] «Lequerica recomienda que se atienda a Cornelius Vanderbilt», 7 de julio de 1949, CDMH, AFNFF, 11492.

[412] Los Vanderbilt son considerados una de las familias más ricas de la historia de Estados Unidos.

[413] «Estados Unidos renuncia a la democracia en España por ahora», 22 de junio de 1949, NARA, RG 59, 1945-1949, Box. 6361.

[414] «Estados Unidos renuncia a la democracia en España por ahora», 22 de junio de 1949, NARA, RG 59, 1945-1949, Box. 6361.

Estados Unidos dificultaba la posibilidad de acuerdos bilaterales, lo que llevó al diplomático a expresar su frustración por la incapacidad de influir en la situación española. Ante la cuestión en Naciones Unidas, recomendó que la Administración Truman mantuviera su postura de abstención[415].

El informe de Culbertson pareció influir en la gestión de una nueva crisis política interna. El 11 de julio de 1949, la Comisión de Asignaciones del Senado aprobó una enmienda que asignaba 50 millones de dólares a España dentro del Programa de Recuperación Europea (ERP). Esta decisión, que desafiaba abiertamente a la Administración Truman, estipulaba que los fondos solo estarían disponibles para España, condicionando su aprobación a este propósito específico. Truman reaccionó con firmeza, respaldado por informes sobre la situación de las minorías religiosas bajo la dictadura. En un discurso, explicó su rechazo al préstamo, argumentando que cualquier avance en las relaciones con España dependía del apoyo de las coaliciones europeas y de una voluntad demostrada por parte del Régimen[416].

La noticia sobre los 50 millones de dólares destinados a España tuvo un impacto considerable en la prensa estadounidense[417]. Los titulares reflejaron distintas perspectivas: algunos enfatizaban la ayuda a Franco, como *Arizona Republic*[418]; otros destacaban la apertura del Senado hacia España, como *Chattanooga Daily Times*; y algunos más señalaban el bloqueo de los fondos, como *The Times Dispatch*. Incluso *The New York Times* aportó información adicional sobre un préstamo de bancos franceses para la reconstrucción española, lo que alimentaba la percepción de que la normalización económica preludiaba un acercamiento político[419]. El movimiento del Senado fue percibido

---

[415] Es posible que hubiera algún tipo de filtración del contenido del informe de Culbertson. El 12 de julio, llegó un mensaje de Lequerica advirtiendo a Martín Artajo que, según sus informaciones, "todos los miembros de la Embajada y Consulado americanos son anti-franquistas". «Información sobre artículos publicados por Christian», 12 de julio de 1949, CDMH, AFNFF, 11413.

[416] «Memorándum para el presidente Truman sobre las minorías religiosas en España», 18 de julio de 1949, NARA, RG 59, 1945-1949, Box. 6361.

[417] «Lively economy fight shapes up over cut in aid», *Sun Herald* (Mississippi), 12 de julio de 1949, p. 1.; «Senate group votes for cut in ECA funds», *The Evening Tribune* (New York), 12 de julio de 1949, p. 1.; «ECA chief can okay Franco help», *Arizona Republic* (Arizona), 12 de julio de 1949, p. 1.; «Senate Committee votes 10 per cent slash in ECA; Leaves door open for Spain», *The Paducah Sun* (Kentucky), 12 de julio de 1949, p. 1.; «Senate group cuts ECA fund by 10%», *The Salt Lake Tribune* (Utah), 12 de julio de 1949, p. 1.; «Committee ties up $50,000,000 and tabs it for Spain», *The San Bernardo County Sun* (California), 12 de julio de 1949, p. 1.

[418] «ECA chief can okay Franco help», *Arizona Republic* (Arizona), 12 de julio de 1949, p. 1.

[419] «Paris banks to aid Spain; will lend 15,000,000,000 francs for Reconstruction in 5 years», *The New York Times,* 12 de julio de 1949, p. 7.

como un desafío al Ejecutivo, como señaló Dean Acheson, quien afirmó que la decisión se había tomado sin consulta previa ni con el Departamento de Estado ni con la Administración de Cooperación Económica. A pesar de las tensiones, Acheson mantuvo un tono moderado en sus declaraciones públicas, aunque algunos medios, como *The Baltimore Sun*, lo criticaron por no recordar su reciente condena al Régimen franquista como fascista[420]. La expectativa generada por la situación fue tal que incluso *The Guardian* de Londres se hizo eco del asunto, subrayando la relevancia internacional de la controversia[421].

¿Había logrado España su objetivo con estos avances? En absoluto. Dean Acheson dejó claro que, aunque el Departamento de Estado no se oponía a que España recibiera préstamos del Export-Import Bank, cualquier ayuda económica directa estaría condicionada a reformas sustanciales en el sistema bancario y económico del país[422]. Sin dichas medidas, no habría apoyo financiero. Así, a pesar del esfuerzo de figuras como el senador Pat McCarran, la enmienda que buscaba facilitar estas ayudas fue finalmente retirada el 4 de agosto. En este contexto, el cardenal Spellman intentó defender la causa española criticando a Eleanor Roosevelt, quien se había opuesto a la concesión de fondos. La oposición de Roosevelt fue aprovechada por el lobby franquista, que la acusó de ser anticatólica y procomunista[423]. Este enfrentamiento entre el Senado y el Gobierno estadounidense, que se prolongó más de dos semanas, fue interpretado en Madrid como un avance en la estrategia del lobby. Además, permitió que José Félix de Lequerica reforzara su posición como principal gestor de los intereses franquistas en Estados Unidos.

La decisión del Ejecutivo de frenar las ayudas a España generó una considerable polémica en la prensa. El *Chicago Tribune* adoptó un tono especialmente crítico,

---

[420] Paul Ward «Move to aid Spain draws Acheson fire», *The Baltimore Sun,* (Maryland), 14 de julio de 1949, p. 2.

[421] «Marshall aid for Spain?», *The Guardian* (London), 14 de julio de 1949, p. 5.

[422] Días después, en *The Enquirer* Ray Tucker criticaba a Dean Acheson por su hipocresía. Para justificar el ataque, se basó en que cuando Acheson era director del Office of Wartime Economic Affairs mantuvo relaciones comerciales con España sin problemas. Se trataba del año 1944, en plena Segunda Guerra Mundial. Por eso, Tucker critica que cuando España era necesaria, se establecían negociaciones comerciales sin condiciones. Profundizando en el tema y teniendo en cuenta el periodo, es posible que se traten de las compras preventivas de Wolframio sobre las que habla Tucker. Sea veraz o no el discurso, lo interesante es la campaña de desprestigio al que se sometió a Dean Acheson. «Publicación de una editorial de Ray Tucker's en The Enquirer», 4 de agosto de 1949, NARA, RG 59, 1945-1949, Box. 6361.

[423] «Discusión en el Senado sobre la posibilidad de un préstamo a España», 2 de agosto de 1949, NARA, RG 59, 1945-1949, Box. 6356.

señalando la contradicción entre el apoyo económico de Acheson y Truman a Yugoslavia —donde se argumentaba que la ayuda respondía a intereses estratégicos— y el rechazo a España bajo la premisa de "violaciones de derechos humanos"[424]. En el artículo, titulado *Who Ok'd Steel Mill for Tito? The President*, Walter Trohan resaltó que la ayuda a Yugoslavia alcanzaba los 200 millones de dólares, una cifra cuatro veces mayor que la contemplada para España, y señaló que incluso el secretario de Defensa, Louis A. Johnson, se oponía a esta decisión. El *Tribune* no estuvo solo en su crítica. El *Pittsburgh Post-Gazette* defendió que, si se apoyaba a un "héroe soviético como Tito", también debía hacerse con un "dictador anticomunista declarado como Franco"[425]. Estas posturas reflejaban un creciente cuestionamiento público hacia la política exterior de Estados Unidos, que era aprovechado hábilmente por el lobby pro-franquista para alimentar el debate sobre la conveniencia de estrechar lazos con España.

A estas alturas, las posturas del Ejecutivo y el Legislativo estadounidenses diferían en su interpretación del Régimen franquista. Mientras el Gobierno se mantenía reacio a una normalización plena, desde el Capitolio surgían iniciativas favorables, al menos en el ámbito económico. Este apoyo parecía reflejar tanto la influencia del *Spanish Lobby* como el respaldo de ciertos sectores empresariales y católicos. A este contexto se sumó el interés de altos mandos militares, en particular de la Marina. El 12 de agosto, el vicealmirante Thomas Francis Connolly Jr. hizo escala en el puerto de Barcelona[426]. Consciente de la importancia de esta visita, el ministro Martín Artajo mantuvo conversaciones previas con el vicealmirante, posiblemente a través de Juan Vigón, y solicitó al Caudillo que lo recibiera. Por su parte, Connolly ofreció una exhibición de las capacidades de combate de sus unidades. Aunque no trascendió el propósito exacto del viaje, se especula que podría estar relacionado con la búsqueda de bases navales para la Sexta Flota[427]. La prensa estadounidense cubrió ampliamente la visita, con opiniones mayoritariamente críticas hacia el encuentro con los representantes franquistas[428].

---

[424] Walter Trohan «Who ok'd steel mill for Tito? The President», *Chicago Tribune* (Illinois), 19 de agosto de 1949, p. 3.

[425] Marquis Childs «U. S. steel mill for Tito sets Yugoslavia against Russia», *Pittsburgh Post-Gazette* (Pennsylvania), 19 de agosto de 1949, p. 10.

[426] «Escala en Barcelona del almirante Connolly», 12 de agosto de 1949, CDMH, AFNFF, 12083.

[427] Creada en 1948, no fue hasta 1950 que Truman la convirtió como unidad. El 1 de enero de 1951 empezó a transitar con asiduidad los puertos del Levante español. A pesar de ello, se ha constatado la presencia de norteamericanos desde 1945 en Francisco Pérez, *Americanos en Valencia (1945-1959)* (Valencia: Ayuntamiento de Valencia, 2003).

[428] En *The Washington Post* apareció una noticia el 28 de agosto criticando la visita del Vicealmirante a la ciudad del Caudillo. Consideraban inapropiada su vinculación con la dictadura y peor aún acudir

En el ámbito militar, José Félix de Lequerica informaba a Franco sobre un posible movimiento de inversión liderado por una asociación de veteranos de guerra estadounidenses[429]. Según el embajador, estos veteranos, encabezados por el coronel Harris, contemplaban destinar entre 100 y 150 millones de dólares a empresas extranjeras[430]. El contacto inicial con esta asociación se atribuyó al senador Henry Styles Bridges, presidente del Comité de Asignaciones, el mismo que había aprobado en julio de 1949 la ayuda económica a España[431]. Esta conexión no parecía casual, especialmente considerando el perfil de Bridges. Conocido por su ferviente anticomunismo, fue uno de los 22 senadores que votaron en contra de la censura a Joseph McCarthy en los años 50 y había colaborado estrechamente con él. Además, sus duras críticas al Departamento de Estado —llegando a afirmar que debía ser "fumigado con cianuro" para eliminar a sus opositores— reforzaban su alineamiento ideológico[432].

Aunque no es posible afirmar si Bridges era pro-franquista, su disposición a favorecer a España parecía enraizada en su firme rechazo al comunismo. Su cercanía al Régimen podría explicarse tanto por la utilidad estratégica de contar con una dictadura anticomunista como por una convicción más profunda en la idoneidad de mantenerla como aliada en el contexto de la Guerra Fría.

## El Comunismo chino a escena

La segunda mitad de 1949 estuvo marcada por momentos de gran tensión en la esfera internacional. Hasta entonces, el conflicto entre comunismo y democracia liberal había girado en torno al bloqueo de Berlín y las disputas sobre las esferas de influencia entre la Unión Soviética y los países de la recién creada OTAN. Sin

---

a dicha ciudad. «Washington Post publica un artículo en contra de la llegada de Connolly a España», 28 de agosto de 1949, CDMH, AFNFF, 12198.

[429] Lamentablemente, se desconoce el nombre de dicha asociación. Una posibilidad nada descabellada es que se trate de la *American Legion*, que es la asociación de veteranos de guerra más importante del país. Según el documento, la asociación cuenta con veinte millones de asociados y cinco mil millones de dólares de capital. Tal magnitud permite pensar que pudiera tratarse de la Legión Americana. Pero al no tener datos fiables, Debemos mantenerlo como hipótesis.

[430] «Asociación de veteranos de guerra norteamericanos ofrece dinero a España», 19 de agosto de 1949, CDMH, AFNFF, 12023.

[431] En el anterior documento se menciona que la asociación tiene el dinero en el St. Mary's Bank de New Hampshire, y que Bridges podría facilitar las negociaciones.

[432] Henry Styles Bridges, «Volume 96, Part 8 (July 12, 1950 to July 31, 1950)» [Congressional Record (Bound Edition), 1950], https://www.govinfo.gov/app/details/GPO-CRECB-1950-pt8/summary.

embargo, a finales de agosto, un acontecimiento central modificó el equilibrio de poder: la Unión Soviética detonó su primera bomba atómica. Conocida como RDS-1 por los soviéticos y Joe-1 por la inteligencia estadounidense, el arma era similar a la utilizada por Estados Unidos en Nagasaki cuatro años antes. Aunque la detonación tuvo lugar el 29 de agosto, no fue confirmada por los analistas de Washington hasta el 3 de septiembre. Este avance tomó por sorpresa al Pentágono, que no esperaba el fin del monopolio nuclear tan pronto. Como respuesta, Harry S. Truman ordenó la construcción de la bomba de hidrógeno. Internamente, este evento desató una "fiebre de espías" que alimentó la creciente "caza de brujas" liderada por Joseph McCarthy[433].

El anticomunismo, cada vez más exacerbado, generó una atmósfera política enrarecida, marcada por episodios de paranoia. El Comité de Actividades Antiamericanas, creado en 1938 para vigilar la infiltración nazi, se convirtió en el principal instrumento para perseguir comunistas en sindicatos, Hollywood y el Gobierno. Muchas personas, desde antiguos integrantes de las Brigadas Internacionales hasta actores y escritores simpatizantes del socialismo, fueron injustamente acusadas. Este clima se intensificó con el caso de Alger Hiss, un alto funcionario del Departamento de Estado[434]. Richard Nixon, entonces congresista, tras analizar información del FBI, descubrió que Hiss había realizado actividades de espionaje en favor de la Unión Soviética. Este acto, considerado traición, podía llevar incluso a la pena de muerte.

El caso Hiss permitió a los conservadores justificar y ampliar la persecución comunista. Es relevante distinguir entre influir políticamente, que no implicaba un delito, y espiar, que sí lo era[435]. Sin embargo, esta diferenciación se diluyó en el discurso público, favoreciendo un ambiente de temor que aseguró el apoyo de sectores significativos de la sociedad estadounidense hacia políticas represivas.

A los problemas internos y la creciente tensión con la Unión Soviética se sumó la victoria de Mao Tse Tung en China. Tras una larga y cruenta guerra civil, los comunistas chinos asumieron oficialmente el poder en el territorio continental a principios de octubre de 1949. El contexto temporal resultó determinante: apenas un mes antes, la URSS había igualado a Estados Unidos en la carrera nuclear. La respuesta de la Administración Truman no se hizo esperar, aunque no estuvo exenta de críticas por su pasividad en el apoyo a Chiang Kai-shek. La consolidación de

---

[433] David Solar, *La Guerra Fría. Washington y Moscú, el mundo en juego* (Madrid: Anaya, 2012), 38.
[434] Tim Weiner, *Enemigos. Una Historia del FBI* (Barcelona: Debate, 2012), 159.
[435] Allen Weinstein, *Perjury: The Hiss-Chambers Case* (New York: Random House, 1997), 5.

una posible potencia comunista en Asia preocupaba profundamente a Washington, ya que la adhesión del gigante chino al bloque soviético alteraba los delicados equilibrios regionales.

En este escenario, la política estadounidense en Asia aún carecía de una dirección clara. Douglas MacArthur seguía ejerciendo como comandante supremo en Japón, supervisando una ocupación que se extendía ya por cuatro años y que no concluiría hasta 1952[436]. A ello se sumaba la inestabilidad política en la península coreana, donde la división entre el norte y el sur mantenía la región en una tensión constante. En este contexto, la victoria de Mao comenzó a redefinir las esferas de influencia en Asia, inclinándolas en favor del bloque comunista, lo que acentuó las incertidumbres estratégicas para Estados Unidos.

En el contexto global descrito, la mejora de las relaciones bilaterales entre España y Estados Unidos requería una reformulación de la estrategia española. En esta línea, Pedro Prat y Souto, director de la política de América en el Ministerio de Asuntos Exteriores, presentó un informe que proponía varias medidas para mejorar la percepción de España ante Washington[437]. Estas se resumían en cinco puntos clave:

a) La supresión del Tribunal Especial contra la Masonería y el Comunismo.
b) El incremento del número de representantes en las Cortes elegidos por sufragio.
c) La creación de un proyecto de ley que estableciera las bases para la libertad de prensa y asociación.
d) La modernización de la legislación comercial y el ajuste de los cambios de divisa a los modelos de Europa occidental.
e) La mejora de la imagen del Régimen respecto a la tolerancia religiosa.

Prat consideraba que estas reformas eran imprescindibles para lograr avances en las relaciones hispano-estadounidenses. Mientras tanto, José Félix de Lequerica desarrolló su propia estrategia, que, aunque no contradecía lo propuesto por Prat, se enfocaba en un ámbito diferente: el Capitolio. Así nació el Plan Otoño, diseñado para estrechar vínculos con senadores y representantes políticos estadounidenses con el objetivo de consolidar el apoyo al Régimen a través de una campaña de imagen. Este plan incluía una solicitud al ministro Martín Artajo para aprobar una partida presupuestaria de 74.000 dólares, aunque se sospecha que el costo real del proyecto era mucho mayor, dado que Lequerica mencionó una "segunda parte

---

[436] John Davison, *La Guerra del Pacífico: Día a Día 1941-1945* (Madrid: Libsa, 2005), 186.
[437] «Informe del Prat de Nantouillet», 1 de agosto de 1949, AGA, Asuntos Exteriores, 3599.

económica"[438]. El plan contemplaba una serie de viajes entre el 27 de septiembre y el 10 de octubre, aunque no se conoce el listado completo de personas involucradas. Para entender la verdadera magnitud de esta operación, resultaba necesario analizar en detalle los movimientos asociados y sus implicaciones.

El primer viaje documentado dentro del marco del Plan Otoño fue el de Patrick Anthony McCarran, senador demócrata por Nevada y declarado pro-franquista, junto con el congresista James Murphy, demócrata por California. Según el informe de Culbertson, ambos aterrizaron el 23 de septiembre con el pretexto de realizar actividades culturales, aunque estas no fueron especificadas[439]. A pesar de que este traslado no parece haber formado parte del plan de Lequerica, su utilidad para la causa del *Spanish Lobby* era indiscutible, ya que McCarran era una figura clave en dicha estrategia. Sin embargo, existen contradicciones en las fechas, pues un documento posterior sitúa la llegada de Murphy el 24 de septiembre. Este mismo informe aclara que el propósito del viaje incluyó la firma de un acuerdo cultural entre James Richards y Pablo Merry del Val[440].

El 27 de septiembre llegó también a Madrid el senador Ralph Owen Brewster[441]. Ese mismo mes, un grupo de doce parlamentarios estadounidenses, acompañados por el general Harold Keith Johnson, de las Fuerzas Aéreas, visitó la capital española, aunque el documento no detalla quiénes conformaban la delegación[442]. La prensa, sin embargo, permitió identificar a algunos visitantes destacados. Por ejemplo, el senador republicano Robert Taft, de Ohio, acudió a España para explorar sus recursos de uranio[443], mientras que el representante demócrata por Texas, W. R. Poage, mantuvo conversaciones con el sector textil español[444]. Otro visitante fue el senador Henry Cabot Lodge, de Massachusetts, quien abordó la posible concesión de préstamos al país[445].

En ocasiones, los detalles de estos viajes surgieron de circunstancias fortuitas. Por ejemplo, la prensa reveló la presencia de los congresistas republicanos

[438] «Plan Otoñal», 30 de agosto de 1949, CDMH, AFNFF, 12196.
[439] «Reunión de Franco con el rey Abdullah», 23 de septiembre de 1949, NARA, RG 59, 1945-1949, Box. 6361.
[440] James Richards ejercía en ese momento de presidente del Committee on Foreign Affairs.
[441] «Congresista James Murphy llegó a España», 4 de octubre de 1949, NARA, RG 59, 1945-1949, Box. 6361.
[442] «Martín Artajo a Franco», 29 de septiembre de 1949, DCMH, AFNFF, 11698.
[443] Al llegar a Estados Unidos insistió en la necesidad y conveniencia de ayudar al Régimen, pues contenía elementos minerales fundamentales para el desarrollo de Estados Unidos. «Relations with Spain», *Fort Worth Star-Telegram* (Texas), 28 de septiembre de 1949, p. 6.
[444] «Brewster favors loan for Spain», *Portland Press Herald* (Maine), 29 de septiembre de 1949, p. 2.
[445] «Taft, Lodge urge aid to Spain», *Newsday* (New York), 6 de octubre de 1949, p. 2.

Richards y Keogh en Zaragoza debido a un robo que sufrieron, con pérdidas valoradas en cinco mil dólares[446]. Este incidente también permitió conocer que los acompañaba William Joseph Green Jr., representante demócrata por Pensilvania[447].

El interés de estos viajes radica menos en el listado de participantes y más en las declaraciones públicas que realizaron al regresar a Estados Unidos, en las que se esforzaron por mejorar las relaciones bilaterales. Entre los argumentos más repetidos destacaron la lucha de Franco contra los enemigos comunes de Estados Unidos, enfatizada por James H. Murphy[448], y la necesidad de otorgar préstamos a España, una idea defendida con vehemencia por Ralph Brewster[449]. Robert Taft introdujo un argumento novedoso al destacar el valor estratégico de las materias primas españolas, particularmente el uranio, en un contexto global cada vez más tenso[450]. Por su parte, McCarran no eludió la etiqueta de fascista asociada a España, pero la reinterpretó a su favor, afirmando que "Estados Unidos ha reconocido que el comunismo es peor que el fascismo". Con ello, pretendía restar importancia al Régimen franquista, visto como un mal menor frente al avance comunista.

Herbert G. King, periodista californiano, sintetizó la situación en un artículo titulado de manera elocuente. Subrayó que el rechazo hacia Franco en muchos países, incluyendo Estados Unidos y Reino Unido, dificultaba un trato directo con su Régimen. Sin embargo, señaló que la inversión estadounidense en Europa para protegerla de la amenaza soviética hacía imprescindible evitar un vacío estratégico en España. King concluyó que la entrada de España en el Pacto Atlántico era "fundamental para la defensa de Europa"[451]. Este planteamiento explicaba los esfuerzos de figuras como el almirante Richard Connolly y el senador McCarran para reforzar los vínculos con el Régimen franquista.

Además de los viajes previamente mencionados, se registraron otros desplazamientos de carácter oficial que, al menos en apariencia, no formaban parte del plan diseñado por Lequerica. Uno de estos fue la llegada de los técnicos aeronáuticos John Davidson y Howard Helfert, respaldados por la embajada

---

[446] «Congressmen visiting in Spain robbed of money», *The Decatur Daily* (Alabama), 5 de octubre de 1949, p. 2.
[447] «Solons in Spain get cash back, but no pants», *The Boston Globe* (Massachusetts), 8 de octubre de 1949, p. 3.
[448] «Is Taft right on Spain?», *St. Louis Post-Dispatch* (Missouri), 29 de septiembre de 1949, p. 24.
[449] «Brewster favors loan for Spain», *Portland Press Herald* (Maine), 29 de septiembre de 1949, p. 2.
[450] «Has Franco changed?», *The Decatur Daily Review* (Illinois), 1 de octubre de 1949, p. 4.
[451] Herbert G. King «Spain plays footie with Western powers», *Mirror News* (California), 30 de septiembrede 1949, p. 31.

estadounidense. Aunque el propósito declarado del viaje era técnico, su contexto generó suspicacias. Culbertson, en un informe, señaló: "hasta ahora no he detectado ningún interés en conseguir asesoramiento técnico estadounidense"[452]. Este comentario planteaba la posibilidad de que el viaje fuera una tapadera, quizás para evaluar las capacidades aeronáuticas españolas, algo que podría haber estado en el interés del Pentágono. Sin embargo, no existen pruebas adicionales que respalden esta hipótesis.

En un caso similar, se produjo la visita de un grupo de senadores estadounidenses vinculados al Comité de Asignaciones. Aunque su itinerario oficial incluía varios países beneficiarios del Plan Marshall, eligieron hacer una escala en Madrid, donde permanecieron varios días. Este viaje estuvo liderado por el capitán de la Marina, Thomas Kelly, y contó con la participación de seis senadores: Ferguson, Green, Ellender, Young, Jenner y Russell, aunque la prensa, como *The New York Times*, inicialmente reportó que eran cinco[453]. Existen datos que aportan indicios sobre el verdadero interés del grupo. Culbertson mencionó que Kelly expresó su deseo de reunirse con una figura clave, posiblemente Martín Artajo o incluso Franco. Por su parte, los senadores Ferguson y Jenner mostraron interés en asistir a una cacería en Madrid. Estos detalles sugieren que la visita no fue un simple alto en el camino, sino que posiblemente buscaba reforzar vínculos bilaterales mediante actividades informales, un método habitual en la diplomacia de la época.

A finales de noviembre, lo que parecía ser un viento favorable para el franquismo experimentó un giro. A pesar de las buenas intenciones mencionadas, los resultados tangibles para el Régimen seguían siendo escasos. A nivel práctico, más allá de algunos acuerdos comerciales puntuales, las gestiones en Washington solo habían dado como resultado un préstamo de 25 millones de dólares del Chase Bank. Afortunadamente para Franco, el convenio con Argentina ofrecía un alivio alimentario, al menos temporalmente. Sin embargo, las relaciones con el gobierno de Perón comenzaron a tensarse desde finales de 1948. El cambio desfavorable en el valor del peso argentino y la falta de revisiones satisfactorias generaron fricciones. Así, se dieron dos momentos clave de negociación: el 25 de marzo de 1949, cuando se solicitó garantizar las transacciones con oro, y el 22 de noviembre, cuando Argentina planteó la anulación de los acuerdos comerciales. Tras los

---

[452] «Técnicos aeronáuticos visitan España», 3 de octubre de 1949, NARA, RG 59, 1945-1949, Box. 6355.
[453] «New York Times informa del viaje de cinco senadores», 15 de octubre de 1949, CDMH, AFNFF, 11671.

fracasos de las negociaciones del embajador en Argentina, José María de Areilza, el acuerdo se rompió en enero de 1950, perdiendo España a un socio preferencial[454].

El enfriamiento de las relaciones con Argentina, aunque preocupante, era algo que el Régimen ya preveía. El 21 de octubre, el Ministerio de Industria y Comercio solicitó 100 millones de dólares al gobierno estadounidense, destinando la mitad a la compra de trigo y la otra mitad a equipamiento industrial[455]. Para respaldar esta solicitud, el 19 de noviembre visitaron Madrid representantes del subcomité de comercio del Senado, incluyendo a los senadores Thomas, Chavez, Maybank, McClellan, Robertson, Stennins y Thye. En esa reunión, el ministro español destacó la delicada situación de España, debido a los problemas con Argentina[456]. Paul Culbertson relató que la conversación se tornó inicialmente optimista, pero fue interrumpida por el Encargado de Negocios, quien recordó que la ayuda estadounidense dependía también de las acciones que España debía tomar para mejorar su situación. Los senadores, según Culbertson, agradecieron la intervención, pues sentían la presión de ser extremadamente amables y condescendientes.

Desde la perspectiva española, Lequerica envió un informe a Martín Artajo mencionando que William Dunham le había solicitado discreción sobre la posibilidad de aprobar un préstamo de 60 millones de dólares[457]. Aunque las cifras variaban, lo relevante era que no se descartaba esta opción. Sin embargo, la discreción pedida por Dunham fue desmentida por los propios senadores, quienes transmitieron a la prensa el resultado de la reunión. *El Paso Times* (Texas) citó al senador demócrata John C. Stennis, quien sugirió que el préstamo debería ser de "100 millones o más", una postura respaldada por el senador Dennis Chavez, quien argumentó que el acuerdo sería beneficioso tanto para Europa occidental como para España[458].

Como era previsible, la posible concesión de la ayuda generó críticas. Samuel M. Hann, del Formerly United States National Bank, expresó su rechazo en *The Christian Century*, citando varios motivos[459]. Primero, la falta de respeto a los derechos humanos en España, especialmente en lo que respecta a la libertad religiosa y de prensa.

---

[454] Portero, *Franco aislado. La cuestión española (1945-1950)*, 362-64.

[455] «100 millones para España», 21 de noviembre de 1949, NARA, RG 59, 1945-1949, Box. 6361.

[456] Suances no llegó a reconocer la inmediata ruptura, quizás por esperanza en que se resolviera o por evitar mostrar una inferioridad (aún mayor) en la negociación.

[457] «Washington recomienda prudencia por los acuerdos de 60 millones», 23 de noviembre de 1949, CDMH, AFNFF, 13810.

[458] «Senators ask U.S. loan to Spain», *El Paso Times* (Texas), 23 de noviembre de 1949, p. 9.

[459] «Samuel H. Hann publica un artículo en The Christian Century», 9 de diciembre de 1949, NARA, RG 59, 1945-1949, Box. 6361.

Segundo, la importancia militar y naval de España no alcanzaba la de Estados Unidos o Gran Bretaña. Finalmente, criticó la existencia de un tribunal que perseguía a masones y protestantes, calificando su costo anual de 90 mil dólares como un gasto innecesario, que podría haberse destinado a resolver problemas más urgentes.

El 27 de diciembre, con la sociedad aún dividida, Dean Rusk presentó un informe de diez páginas en el que detallaba cómo debería ser la política hacia España a partir de ese momento. En el documento, se identificaban una serie de problemas que requerían una solución cuidadosa, tales como el envío de embajadores, la incorporación de España a la ONU y la OTAN, y la recepción de fondos públicos en forma de ayuda directa. Sin embargo, lo más relevante del informe no eran tanto los detalles, sino las propuestas sobre cómo abordar estos temas. Debido a la delicadeza del asunto, Rusk sugería dos opciones. La primera consistía en recurrir a figuras influyentes del Senado, como Connally, Vandenberg, los congresistas Kee y Eaton, la señora Roosevelt, Ben Cohen y John Foster Dulles. Estos líderes tendrían acceso al documento antes que nadie y podrían opinar sobre él. Una vez que estuvieran de acuerdo, el informe recibiría su respaldo. La segunda opción era que el senador Tom Connally, presidente del Foreign Relations Committee, se hiciera cargo del informe en su totalidad[460]. Lo llamativo de estas propuestas es que, a pesar de ser un informe elaborado por el subsecretario de Estado adjunto Dean Rusk, se buscaba la responsabilidad o el apoyo de otras personas influyentes en el proceso.

### La Guerra de Corea y las primeras ayudas económicas a la dictadura

El informe de Dean Rusk evidenciaba que España podría empezar a recibir ayudas, siempre que cumpliera con ciertas condiciones[461]. A simple vista, parecía que solo algunos aspectos técnicos de la política económica española impedían ese proceso. Para abordar y negociar la situación, el Régimen decidió enviar a Mariano de Yturralde a Washington. Como director general de Política Económica del Ministerio de Asuntos Exteriores, llamó la atención que Madrid solicitara confidencialidad sobre su viaje, algo imposible de lograr para el Departamento de Estado. Tras revisar la documentación, se concluyeron dos puntos clave: primero, que José Félix de Lequerica no deseaba que Yturralde viajara a Washington, ya que

---

[460] Además, propone otras cinco alternativas como último remedio. Todas consisten en elegir a alguien que sea el encargado de defender la propuesta. «Dean Rusk propone una declaración sobre España», 27 de diciembre de 1949, NARA, RG 59, 1945-1949, Box. 6361.
[461] «Samuel H. Hann publica un artículo en The Christian Century», 9 de diciembre de 1949, NARA, RG 59, 1945-1949, Box. 6361.

el 18 de enero insistió en que se debía esperar a obtener "algunas otras propuestas encaminadas a obtener créditos"; segundo, que la actitud de las autoridades estadounidenses hacia Yturralde fue más receptiva que hacia Lequerica, cuya presencia resultaba incómoda[462].

A pesar de la recomendación de Lequerica, Madrid optó por enviar a Yturralde a negociar un préstamo oficial de 50 millones de dólares para la compra inmediata de trigo. Además, aprovecharía para presentar un informe detallado al Export-Import Bank sobre las necesidades industriales de España. Durante su estancia en Estados Unidos, Yturralde tuvo acceso a personalidades con las que Lequerica no había logrado reunirse. Esto llamó la atención del director general, quien descubrió que la presencia del "Inspector de Embajadas" obstaculizaba las relaciones debido al carácter de Lequerica. Desde Estados Unidos se prefería un representante más liberal[463]. No obstante, Yturralde reconoció que "la animosidad que dicho departamento siente hacia Lequerica" se debía principalmente "a la labor evidentemente efectiva que realiza en los grupos de oposición al departamento" [464]. Lequerica había devenido tanto en un problema como en parte de la solución: un problema por su relación tensa con el poder Ejecutivo, pero una solución por haber logrado atraer a numerosos representantes del poder legislativo.

Lo relevante de las gestiones de Yturralde fueron los compromisos que logró obtener, a pesar de las presiones del Departamento de Estado. Este instó a España a "facilitar la inversión de capitales extranjeros" y a restringir "las actividades del INI". Sin embargo, Yturralde rechazó rotundamente estas demandas, argumentando que "sería tanto como inmiscuir un asunto político en una operación que debía examinarse exclusivamente bajo su aspecto económico-financiero"[465]. En cuanto al Export-Import Bank, las negociaciones se centraron en financiar instalaciones para abonos nitrogenados, maquinaria para incrementar la producción de carbón y cuestiones relativas a la industria textil y minera[466].

Tras las negociaciones, Yturralde se mostró "decepcionado, pero no desanimado". En una llamada telefónica con Theodore Achilles, se comprometió a "impulsar la formulación de solicitudes específicas" que le habían exigido desde el

---

[462] «Lequerica solicita que se cancele el viaje de Iturralde a Estados Unidos», 18 de enero de 1950, CDMH, AFNFF, 13684.
[463] «Memorándum de Prat de Nantouillet», 24 de mayo de 1949, AGA, Asuntos Exteriores, 3599.
[464] Viñas, *En las garras del águila. Los pactos con Estados Unidos, de Francisco Franco a Felipe González (1945-1995)*, 71.
[465] «Iturralde explicando sus gestiones en Estados Unidos», 7 de enero de 1950, CDMH, AFNFF, 12520.
[466] «Iturralde expone las proposiciones de crédito al Export-Import Bank», 10 de enero de 1950, CDMH, AFNFF, 12500.

Export-Import Bank. También expresó su "satisfacción por la carta del secretario a Connally", en la que se afirmaba que "Estados Unidos no tiene ningún problema en normalizar relaciones con España, siempre y cuando se dieran las condiciones necesarias". El único punto de desacuerdo fue la figura de Lequerica, sobre quien Achilles le dijo que los méritos por un eventual regreso de los embajadores recaerían en él, pero que cualquier paso para mejorar las relaciones se tomaría "a pesar de los esfuerzos de Lequerica y no gracias a ellos"[467].

El viaje y las negociaciones de Yturralde fueron, en cierto sentido, 'desesperadas', ya que la ruptura del acuerdo comercial con Argentina y la crisis alimentaria que esto provocaría generaban una urgencia inminente. El objetivo no era ingresar en la OTAN ni el envío de embajadores, sino conseguir rápidamente un préstamo de 50 millones de dólares para la compra de trigo. Las vías para obtenerlo fueron dos: la ampliación de préstamos privados y la obtención de préstamos públicos. El Chase Bank informó al Departamento de Estado que estaba dispuesto a aumentar en 5 millones el préstamo inicial de 25 millones[468]. Gracias a las buenas relaciones entre el banco y los diplomáticos españoles, esta ampliación fue aprobada por el Consejo de Ministros el 9 de enero de 1950. Por otro lado, Manuel Vila, nuevo director general del Instituto Español de Moneda Extranjera, afirmó que podría conseguir al menos 10 millones del National City Bank en condiciones "tan extraordinariamente ventajosas que, según los informes, no existen precedentes"[469].

Las oportunidades de mercado que ofrecía España no solo interesaban a los bancos. En enero de 1950 comenzó la 'Operación Karachi', destinada a obtener acuerdos comerciales para la adquisición de algodón de Pakistán. El consulado general de Barcelona informó que las empresas estadounidenses debían actuar rápidamente para no perder este importante mercado[470]. Ralph J. Blake instó a facilitar acuerdos para exportar algodón a España, y Anderson Clayton & Company mostró su preocupación por las oportunidades perdidas desde octubre de 1949, al considerar que estaban en condiciones de cubrir el 90% de la demanda española[471].

---

[467] «Memorándum de conversación de Achilles con Mariano Yturralde», 24 de enero de 1950, FRUS, 1950, Western Europe, Vol. III.
[468] «Solicitud de aumento de cantidad de ayuda», 19 de enero de 1950, NARA, RG 59, 1950-1954, Box. 5018.
[469] Viñas, *En las garras del águila. Los pactos con Estados Unidos, de Francisco Franco a Felipe González (1945-1995)*, 73.
[470] «Operación Madrid-Karachi», 3 de enero de 1950, NARA, RG 59, 1950-1954, Box. 5018.
[471] «Tratados sobre algodón con Anderson Clayton & Company», 9 de septiembre de 1949, NARA, RG 59, 1945-1949, Box. 6354.

La empresa Brothers Steamship Company también presionó al Gobierno de Estados Unidos para que facilitara el cambio de divisas. Sin embargo, a pesar de la presión de la industria textil estadounidense, el problema radicaba en la estructura económica española y en la necesidad de reformas en la tasación de la moneda y la intervención económica[472].

La crisis alimentaria española también fue reflejada en la prensa. En enero de 1950, el Dayton Daily News de Ohio informó que España estaba intentando mitigar una posible crisis con Argentina. El titular "España puede cortar lazos económicos con Argentina" destacó las posibles consecuencias para la población española, lo que generó esperanza entre los antifranquistas exiliados[473]. En este contexto, la oposición vio una oportunidad para actuar. El Gobierno Vasco en el exilio, que desde octubre de 1949 había planteado la creación de un lobby para contrarrestar a Lequerica, designó a Galíndez para colaborar con la Americans Democratic Action[474]. Además, la organización monárquica española se dirigió a Dean Acheson para convencerlo de que era el momento de eliminar al Régimen, subrayando la necesidad de una alternativa a la dictadura, representada por Don Juan y sus "legítimos derechos dinásticos"[475]. El exilio republicano, por su parte, se alineó con el movimiento europeísta. Manuel de Irujo expresó que Franco no podía formar parte de Europa debido a su régimen totalitario, que dañaba la causa por la que los pueblos de Europa luchaban. Su postura era clara: si España no se integraba en Europa, no recibiría ayuda del Plan Marshall; si lo hacía, sería con un cambio de régimen[476].

Sin embargo, no fueron estas las voces más influyentes. El veterano representante demócrata John Kee, en una entrevista del 10 de enero de 1950, afirmó que "España debe cambiar o caminará sola"[477]. Criticó el monopolio industrial de la dictadura y la falta de libertades, lo que había relegado a España al ostracismo en Europa occidental. Coincidió en su postura el senador Absalom Willis Robertson, quien consideraba contraproducente apoyar al Régimen sin cambios previos. Sus opiniones reflejaban una creciente visión de que las

---

[472] «Venta de algodón de Likes Brothers Seamship Company», 20 de diciembre de 1949, NARA, RG 59, 1945-1949, Box. 6355.

[473] Sam Pope Brewer «Spain may cut economic ties with Argentine», *Dayton Daily News* (Ohio), 9 de enero de 1950, p. 19.

[474] Mota, *Un sueño americano. El Gobierno Vasco en el exilio y Estados Unidos (1937-1979)*, 241.

[475] «Opinión sobre Organización Monárquica Española de palabras de Acheson», 28 de enero de 1950, AGUN, Fondo Pablo Beltrán de Heredia, 022/003/0221.

[476] Iñaki Anasagasti, *Crónicas. Castelao y los vascos* (Bilbao: Idatz Ekintza, 1985), 528.

[477] «Ayuda a España», 11 de enero de 1950, NARA, RG 59, 1950-1954, Box. 5018.

relaciones con España seguían siendo distantes, aunque las explicaciones contemporáneas sobre la falta de acuerdos eran cada vez más escasas. La relación con la ideología nazi-fascista, antes relevante, había quedado relegada a un segundo plano, en favor de una realpolitik más pragmática[478].

Lo que realmente precipitó la reacción estadounidense fue un rumor que, según *Associated Press*, España estaba negociando con la Unión Soviética la compra de quinientas mil toneladas de grano, pagando en dólares americanos[479]. Esta noticia se difundió rápidamente en periódicos como *The Los Angeles Times*, *The Philadelphia Inquirer*, *The Courier-Journal* y *The Baltimore Sun*[480]. Aunque la información fue objeto de debate, medios como *The Courier-Journal* confirmaron que la compra podría realizarse a cambio de mercurio o wolframio. Además, España ya mantenía acuerdos comerciales con países de la esfera soviética, como lo demostró la venta de aceite de oliva a Checoslovaquia a finales de 1949, pagada en dólares[481].

La posibilidad de que Francisco Franco buscara ayuda soviética provocó la reacción de Ralph Brewster, quien en un debate público afirmó que, "si realmente actuamos en serio en lo referente a nuestra actitud frente al comunismo, puede llegar un día en que España sea el punto de Europa en que podamos poner el pie"[482]. Por ende, si Estados Unidos se tomaba en serio su postura anticomunista, podría llegar un día en que España fuera clave en Europa. Advirtió sobre el peligro de perder un aliado anticomunista por razones personales, refiriéndose a la animosidad de Harry S. Truman hacia España. Brewster recomendó el envío de un embajador a Madrid. Desde febrero de 1950, la lucha contra el comunismo se convirtió en una "cuestión de Estado". Este cambio coincidió con el caso de espionaje de Alger Hiss y la revelación de que el científico Klaus Fuchs había proporcionado secretos atómicos a la Unión Soviética, en un escándalo que involucró a los Rosenberg, ejecutados en 1953[483].

---

[478] «Spain. Franco's friend», *The Nebraska Beacon* (Nebraska), 5 de enero de 1950, p. 2.

[479] «Varios periódicos publican un telegrama de Associated Press sobre negocios entre España y la URSS», 15 de enero de 1950, CDMH, AFNFF, 13681.

[480] «Spain appeals to reds for grain», *The Philadelphia Inquirer* (Pennsylvania), 15 de enero de 1950, p. 3; «Spain seeks to bolster grain supply», *The Courier-Journal* (Kentucky), 15 de enero de 1950, p. 1; «Spain appeals for 500,000 tons of grain», *The Baltimore Sun* (Maryland), 15 de enero de 1950, p. 1; «Spain seeks to bolster grain supply», *The Courier-Journal* (Kentucky), 15 de enero de 1950, p. 1.

[481] «Spain seeks to bolster grain supply», *The Courier-Journal* (Kentucky), 15 de enero de 1950, p. 1.

[482] «Brewster recomienda a Truman el envío de embajadores a España», 18 de enero de 1950, CDMH, AFNFF, 13694.

[483] Las motivaciones han sido discutidas en el artículo de Ronald Radosh «The spy who handed America's Nuclear Secrets to the Soviets», *The New York Times,* 12 de mayo de 2020.

La creciente preocupación por el comunismo fue aprovechada por la diplomacia franquista, que intentó influir en la opinión pública estadounidense mediante una estrategia mediática. En febrero de 1950, llegó un grupo de unos 34 periodistas a España, incluido el propietario de *The Chicago Tribune*, quien ya había visitado el país en ocasiones anteriores. El coronel McCormick pidió a Lequerica un trato preferencial para los periodistas, sabiendo que la imagen que se llevaran podría ser decisiva[484]. Sin embargo, esta estrategia fue rechazada por la American Federation of Labor, que, mediante un comunicado conjunto en varios medios, instó a la ruptura total con el Régimen y a la defensa de la libertad[485]. Eleanor Roosevelt, miembro de la Americans Democratic Action, apoyó esta postura, argumentando que "si Estados Unidos aceptaba restaurar a Franco el mundo olvidaría las demarcaciones que deben existir y los fascistas de ayer ocuparán un lugar prominente entre los dirigentes del mundo de hoy"[486]. Esta opinión de rechazo fue comunicada directamente a Hickerson, quien, el 28 de febrero, defendió que el Departamento de Estado había rechazado las ayudas públicas a España[487].

En la primavera de 1950, la postura estadounidense comenzó a cambiar. William B. Dunham, especialista en política sobre España, afirmó que, mientras la política estadounidense fuera más global y no se limitara a una "mera reacción negativa al comunismo", sería difícil considerar a España como parte del esfuerzo colectivo, a menos que se produjera un cambio hacia un gobierno democrático[488]. Sin embargo, esta postura chocaba con la del Pentágono. El general Omar N. Bradley, presidente del *Joint Chiefs of Staff*, subrayó la necesidad de contar con España para la defensa de Occidente, una opinión compartida por el almirante William Daniel Leahy, quien había tenido conversaciones privadas con Franco para mejorar las relaciones con la Administración Truman[489]. Leahy, aunque había dejado el servicio activo en 1949, fue una de las personalidades militares más

---

[484] «El coronel McCormick comunica su llegada a Madrid», 6 de febrero de 1950, CDMH, AFNFF, 13889.
[485] «AFL demanding no Spain envoy», *Arizona Daily Star* (Arizona), 6 de febrero de 1950, p. 2.; «Don't Fall for Franco Spain, AFL bids U.S.», *Daily News* (New York), 6 de febrero de 1950, p. 62.; «AFL opposes Franco Spain recognition», *Pittsburgh Post-Gazette* (Pennsylvania), 6 de febrero de 1950, p. 7.
[486] Antares Ruiz del Árbol, «Guillermina Medrano, Rafael Supervía y Americans for democratic action. La campaña contra Franco desde el exilio estadounidense», *Migraciones y exilios*, n.º 13 (2012): 93.
[487] «Eleanor Roosevelt a Hickerson», 7 de febrero de 1950, NARA, RG 59, 1950-1954, Box. 5018.
[488] «Memorándum de William Dunham», 15 de abril de 1950, FRUS, 1950, Western Europe, Vol. III.
[489] Viñas, *En las garras del águila. Los pactos con Estados Unidos, de Francisco Franco a Felipe González (1945-1995)*, 75.

influyentes del país. Su opinión favorable a la integración de España en la OTAN fue respaldada por los altos dirigentes militares.

Aprovechando esta situación, el senador demócrata Pat McCarran, con el apoyo de Brewster, presentó una enmienda al programa de ayuda exterior que proponía una partida de 100 millones de dólares para España, a ser entregada por el Export-Import Bank. La cantidad fue reducida a la mitad para facilitar su aprobación, pero, al recibir la información, Tom Connally comunicó a McCarran y Brewster que Truman y Acheson decidieron permitir que España solicitara los préstamos por su cuenta[490]. Este giro pareció una estrategia del Ejecutivo para frenar la enmienda, lo que finalmente ocurrió. La votación en el Senado resultó en 14 demócratas y 21 republicanos a favor, y 28 demócratas y 14 republicanos en contra[491]. La prensa reaccionó de forma dividida: *Daily News* (Nueva York) culpó a Connally y a Eleanor Roosevelt por la presión contra Franco, considerándolo un error no apoyar al Régimen, mientras que *The Courier-Journal* (Kentucky) criticó a McCarran y Brewster, recordando que Franco se había congratulado de las victorias de Hitler y Mussolini[492].

Si bien las relaciones políticas y económicas seguían estancadas, comenzó a cobrarse mayor relevancia la faceta cultural de la conexión hispano-estadounidense. En abril de 1950, la USIE redactó el *Country Paper for Spain*, que establecía tres objetivos principales[493]:

- Asegurar que Estados Unidos no tenía intención de influir en la política interna de España.
- Dejar claro que, de haber apoyo, este sería dirigido al pueblo español y no al Régimen existente.
- Expresar el deseo de que España adoptara una democracia como forma de gobierno, sin recurrir ni a la extrema derecha ni a la extrema izquierda.

Además, se destacó una idea central en los informes recientes: no solo Franco había logrado resistir, sino que su poder se había fortalecido debido a las acciones

---

[490] «Senador Connally recibe carta de Acheson», 25 de abril de 1950, NARA, RG 59, 1950-1954, Box. 5018.

[491] «ERP dollars for Franco voted down», *Fort Worth Star-Telegram* (Texas), 28 de abril de 1950, p. 1.

[492] John O'Donnell «Capitol Stuff», *Daily News* (New York), 28 de abril de 1950, p. 330.

[493] Acrónimo de United States Information and Educational Program. Este programa supuso "la apuesta definitiva de los Estados Unidos por el enfrentamiento ideológico con la Unión Soviética en el terreno de la información y la cultura a través de programas conducidos y financiados por el Gobierno federal. Pablo León Aguinaga, *Sospechosos habituales. El cine norteamericano, Estados Unidos y la España franquista, 1939-1960.* (Madrid: Consejo Superior de Investigaciones Científicas, 2010), 271.

contra la dictadura[494]. Complementariamente, la US Advisory Commission on Educational Exchange recomendó al secretario de Estado Dean Acheson la creación de un programa de intercambio con España[495].

### Truman cede ante la Guerra de Corea

La dualidad en las relaciones bilaterales sufrió un cambio a partir de junio de 1950, nuevamente influenciado por el contexto internacional. En enero, el líder nacionalista vietnamita Ho Chi Minh asumió el liderazgo del Vietminh en su lucha contra las fuerzas francesas. El rechazo de la Administración Truman a apoyarlo lo llevó a acercarse a la Unión Soviética y China[496]. A este revés en Asia se sumó otro en junio, cuando el 25 de junio, las fuerzas de Corea del Norte cruzaron el paralelo 38 y tomaron Seúl en pocos días. Acheson consideró que esto era "un desafío abierto y no disimulado a nuestro papel (…) de protectores de Corea del Sur, región crucial para la seguridad del Japón ocupado por los norteamericanos"[497]. El mismo día, Truman respondió enviando fuerzas navales y aéreas en apoyo a Corea del Sur, y pocos días después, el General MacArthur recibió la autorización del Consejo de Seguridad de la ONU para actuar con tropas de combate[498].

Mientras tanto, la presión sobre el Ejecutivo estadounidense aumentaba. Un grupo especialmente activo en la defensa de la España franquista, los Caballeros de Colón, solicitó formalmente el reconocimiento pleno del "Gobierno del Generalísimo Franco" y ayuda económica para "mejorar nuestra posición en Europa"[499]. Esta organización, de confesión católica masculina, ya había expresado

---

[494] León Aguinaga, 287; Delgado, «Las relaciones culturales entre España y los Estados Unidos. De la guerra mundial a los pactos de 1953»; Lorenzo Delgado, «Cooperación cultural y científica en clave política. Crear un clima favorable para las bases USA en España», en *España y los Estados Unidos en el siglo XX*, ed. Lorenzo Delgado y María Dolores Elizalde (Madrid: Consejo Superior de Investigaciones Científicas, 2005), 207-43; Lorenzo Delgado, «La maquinaria de persuasión. Política informativa y cultural de los Estados Unidos hacia España», *Ayer*, n.º 75 (2009): 97-132.

[495] «Intercambio educativo con España», 11 de mayo de 1950, NARA, RG 59, 1950-1954, Box. 2400.

[496] Norman Graebner, *America as a World Power: A Realist Appraisal from Wilson to Reagan* (Wilmington, Delaware: Scholarly Resources, 1984), 175.

[497] Bevin Alexander, *The Strange Connection: U.S. Intervention in China, 1944-1972* (Connecticut: Greenwood Press, 1992), 98.

[498] El 7 de julio se aprobó con 7 votos a favor, 0 en contra y la abstención de Yugoslavia. La Unión Soviética se ausentó de la reunión. Durante el conflicto bélico, un total de diecinueve países colaboraron con tropas y material. Ronald E. Powaski, *La Guerra Fría. Estados Unidos y la Unión Soviética, 1917-1991* (Barcelona: Editorial Crítica, 2000), 113.

[499] «Tres miembros de la asociación "Caballeros de Colón" piden el reconocimiento de España», 15 de junio de 1950, CDMH, AFNFF, 21208.

su apoyo a España en 1946, cuando publicaron un artículo en el *St. Louis Post-Dispatch* titulado "Shall We Help the Communists to Crucify Christian Spain?"[500]. Por tanto, no era nuevo su posicionamiento pro-franquista, que venía de tiempo atrás, antes incluso de la llegada de Lequerica. Además, la organización recibía donaciones sustanciales de James Farley[501].

Dentro del Régimen, la interpretación de lo sucedido en Corea rozó la soberbia. Carrero Blanco sostuvo que la entrada en la OTAN era inminente, afirmando: "puesto que nos van a pedir ese ingreso, porque nos necesitan, debemos condicionarlo y sacar todo el provecho posible de la situación"[502]. Su actitud fue tan altiva que incluso se planteó exigir la recuperación de Gibraltar como contrapartida a la integración en los organismos de defensa occidental[503]. Este enfoque resultaba sorprendente, dado que la situación de España seguía siendo precaria, tanto geoestratégicamente como a nivel de conexiones internacionales, sin mencionar que el país seguía sumido en los "años del hambre"[504]. Las afirmaciones de Carrero Blanco, por tanto, estaban alejadas de la realidad.

A pesar de la desorientación de Carrero Blanco, los acontecimientos globales favorecieron a España. El Pentágono aumentó la presión sobre el Ejecutivo de Truman para acercarse al Caudillo. La estrategia fue doble. Por un lado, altos mandos militares y miembros favorables a Franco en el Capitolio, apoyados por el senador Harry P. Cain, comenzaron a trazar la estrategia. Cain, ex coronel de aviación durante la Segunda Guerra Mundial, actuó como intermediario entre el Régimen español y el Pentágono. El 11 de julio, solicitó trasladarse a España sin un viaje oficial, con la intención de hablar directamente con Franco[505].

La segunda estrategia se plasmó en el informe NSC 72/1, enviado el 3 de julio de 1950[506]. En él, se subrayaba la necesidad urgente de que "Estados Unidos y sus aliados tomen las medidas adecuadas para asegurar que España sea un aliado en

---

[500] «That Pro-Franco ad», *St. Louis Post-Dispatch* (Missouri), 18 de marzo de 1946, p. 14.

[501] «Caballeros de Colón escriben a Farley», 28 de abril de 1949, LOC, James Farley Papers, Box. 20.

[502] Javier Tusell, *Carrero. La eminencia gris del régimen de Franco* (Madrid: Temas de Hoy, 1993), 186.

[503] Preston, *Franco*, 2015, 638.

[504] Este concepto hace referencia al periodo en que la situación de hambruna en España exigía medidas de racionamiento y políticas restrictivas. Miguel Ángel del Arco Blanco sitúa este periodo desde el final de la guerra civil hasta 1951. del Arco, *Los años del hambre: Historia y memoria de la posguerra franquista*, 9-18.

[505] El documento no aporta más información. Solo indica que ha hablado con elementos militares y estadounidenses y que quiere reunirse con Francisco Franco y militares españoles. «Telegrama de Lequerica a Martín Artajo», 11 de julio de 1950, CDMH, AFNFF, 6467.

[506] «Informe del National Security Council al Departamento de Estado», 3 de julio de 1950, FRUS, 1950, Western Europe, Vol. III.

caso de guerra". El medio para lograrlo no era relevante; lo importante era que "el Departamento de Estado [debía actuar] sin demora para garantizar a Estados Unidos y sus aliados el acceso y la cooperación militares con España". Hasta este punto, el documento reiteraba puntos previamente discutidos. Sin embargo, lo significativo del informe era la propuesta de que las relaciones con el Régimen español se formalizaran "de forma bilateral o mediante la aceptación de España como signataria de la OTAN". Finalmente, se cuestionaba que las "condiciones políticas" de la España franquista hicieran inviable, en ese momento, la implementación del programa recomendado por los Joint Chiefs of Staff, solicitando, por tanto, un ajuste en la estrategia[507]. Ese mismo 3 de julio, Dean Acheson recibió otro informe clasificado, que destacaba cuatro puntos clave sobre la situación de España: la relevancia de Franco en la lucha contra la Unión Soviética, el potencial apoyo económico a los aliados si se le respaldaba, las críticas dentro del gabinete de Franco y la resolución de las diferencias internas en el ejército. Además, el coronel Joseph A. Miller informó sobre la tensión entre el Departamento de Estado y el Pentágono, prediciendo que las relaciones se normalizarían pronto[508].

Estas posturas fueron aprovechadas por McCarran. El 31 de julio, Truman solicitó un crédito urgente de 4.000 millones de dólares para el Plan Marshall, y en respuesta, McCarran presentó una enmienda para conceder 100 millones de dólares a España. Tras conversaciones con Joseph C. O'Mahoney, se acordó que los fondos provinieran del Tesoro de Estados Unidos, no del ERP, y se enviaran a través del Export-Import Bank, para evitar el bloqueo por parte del Departamento de Estado. La propuesta fue aprobada por el Senado con 65 votos a favor y 15 en contra[509]. La noticia ocupó las portadas de los medios estadounidenses, que interpretaron la decisión como una "ayuda a los aliados", situando al Régimen español entre ellos[510]. Sin embargo, dos días después, Acheson desacreditó la decisión,

---

[507] «Documento de Acheson sobre la situación de Franco», 3 de julio de 1950, NARA, RG 59, 1950-1954, Box. 5018.

[508] Viñas, *En las garras del águila. Los pactos con Estados Unidos, de Francisco Franco a Felipe González (1945-1995)*, 78.

[509] El ex responsable de justicia Francis Biddle había advertido a Harry Truman del debilitamiento que tendría apoyar a Franco. En cierto modo, provocaría la identificación de Estados Unidos con los regímenes autoritarios. Alonzo Hamby, *Beyond the New Deal: Harry S. Truman and American Liberalism* (New York: Columbia University Press, 1973), 362.

[510] «U.S. Allies told help is important», *The Kingston Daily Freeman* (Nebraska), 1 de agosto de 1950, p. 1.; «Loan to Spain of $100,000,000 has Senate ok», *Arizona Daily Star* (Arizona), 2 de agosto de 1950, p. 1.; «Acheson opposes action of Senate in voting for $100,000,000 loan to Spain by Export-Import Bank», *St. Louis Post-Dispatch* (Missouri), 2 de agosto de 1950, p. 13.

considerando que las políticas exteriores correspondían al Ejecutivo, no al Congreso. Su actitud fue vista como de 'resistencia' por algunos medios[511].

Las resoluciones del Senado que permitieron la apertura de vías de crédito para España fueron vistas como un triunfo por los diplomáticos franquistas, aunque omitiendo que el Ejecutivo de Truman seguía reacio a estrechar los lazos. Lequerica, en dos telegramas enviados a Martín Artajo, destacó la "extraordinaria intensidad de acción en este terreno", subrayando que la votación fue "coronada por un éxito rotundo en el Senado"[512]. Antes de esta votación propuesta por McCarran, ya contaban con el apoyo del Pentágono y del sector militar, mientras que, en el ámbito político, se venían haciendo esfuerzos desde años atrás para lograr este resultado. Para Lequerica, el apoyo de ambos partidos en el Senado representaba el inicio de una política en marcha[513]. En cambio, la Cámara de Representantes resultó ser un órgano mucho más receptivo desde el principio, como ya se había visto con las propuestas previas a favor de España del congresista demócrata Eugene Keogh. Un apoyo que no se limitaba al Capitolio y el Pentágono. Representantes diplomáticos de alto rango, como el embajador en Portugal, Lincoln MacVeagh, sugirieron la concesión inmediata de un millón de dólares a España para cuestiones urgentes, criticando la falta de acción del Ejecutivo en la construcción de "un sistema de solidaridad defensiva en Europa occidental"[514].

No obstante, las voces en contra del Régimen seguían siendo contundentes. El National Community Relations Advisory Council[515], una de las principales instituciones judías del país, se dirigió a Truman y Acheson para condenar la aprobación del préstamo. Este grupo advirtió sobre la distinción entre la lucha por la libertad y la lucha contra el comunismo, señalando que "no todos los enemigos del comunismo son amigos de la libertad", y destacando que el régimen de Franco era tan totalitario y antidemocrático como las dictaduras comunistas[516]. Esta reflexión, aunque ignorada en gran parte, revelaba la oposición de sectores de la sociedad estadounidense a apoyar al Régimen franquista, al tiempo que subrayaba

---

[511] «Acheson balks at Spain loan», *The News Leader* (Virginia), 3 de agosto de 1950, p. 2.; «Loan to Spain Plan opposed by Acheson», *The Los Angeles Times* (California), 3 de agosto de 1950, p. 23.
[512] «Telegrama de Lequerica a Martín Artajo», 14 de julio de 1951, CDMH, AFNFF, 6804.
[513] «Telegrama de Lequerica a Martín Artajo», 20 de junio de 1951, CDMH, AFNFF, 6966.
[514] «MacVeagh propone un préstamo de 1 millón a España», 10 de agosto de 1950, NARA, RG 59, 1950-1954, Box. 5018.
[515] Tambien conocido como Jewish Council for Public Affairs.
[516] «Opiniones de judíos», 11 de agosto de 1950, NARA, RG 59, 1950-1954, Box. 5018.

las limitaciones de las narrativas que intentaban presentar a Franco como un "salvador" de los judíos[517].

A pesar de las críticas, la acción política en el Capitolio hacía prever que la ayuda económica a España se aprobaría pronto. En esa dirección, el 24 de agosto de 1950 se presentó una propuesta conjunta entre la Cámara y el Senado para conceder 62,5 millones de dólares. Al día siguiente, la Cámara de Representantes aprobó el proyecto de Ley General de Asignaciones, que incluía a España, con 164 votos a favor y 80 en contra. Tres días después, el Senado ratificó la aprobación. Truman no tuvo más opción que firmarlo el 6 de septiembre, aunque destacó que España aún "debería ponerse de acuerdo con Estados Unidos para conseguir dicho dinero"[518]. Este hecho generó controversia en la prensa, donde las dudas sobre la actitud de Truman ante la ayuda a Franco fueron ampliamente discutidas. Cabe destacar que, cuando la aprobación se mencionaba de manera neutral o positiva, se hacía referencia a España en general, sugiriendo que la ayuda era para el pueblo español y no para el dictador[519]. Sin embargo, cuando se abordaban comentarios negativos, Franco era mencionado explícitamente, como en *The Times-Tribune*, donde se interpretó que Truman "prohibía los préstamos a Franco"[520].

En septiembre de 1950, Truman enfrentó nuevas tensiones políticas. El senador Pat McCarran impulsó la Ley de Seguridad Interna, una iniciativa marcada por el extremismo anticomunista de algunos sectores políticos y sociales[521]. Esta ley exigía a las organizaciones comunistas registrar a sus miembros y actividades, autorizaba detenciones de emergencia contra sospechosos de conspiración, espionaje o sabotaje, y prohibía la entrada al país de afiliados a grupos comunistas[522]. Aunque Truman vetó la ley el 22 de

---

[517] Al respect, es interesante la reciente aportación de Enrique Moradiellos, Santiago López, y César Rina, *El Holocausto y la España de Franco* (Madrid: Turner, 2022).

[518] «Truman holding up U.S. loan to Spain», *The Terre Haute Star* (Indiana), 7 de septiembre de 1950, p. 1.

[519] Earle Marckres «Truman okays funds, hits loan to Spain», *Lubbock Morning Avalanche* (Texas), 7 de septiembre de 1950, p. 1.; «Loan for Spain barred by Truman», *The Evening Sun* (Pennsylvania), 7 de septiembre de 1950, p. 2.; «Won't loan Spain 62 million set by Congress: Truman», *The Des Moines Register* (Iowa), 7 de septiembre de 1950, p. 12.; «Truman sings huge U.S. funds bill». *Newport Daily News* (Rhode Island), 7 de septiembre de 1950, p. 3.

[520] «President signs big money bill; bans Franco loan», *The Times-Tribune* (Pennsylvania), 7 de septiembre de 1950, p. 2.

[521] También conocida como Ley de control de actividades subversivas, Ley McCarran o Ley de Camp.

[522] Jennifer Keohane, «How Would They Ever Learn Better? The Sedition Act, the McCarran Internal Security Act, and Congressional Failure», *Northwestern Interdisciplinary Law Review* 1, n.º 1 (2008): 217-36.

septiembre, el Congreso anuló su veto ese mismo día, convirtiéndola en ley[523]. En este contexto, el senador Joseph McCarthy emergió como el principal impulsor de la 'Caza de Brujas', presionando al Ejecutivo con acusaciones de ser "blando con el comunismo"[524]. Estas dinámicas influyeron en las elecciones intermedias de noviembre, en las que el partido de Truman sufrió una pérdida significativa de más de treinta representantes en ambas cámaras[525].

Paralelamente, otro acontecimiento de relevancia tuvo lugar en el ámbito internacional. Durante la quinta sesión de la Asamblea General de la ONU, varios países latinoamericanos propusieron derogar la Resolución de 1946 sobre España, que había aislado diplomáticamente al Régimen franquista. Tras dos meses de deliberaciones, la comisión política especial aprobó con 37 votos a favor, 10 en contra y 12 abstenciones, la medida que permitiría el regreso de embajadores a Madrid[526]. La Asamblea General ratificó esta decisión con resultados similares. Este avance marcó un hito en la normalización de las relaciones internacionales de España. El 12 de noviembre, el senador Austin T. Levy solicitó a Truman el envío de un embajador a España, propuesta que también defendió el secretario de Dunham ante Dean Acheson[527]. Este sugirió concluir la misión de Culbertson y recomendó un acercamiento al Régimen franquista para negociar el uso de bases militares y la venta de equipo militar[528].

Como resultado de la derogación de la resolución de la ONU, Stanton Griffis fue designado embajador de Estados Unidos en Madrid[529]. El 22 de noviembre se informó al Gobierno español sobre la solicitud de plácet, con la intención de formalizar su llegada en enero de 1951. Sin embargo, la confidencialidad que se pidió inicialmente no se mantuvo, y el 27 de diciembre se hizo pública la noticia. Los medios estadounidenses reaccionaron de manera diversa: *The Baltimore Sun*

---

[523] Esta Ley estuvo vigente hasta final de los años 80. Francisco G. Basterra «El Congreso anula la ley que permitía impedir la entrada de comunistas en EEUU», *El País,* 19 de diciembre de 1987.

[524] Maldwyn, *Historia de Estados Unidos, 1607-1992*, 487.

[525] «82nd Congress (1951-1953)», United States Senate Archive, Party Division.

[526] «Relaciones de los Estados Miembros y de los organismos especializados con España», 4 de noviembre de 1950, Organización de Naciones Unidas, Comité político especial, A/RES/386.

[527] «El senador Spatkman se comunica con Lequerica sobre situación de España», 12 de noviembre de 1950, CDMH, AFNFF, 11991.

[528] «Memorándum de Perkins al secretario de Estado», 25 de noviembre de 1950, FRUS, 1950, Western Europe, Vol. III.

[529] En un documento privado de James Farley se indica que él tuvo parte de la responsabilidad a la hora de que se eligiese a Griffis como embajador. Habría que profundizar en este tema, pero es interesante. «Farley recomendó a Griffis como embajador», 3 de enero de 1951, LOC, James Farley Papers, Box. 35.

informó sobre el intercambio de embajadores[530]; *The Daily Press* interpretó el nombramiento como el fin del aislamiento diplomático hacia España[531]; mientras que el *Chicago Tribune* destacó el perfil de Griffis, quien ya había sido embajador en Polonia, Egipto y Argentina[532].

El año 1950 cerró con cierto optimismo para el Régimen franquista. A la designación de un embajador estadounidense se sumó la admisión de España en la Organización de las Naciones Unidas para la Alimentación y la Agricultura (FAO) el 10 de noviembre. Este año representó un punto de inflexión en las relaciones bilaterales entre España y Estados Unidos, así como en el ámbito internacional. Aunque la oposición al Régimen seguía ejerciendo presión, los avances eran notables: la resistencia de Truman se debilitaba ante las presiones conjuntas del Pentágono y el Capitolio, las relaciones comerciales privadas se fortalecían y se concretó el regreso de los embajadores. Así, terminaba una etapa y comenzaba otra, con un camino aún largo hacia la plena normalización de las relaciones bilaterales y la integración de España en el panorama internacional.

---

[530] Dewey L. Fleming «Stanton Griffis named Ambassador to Madrid», *The Baltimore Sun* (Maryland), 28 de diciembre de 1950, p. 1.

[531] Edward E. Bomar «U.S. will end its Diplomatic snub to Spain», *Daily Press* (Virginia), 28 de diciembre de 1950, p. 1.

[532] Laurence Burd «Truman names Griffis as U.S. envoy to Spain», *Chicago Tribune* (Illinois), 28 de diciembre de 1950, p. 7.

# Capítulo 4
## Una solución orgánica.
## Los Pactos de Madrid y la entrada en la ONU (1951-1955)

> Me siento impulsado a hablar hoy en un lenguaje que en un sentido es nuevo—
> un lenguaje el cual, yo, que he gastado gran parte de mi vida en la profesión
> militar, hubiera preferido no usar nunca. Ese nuevo lenguaje es el lenguaje de la
> guerra atómica.
>
> Dwight D. Eisenhower, Discurso "Átomos para la paz",
> 8 de diciembre de 1953

## Claves del acercamiento hispano-estadounidense

La aprobación del empréstito de 62,5 millones de dólares para España mencionado antes no tuvo un efecto inmediato. Las trabas burocráticas y las cuestiones técnicas lo impedían. Este escenario fue advertido por el propio Harry S. Truman al firmar el documento que le daba carta de naturaleza. Sin embargo, dos acontecimientos tuvieron un impacto más tangible. El primero fue la progresiva superación de los obstáculos políticos. El tiempo en que la dictadura franquista era cuestionada por su naturaleza política parecía estar en su fase final. La derogación de la resolución de la ONU de 1946 actuó como una suerte de amnesia consensuada. A partir de entonces, los requisitos para la recepción de la ayuda pasaron a ser exclusivamente de carácter técnico y relacionados con la economía política. Entre ellos, se instó al Gobierno español a modificar el tipo de cambio de la peseta y a facilitar la operación de capital extranjero en el país, con menor control gubernamental. En definitiva, España debía alinearse con el sistema capitalista occidental si quería cobijarse bajo el paraguas económico estadounidense.

En ese nuevo escenario, las empresas estadounidenses comenzaron a mover ficha para firmar acuerdos satisfactorios con España. Las primeras en mostrar interés fueron las del sector algodonero. Dieciséis compañías del *Consortium of Cotton Textile Manufacturers* establecieron contactos con España[533], lo que evidenciaba la relevancia de este sector entre los grupos de presión que demandaban acuerdos inmediatos con el Régimen franquista. Sin embargo, no

---

[533] «Compra de algodón», 25 de enero de 1951, NARA, RG 59, 1950-1954, Box. 5021.

fueron las únicas. El funcionario de la embajada en Madrid, Daniel M. Braddock, escribió al presidente de la Cámara de Comercio Americana en España, Max H. Klein, a finales de enero de 1951. En su telegrama, Braddock identificaba los tres productos de mayor necesidad en ese momento: algodón, fertilizantes y tractores[534]. Las empresas estadounidenses interesadas en comercializar estos bienes consultaban con insistencia sobre cuándo podrían acceder a los 62,5 millones de dólares asignados. Sin embargo, la respuesta a esa pregunta tardaría en llegar.

El procedimiento para la obtención de esos fondos resultaba particularmente complejo. En el caso de los 62,5 millones, España disponía de una suerte de 'bono de gastos'. Para convertir esa suma en bienes comerciales, era necesario presentar una solicitud que debía ser procesada por el *Export-Import Bank*. Este organismo evaluaba la viabilidad de la operación desde tres perspectivas: técnica, económica (necesidad del bien en relación con la producción nacional) y financiera (capacidad del receptor para asumir el gasto). Dicho procedimiento no era rápido. Una vez aprobada la solicitud por los técnicos, esta se elevaba a la *European Cooperation Administration* (ECA), que, si emitía un dictamen favorable; pero se requería asimismo la aprobación del Departamento de Estado y del *National Advisory Council*[535]. Solo entonces la ECA autorizaba la comercialización. En el mejor de los casos, este proceso se extendía por un plazo superior a tres meses[536].

El nombramiento de Stanton Griffis y José Félix de Lequerica como embajadores marcó el cierre de una etapa en el acercamiento bilateral entre España y Estados Unidos[537]. El Régimen franquista buscaba superar el veto diplomático y obtener ayuda económica, mientras que la misión de Griffis incluía tanto fortalecer las relaciones con un posible aliado anticomunista como mejorar la situación de los protestantes en España[538]. Paralelamente, España logró un acceso más directo a los

---

[534] «Empresas esperan que se apruebe el préstamo para comerciar con España», 30 de enero de 1951, NARA, RG 59, 1950-1954, Box. 5018.

[535] Viñas, *En las garras del águila. Los pactos con Estados Unidos, de Francisco Franco a Felipe González (1945-1995)*, 85-86.

[536] Todo el procedimiento explicado con mayor profundidad, así como la cuestión específica que suponía la aprobación de estos para España se explica en Ángel Viñas, «La primera ayuda económica norteamericana a España», en *Lecturas de economía española e internacional* (Madrid: Ministerio de Economía y Comercio, 1981).

[537] La primera visita oficial de Lequerica a Dean Acheson se produjo el 5 de enero de 1951. La presentación de credenciales ante Truman el 17 de enero, pasando desde ese día a ser embajador oficial.

[538] La presión que sufrió Truman en este periodo con motivo de su política hacia España se menciona en Mark Byrnes, «"Overruled and Worn Down": Truman Sends an Ambassador to Spain», *Presidential Studies Quarterly* 29, n.º 2 (1999): 263-79.

canales habituales de ayuda exterior, como demostró la reunión de Tom Connally, presidente de la Comisión de Asuntos Exteriores del Senado, quien manifestó su apoyo a la entrada de España en la OTAN[539]. Esto abriría una vía más expedita para la asistencia, pero requería compromisos significativos.

En febrero de 1951, un funcionario del Congreso viajó en secreto a Madrid y se reunió con Prat de Nantouillet para discutir los planes de ayuda. McCarran propuso un nuevo paquete económico de 200 millones de dólares, junto con asistencia técnico-militar para preparar al ejército español en caso de participación en la OTAN[540]. Sin embargo, también preguntó si España estaría dispuesta a unirse al Tratado del Atlántico Norte y asumir responsabilidades defensivas fuera de sus fronteras[541]. Aunque la respuesta oficial no se conoce, se presume que la negativa de Carrero Blanco pudo influir en el desenlace, ya que el Régimen prefería acuerdos bilaterales antes que compromisos multilaterales[542].

El secretario de Estado, Dean Acheson, conocía esta postura y dio instrucciones claras a Griffis antes de su llegada a España. Los objetivos principales eran mejorar la estructura económica del país y resolver trabas comerciales, como la limitación del capital extranjero, la conversión de beneficios en moneda local y los controles de exportación e importación[543]. También insistió en evaluar la disposición española para integrarse en la OTAN. Por ello, le conminó a recordarle al dictador que "nuestra política en Europa Occidental se basa en la OTAN y la defensa común de esa zona y que, por tanto, nuestra relación con España debe estar en consonancia con este objetivo"[544]. El primer encuentro de Griffis con Franco, el 15 de marzo de 1951, reflejó la dificultad del diálogo. Franco eludió comprometerse plenamente con la OTAN y propuso acuerdos unilaterales entre Estados Unidos, Portugal y España, una alternativa que Washington no consideraba viable. No obstante, Griffis logró arrancar un compromiso general: si España estuviera adecuadamente armada,

---

[539] «Lequerica explica estrategia en las relaciones con Estados Unidos», 27 de febrero de 1951, CDMH, AFNFF, 8646.
[540] «Telegrama de Lequerica a Martín Artajo», 14 de febrero de 1951, CDMH, AFNFF, 7725.
[541] Viñas, *En las garras del águila. Los pactos con Estados Unidos, de Francisco Franco a Felipe González (1945-1995)*, 92.
[542] Jarque, *Queremos esas bases. El acercamiento de Estados Unidos a la España de Franco*, 238.
[543] «Secretario de Estado al embajador Griffis», 6 de febrero de 1951, FRUS, 1951, Europe: Political and Economic Developments, Vol. IV.
[544] «Secretario de Estado a Griffis», 9 de febrero de 1951, FRUS, 1951, Europe: Political and Economic Developments, Vol. IV.

enviaría tropas al norte de los Pirineos en caso de necesidad[545]. El 24 de abril, en un informe más preciso, el máximo representante de la diplomacia estadounidense en Madrid resumía la situación a Dean Acheson.

1) "El generalísimo, a pesar de la huelga de Barcelona, parece tener el control firme de todo el país.

2) El único acontecimiento, fuera de su muerte o enfermedad grave, que posiblemente podría cambiar este control sería económico.

3) El único poder existente que tendría alguna posibilidad de enfrentarse a Franco sería el Ejército, cuyos líderes temen o no quieren destruir la dictadura militar de la que forman parte.

4) Franco es trabajador, tiene un conocimiento profundo de la situación política y económica española y es más astuto políticamente que cualquiera de sus opositores.

5) No existe sustancialmente en España libertad ni política ni económica que afecte al trabajo: tampoco hay libertad de prensa o de reunión. Hay pruebas de una mejora reciente en la libertad de un número casi microscópico de protestantes, judíos y musulmanes españoles en cuanto a la práctica de sus religiones.

6) El Ejército, el Aire y la Armada españoles son y serían sustancialmente impotentes en la guerra moderna en las condiciones actuales de su equipamiento. Es absurdo hablar de su defensa de los Pirineos con su actual equipamiento.

7) El período de gran peligro económico para España se sitúa entre esta fecha y el próximo otoño cuando estarán disponibles la harina y el arroz de la presente cosecha. La cosecha muestra signos de ser la mejor en los últimos años, pero no es seguro que no se desarrolle un período de hambruna nacional real antes de que sea cosechada y procesada.

8) España está dispuesta a luchar, dispuesta a enviar tropas más allá de los Pirineos, ansiosa por llegar a un acuerdo bilateral con los Estados Unidos si está debidamente armada y/o incluso consentiría de mala gana en unirse a la OTAN.

9) Como enemigo desde hace mucho tiempo de todo lo comunista, ni el Gobierno español ni su pueblo son capaces de comprender la

---

[545] «Embajador Griffis al Secretario de Estado», 15 de marzo de 1951, FRUS, 1951, Europe: Political and Economic Developments, Vol. IV.

discriminación contra ellos en lo que respecta a la ayuda estadounidense, ya sea económica o militar.

10) La tendencia norteamericana a favor de las ayudas a España que parecía ir en aumento cuando yo llegué aquí, ahora nos parece que aquí se ha desvanecido o se ha perdido en los mayores problemas del Este y Norte de Europa.

11) España siente vínculos internacionales. No siente mayor simpatía hacia Estados Unidos" [546].

Griffis, conocido por su paso por Paramount Pictures (director entre 1935-1942) y su labor en la OWI[547], era considerado por algunos como un agente encubierto de la Office of Strategic Service, lo que explicaba su rápido y certero análisis de la situación española[548]. En un telegrama de 1951, reflexionó sobre el apoyo de Gran Bretaña y Francia a la ayuda para España, señalando que "tanto la embajada británica como la francesa creen que España debería recibir ayuda, pero (…), admiten que los políticos de Inglaterra y Francia temen afrontar el tema en espera de las probables dos elecciones nacionales"[549].

La descripción de Griffis relativa a las penurias económicas se produjo poco antes de otra que generaría más revuelo mediático, cuando el panorama económico español fue expuesto de forma impactante en el reportaje *Spanish Village* de Eugene Smith, publicado en *Life* en abril de 1951. Smith retrató la vida en Deleitosa, un pueblo extremeño sumido en la pobreza extrema, sin electricidad ni agua corriente, y afectado por un brote de tifus[550]. Aunque la publicación alcanzó una gran difusión, con más de 22 millones de ejemplares

---

[546] «Embajador Griffis al Secretario de Estado», 24 de abril de 1951, FRUS, 1951, Europe: Political and Economic Developments, Vol. IV.

[547] La Office of War (OWI) se creó durante la Segunda Guerra Mundial para la gestión de la información, tanto hacia el exterior, como hacia dentro, en el seno de la sociedad estadounidense. Para ello, eran importantes medios audiovisuales como la radio, los carteles, la fotografía e incluso películas. Allan Winkler, *The Politics of Propaganda: The Office of War Information, 1942-1945* (New Haven: Yale University Press, 1978). El mejor estudio sobre la industria cinematográfica y las relaciones con España es León Aguinaga, *Sospechosos habituales. El cine norteamericano, Estados Unidos y la España franquista, 1939-1960.*

[548] Emilio Grandío y José Ramón Rodríguez, «1943: Franco Vs. Naciones Unidas. La guerra silenciosa de los servicios de inteligencia norteamericanos y británicos en España», *Diacronie [online]* 4, n.º 28 (2016), http://journals.openedition.org/diacronie/4780.

[549] «Embajador Griffis al secretario de Estado», 24 de abril de 1951, FRUS, 1951, Europe: Political and Economic Developments, Vol. IV.

[550] Carlos García «Deleitosa, retrato de un pueblo español. Posguerra, 'raybans' y Eugene Smith», *El Mundo*, 30 de octubre de 2015.

vendidos, recibió críticas tanto en Estados Unidos como en España[551]. Un ejemplo de ello fue el historiador e hispanista Richard Pattee quien publicó en *The Tidings* (California) un editorial criticando la parcialidad del trabajo realizado por Smith. Para él "una de las formas más absurdas de informar es seleccionar las características más sórdidas, miserables y generalmente repulsivas de un país y presentarlo como representativo del conjunto"[552].

En España, Gaspar Gómez de la Serna respondió en *Mundo Hispánico*, señalando que Deleitosa representaba una realidad aislada y anacrónica, más propia de finales del siglo XIX que de los años 50[553]. En su réplica, Gómez de la Serna introdujo el concepto de la "España negra", contraponiéndolo a una visión más optimista. Para ello, acerca al lector al pueblo de Bernuy, al que denomina "los Deleitosa de la nueva España". Situado en Toledo, este municipio de nueva construcción se quiso utilizar para respaldar la idea de progreso y mejora en la calidad de vida de sus ciudadanos[554]. Atendiendo a las imágenes, se observan casas con paredes blancas, un plano ordenado y geométrico del pueblo y, como no podía ser de otra forma, a personas joviales y felices. De todas las fotografías, llama la atención una en la que se observa un grupo de niñas en la misa dominical. Esta tenía un pie de foto en el que se enfatiza que "sus caras denotan buena raza y ojos vivos de guapas españolas del mañana"[555]. Imágenes que mostraban un progreso que pretendía contrarrestar la crudeza del reportaje de Smith, destacando el contraste entre ambos enfoques.

Las críticas hacia el reportaje de *Life* sobre Deleitosa reflejaron tanto el sensacionalismo de la elección del pueblo como la respuesta propagandística del Régimen. Mientras el reportaje buscaba ilustrar la pobreza extrema, las réplicas, como las de Pattee o Gómez de la Serna, denunciaron la generalización y

---

[551] Tampoco se sabe cuánto pudo influir el brote pandémico en la entrada de España en la OMS (Organización Mundial de la Salud), que se produjo en mayo de 1951.

[552] Richard Pattee «Lesson from Spain for Life, Look», *The Tidings* (California), 26 de octubre de 1951, p. 10.

[553] La revista *Mundo Hispánico,* con publicación en México y Argentina entre otros lugares, se convirtió en un instrumento de propaganda del Régimen. Prueba de ello es que en el número que aquí se analiza aparecen noticias vinculadas a la construcción de universidades para los hijos de obreros y de presas para facilitar la vida en el mundo agrario.

[554] Este municipio formó parte del proceso de reorganización y reactivación del sector agrícola a partir del cual se crearon poblados de colonización. En 2022 se publicó una obra que analiza estos planes estatales ligados al Instituto Nacional de Colonización centrada en uno de los más importantes del país, 'el Plan Badajoz'. Francisco Rodríguez Jiménez, ed., *El Plan Badajoz: entre la modernización económica y la propaganda política* (Badajoz: Diputación de Badajoz, 2022).

[555] Gaspar Gómez de la Serna «Carta al editor de Life», *Mundo Hispánico,* julio de 1951, nº 40.

presentaron una imagen alternativa de progreso. Esta dinámica, aunque dañina para la imagen exterior de España, también reforzó la percepción en algunos sectores de que la ayuda económica al Régimen era necesaria.

Desde su llegada, Griffis señaló las deficiencias materiales de España, apoyándose en resultados como la encuesta Gallup, que mostró un creciente apoyo de la sociedad estadounidense a la ayuda económica[556]. Mientras tanto, Lequerica continuó su labor diplomática en Estados Unidos, enfrentándose a tensiones con Artajo y otros funcionarios como Merry del Val[557]. En una carta a Franco, Lequerica defendió su estrategia de construir una red de contactos políticos y justificó sus reuniones con masones y figuras influyentes como Charles Patrick Clark, a quien consideraba una pieza clave en la mejora de las relaciones hispano-estadounidenses.

Debido a estos conflictos internos, el embajador reclamó la ausencia de recursos económicos y el retraso en la disponibilidad de las asignaciones. Este hecho provocó que la financiación dependiese, en ocasiones, a cargo de ayudas de "amigos" de la causa española. Es lo que sucedió en junio de 1951. Es el caso del "Sr. Olivar", un sefardí y miembro destacado de la comunidad judía que otorgó "25 mil dólares para salir de algún apuro". La financiación se produjo tras la celebración de una "recepción en honor nuestro en su casa de Nueva York", donde se reunió Lequerica con más personalidades israelitas. El telegrama finalizó con las palabras de Arthur Goldsmith indicando que "los judíos como tales no tienen en este momento ningún espíritu de especial hostilidad contra España y su Régimen"[558].

Aunque se tiene la respuesta del *Caudillo* a la carta anterior, la respuesta de Lequerica muestra cómo el embajador 'justifica' o 'explica' la estrategia a seguir. En ella, expone que su objetivo es seguir manteniéndose cerca de elementos conservadores como Thomas Dewey o Stassen. De forma complementaria, pretendía ampliar círculos dentro del Partido Demócrata y, fundamentalmente, concentrar esfuerzos en la atracción de nuevos militares de alto rango. Esto último en referencia al Almirante

---

[556] La encuesta establecía que el 65% de los estadounidenses eran favorables de la ayuda económica a Franco. El 26% estaba en contra y no opinaba el 9%. «Telegrama de Propper de Callejón a Martín Artajo», 13 de septiembre de 1950, AGA, Asuntos Exteriores, 12434.

[557] El listado incluía al "coronel Prado, el ministro del Aire Gallarza, Guijarro, el Padre Molina, Maestro (agregado de prensa), el Subsecretario Ortiz Muñoz, el director general Cerro, el ministro Ibáñez. Echegaray (agregado agronómico), Rein Segura (íntimo del ministro de Agricultura). Cañal (obediente a Prado, Maestro, Guijarro y hermano del director de Culturales)". «Carta de Lequerica a Franco», 1 de febrero de 1951, CDMH, AFNFF, 9540.

[558] «Recepción de Olivar, que ha prestado dinero a la embajada», 19 de junio de 1951, CDMH, AFNFF, 6941.

Sherman, quien había comentado sobre España que "ha estado siempre muy cerca de nosotros y todos esperamos que se intensifique esa disposición en el futuro". Para Lequerica la conclusión a la que se podía llegar era que "poderosas corrientes trabajan en sentido favorable a España"[559].

En julio de 1951, España recibió tres visitas significativas que marcaron un momento crucial en las relaciones con Estados Unidos. La primera fue la de un grupo de senadores liderados por Theodore F. Green, quienes, tras reunirse con Griffis y Franco, exploraron la postura española ante un posible conflicto bélico[560]. Franco confirmó su disposición a participar en la defensa más allá de las fronteras nacionales[561].

La segunda y tercera tuvieron sentido militar. A España llegaron el general Hoyt Sanford Vandenberg y el almirante Forrest Sherman. La segunda es conocida y es fácil encontrar referencias en la historiografía. Menos conocida es la del primero. Jefe del Estado Mayor del Ejército del Aire, Vandenberg se trataba de la máxima personalidad dentro del ramo[562]. Su visita a Madrid ha pasado más desapercibida, pese a que su objetivo no era desdeñable: valorar la capacidad de los aeropuertos españoles[563]. Y es que no solo interesaban las bases navales, los aeropuertos eran fundamentales para el traslado de tropas de combate. De regreso al continente americano, este general insistió en ampliar el rango de acción de las fuerzas aéreas. Sin mencionar específicamente a España, advirtió que la defensa del país y de Europa occidental requiere de nuevos espacios. Analizando con detenimiento sus palabras y las del General MacArthur, parece que el objetivo fue reclamar más financiación para la fuerza aérea.

La visita de Sherman generó repercusiones mediáticas y políticas. En Estados Unidos, la prensa señalaba la posibilidad de un pacto militar con España, mientras que en Gran Bretaña y Francia se expresaba oposición a la alianza, reflejando las tensiones en la política internacional. Una oposición que denunciaron los españoles antifranquistas desde el interior. En un encuentro con Griffis, el Comité Interior de Coordinación entregó una queja formal sobre la

---

[559] «Lequerica informa sobre estrategias en Estados Unidos», 27 de febrero de 1951, CDMH, AFNFF, 8646.
[560] «Lequerica refiriéndose al viaje de senadores estadounidenses a España», 7 de julio de 1951, CDMH, AFNFF, 6874.
[561] «Telegrama de Griffis al secretario de Estado», 13 de julio de 1951, FRUS, 1951, Europe: Political and Economic Developments, Vol. IV.
[562] Anteriormente había sido general de la armada.
[563] «Telegrama de Lequerica a Martín Artajo», 15 de julio de 1951, CDMH, AFNFF, 6803.

colaboración, en la que señalaba que para los antifranquistas "Estados Unidos ha roto la fe con el pueblo español y ha abandonado su papel de campeón de la libertad". En el documento se enfatizaba asimismo que, por razones militares, Washington estaba dejando de lado las cuestiones político-morales que tiempo atrás defendía el país. Además, se afirmaba que con esta actitud Estados Unidos "estaba perdiendo el respeto no solo del pueblo español sino de todos los pueblos de mentalidad democrática de la Europa libre". Finalmente, se señalaba que había una oposición al Régimen de Franco no comunista y que esta estaba quedando desamparada por las decisiones de Washington[564].

El acercamiento político-militar entre Estados Unidos y España avanzaba con un ritmo mayor en los últimos meses, aunque la normalización definitiva y la firma de un acuerdo bilateral quedaba todavía lejos en el horizonte. La repentina muerte del almirante Sherman supuso un contratiempo, pero los senadores estadounidenses, tras su visita en julio, emitieron un informe favorable hacia el Régimen franquista, aunque recomendaron evitar tensiones con los países de la OTAN. Además, se subrayó la necesidad de aumentar y agilizar la ayuda económica para prevenir el colapso de España, destacando su rol como baluarte anticomunista[565].

En este contexto, se incluyó a España en la futura Ley de Seguridad Mutua, con una propuesta inicial de 200 millones de dólares. Sin embargo, la aprobación de la ley se retrasó debido a la preparación de dos informes clave realizados en agosto de 1951 por los funcionarios de defensa James W. Spry y Sidney C. Sufrin. Las conclusiones señalaron que España estaba dispuesta a negociar acuerdos militares, pero su ejército no era apto para operaciones más allá de sus fronteras. También se destacó que, con suficiente ayuda, la economía española podía desarrollarse, siempre bajo cierto control externo. En el ámbito social, la falta de libertad religiosa complicaba un apoyo público pleno al Régimen[566].

---

[564] «Embajador Griffis al Departamento de Estado», 27 de julio de 1951, FRUS, 1951, Europe: Political and Economic Developments, Vol. IV.

[565] Viñas, *En las garras del águila. Los pactos con Estados Unidos, de Francisco Franco a Felipe González (1945-1995)*, 128.

[566] «Informe sobre el viaje a España y la situación protestantismo», 13 de septiembre de 1951, NARA, RG 59, 1950-1954, Box. 5029. Algunos acompañantes fueron John Mackay, Chairman of the International Missionary Council, el reverendo Charles W. Arbuthnot (Field Administratos of Europe of the Board of Foreign Missions, Presbyterian Chuch, USA), Reverendo Roger Enlowe (Representative in Spain of the International Missionary Council), y Benjamin Heras (Prostestan pastor in Northern Spain).

La ley fue finalmente aprobada en octubre, incluyendo una partida de 400 millones de dólares para países fuera de la OTAN, de los cuales 100 millones adicionales se destinaron específicamente a España tras una enmienda del senador McCarran. Aunque algunos medios lo criticaron[567], Lequerica lo consideró un éxito, ya que aseguraba subvenciones con condiciones favorables y una menor supervisión[568]. No obstante, hasta diciembre de 1951, solo se habían recibido 17 millones de los fondos comprometidos. En paralelo, la diplomacia franquista continuó con su estrategia de cooptación de personalidades, concediendo la Gran Cruz de Carlos III a Stanton Griffis y la de Alfonso X el Sabio a Carlton Hayes[569]. Además, Lequerica estableció contactos con empresarios y promovió acuerdos favorables, como la colaboración con el Chase National Bank y el respaldo al comercio de algodón y carbón. En este momento, la figura de J. J. Murphy cobra importancia. Máximo dirigente de Summers Fuel Company, tanto él como Prat de Nantouillet elaboraron un documento con ese espíritu[570]. Al parecer, Murphy tuvo un papel destacado como mediador para facilitar la relación con Winthrop W. Aldrich y Alfred W. Barth, presidente y vicepresidente del Chase National Bank respectivamente[571]. Más revelador fue el telegrama enviado por Lequerica a Martín Artajo dos días después. Sin mencionar a nadie en concreto, insta al ministro a que "garantice al grupo (miembros del lobby), una vez conseguido el empréstito, cuantas ventajas sean normales en casos análogos y muy especialmente el monopolio o la preferencia en la compra de algodón destinado a España"[572]. No fue la primera vez que el embajador operaba así. En julio de 1951, a raíz de las ofertas comerciales por carbón, le indicó al titular de exteriores que "dos y dos no son siempre cuatro en materias político-económicas y el calor y el apoyo de los

---

[567] La acción de McCarran provocó el rechazo de algunos medios. «Washington Merry-Go-Round. A-Bomb figures denied McKellar, McCarran», *Dayton Daily News* (Ohio), 17 de octubre de 1951, p. 20.
[568] «Informe de Prat de Nantouillet», 21 de noviembre de 1952, AGA, Asuntos Exteriores, 3188.
[569] «Carta de Cárdenas a Martín Artajo», 24 de diciembre de 1945, AGA, Asuntos Exteriores, 840; «Hayes recibe la Gran Cruz de Alfonso X el Sabio», 18 de noviembre de 1951, AGA, Asuntos Exteriores, 12791.
[570] «Lequerica y conversación con Murphy», 13 de noviembre de 1951, CDMH, AFNFF, 19850.
[571] Pablo León Aguinaga, «Betting on Franco. El Chase, la world Commerce Corporation y las relaciones hispano-norteamericanas (1936-1952)», en *Franco, Estados Unidos y Gran Bretaña durante la primera Guerra Fría: diplomacia, lobbies, intereses estratégicos y anticomunismo*, ed. Wayne H. Bowen et al. (Madrid: Comillas, 2022), 55-100.
[572] «Lequerica a Franco sobre compra de algodón», 15 de noviembre de 1951, CDMH, AFNFF, 19851.

grupos influyentes (…) ha de tenerse presente en la ejecución del empréstito en cuanto está al alcance nuestro"[573].

El acercamiento hispano-estadounidense no se limitó a cuestiones geoestratégicas, también generó avances en el ámbito educativo y cultural. En noviembre de 1951 se iniciaron conversaciones para integrar a España en el Programa Fulbright, aunque su adhesión no se concretó hasta siete años después. Las razones de este retraso se vincularon a una serie de factores complejos, como la falta de libertad religiosa, las discrepancias entre las autoridades educativas españolas y estadounidenses respecto a qué áreas priorizar (los españoles querían ciencias puras estadounidenses; los norteamericanos promocionar los *American Studies*); falta de fondos para que comenzase el ciclo de intercambios; resquemor de Franco de que ello supusiera una "apertura democrática" de los jóvenes participantes, etc. Para tratar de paliar algún motivo, Lequerica presionó al ministro Joaquín Ruiz Jiménez y al propio Franco para que dieran señales de apertura en este ámbito, pero sin éxito en ese momento[574]. Por otro lado, España logró integrarse al Foreign Leader Program en enero de 1952. Este programa, destinado a atraer a figuras influyentes en diversos campos, tenía como objetivo fomentar la afinidad hacia la causa estadounidense entre las élites locales. De forma complementaria, el Departamento de Estado promovió un *Country Plan* para España, que incluía iniciativas como la publicación de *Noticias de Actualidad*, las actividades de las Casas Americanas y la emisora Voice of America, todas diseñadas para romper barreras culturales y acercar a ambos países[575].

En el ámbito político, febrero de 1952 marcó un momento clave con la visita de George M. Perkins a Madrid. Este funcionario del Departamento de Estado tenía una doble misión: allanar el camino para la llegada del nuevo embajador, Lincoln MacVeagh, y sentar las bases para la distribución de los 100 millones de dólares asignados a España[576]. La ceremonia de presentación de credenciales de MacVeagh tuvo lugar el 27 de marzo de 1952, consolidando una etapa más formal en las relaciones bilaterales.

---

[573] Lo escribe en referencia al señor Lane y Maxwell Brown. «Ofertas por carbón desde Estados Unidos», 17 de julio de 1951, CDMH, AFNFF, 6796.
[574] «Conversaciones con Joaquín Ruíz Jiménez», 3 de diciembre de 1951, NARA, RG 59, 1950-1954, Box. 5030; «Carta de Lequerica sobre cuestión protestante», 13 de febrero de 1952, CDMH, AFNFF, 828; «Dos cartas de Lequerica a Franco y Artajo sobre protestantes», 15 de febrero de 1952, CDMH, AFNFF, 824.
[575] «Country Plan de la USIE sobre España», 18 de marzo de 1952, NARA, RG 59, 1950-1954, Box. 2399.
[576] Días antes Lequerica comió con MacVeagh para tantear la simpatía hacia España, algo que no puso en duda el embajador. «Lequerica explica conversación con MacVeagh», 14 de marzo de 1952, CDMH, AFNFF, 830.

A pesar de que los vientos soplaban favorables al Régimen, surgieron tensiones entre el embajador Lequerica y el ministro Martín Artajo, especialmente respecto a los fondos asignados. Lequerica insistía en que las negociaciones no se retrasaran y en que se cumplieran las partidas presupuestarias ya aprobadas para los gastos de la embajada. Señaló que, para el año fiscal 1952, se disponía de 237 mil dólares para "gastos especiales" y "pagos de abogados", aunque aún quedaba un descubierto del año anterior[577]. El embajador subrayó la importancia de estos recursos, advirtiendo que su labor en Washington era clave para el acercamiento entre Estados Unidos y España.

Además, Lequerica temía perder el control de las relaciones entre los sectores pro-franquistas y el gobierno español. Advirtió sobre la influencia negativa de algunas figuras, como el general Willoughby y Prat de Nantouillet, en los intereses de España, y destacó la urgencia de garantizar la recepción de los 100 millones de dólares[578]. Para evitar la pérdida de esos fondos, se buscó asegurar que las negociaciones comenzaran antes del 1 de junio y que el Capitolio comprometiera esa cantidad. Surrey, un abogado consultado por Lequerica, recomendó también limitar la influencia del Export-Import Bank en estas operaciones.

Parece que el Spanish Lobby desempeñó un papel crucial en este proceso. El senador McCarran, uno de los miembros más importantes del mismo, lideró los esfuerzos para ampliar el plazo de ejecución de los fondos y aprobar un complemento de 25 millones de dólares para asistencia técnica. Esta estrategia fue respaldada por el demócrata Clement John Zablocki en la Cámara de Representantes y por McCarran en el Senado, logrando su aprobación a finales de mayo de 1952. Esto permitió aumentar la ayuda a 125 millones de dólares y extendió el plazo de ejecución hasta el año fiscal 1953. El impacto de estas gestiones fue significativo. Desde un punto de vista económico, reafirmaron el compromiso de apoyo a España, mientras que, en términos políticos, sentaron las bases para futuros acuerdos bilaterales. Sin embargo, también generaron controversia en Estados Unidos. La prensa criticó la influencia de McCarran en las negociaciones, resaltando la oposición de figuras como Tom Connally, presidente de la Comisión de Asuntos Exteriores del Senado[579].

---

[577] «Lequerica solicita más financiación a Martín Artajo», 14 de marzo de 1952, CDMH, AFNFF, 831.

[578] No hay más información. Solo se habla riesgo por la indiscreción de ambos. En la primera se dirige al subsecretario Navascués; en la segunda directamente al ministro. «Lequerica al subsecretario Navarqüés», 10 de marzo de 1952, CDMH, AFNFF, 825; «Lequerica sobre relación entre Willoughby y Prat de Nantouillet», 22 de marzo de 1952, CDMH, AFNFF, 818.

[579] Drew Pearson «Connally double-crossed in brazen Nevada deal», *The Baytown Sun* (Texas), 30 de junio de 1952, p. 8.

Como sucedió con los informes, las negociaciones de los acuerdos bilaterales entre España y Estados Unidos se estructuraron en dos grupos: el económico, liderado por George F. Train y el ministro de Comercio Manuel Arburua, y el militar, a cargo del general Kissner y Juan Vigón. Este proceso fue supervisado directamente por Alberto Martín Artajo y el embajador Lincoln MacVeagh. En el ámbito militar, la delegación franquista mantuvo un alto grado de confidencialidad. Por recomendación de Vigón, solo seis militares participaron de manera regular en las discusiones. Las negociaciones giraron en torno a la naturaleza de la ayuda estadounidense. A diferencia del European Recovery Plan, cuyo objetivo era principalmente económico, el apoyo a España se definió como esencialmente militar. Así lo afirmó George Train, señalando que "la asistencia a España se facilita para llevar a cabo las disposiciones de la Ley de Seguridad Mutua (…). No se suministra para los mismos objetos primarios para los que se hizo accesible la ayuda económica bajo el Programa de Recuperación Europeo"[580]. Esta diferencia marcó una línea roja para la delegación estadounidense y condicionó las conversaciones. Desde el inicio, las divergencias de opinión fueron evidentes. Un informe presentado en julio reflejó que las posiciones de ambas partes estaban muy distantes, según la interpretación de MacVeagh. La delegación española, no obstante, planteó una serie de demandas concretas que definieron su postura inicial:

1) "La cantidad económica ofrecida hasta el momento era inadecuada. Se pedía ayuda continua durante un periodo de tiempo.

2) España sería más vulnerable debido a los acuerdos, pues se estaría posicionando.

3) La ayuda militar debe ser acorde con la dimensión del ejército español. Aviones para las fuerzas aéreas, baterías antiaéreas y modernización de la marina además de armamento adecuado para la tropa.

4) Se acepta la construcción de bases, pero el uso habría que negociarlo. No se quiere perder soberanía sobre las mismas, por lo que el uso será exclusivamente para periodos bélicos.

5) Se quería un acuerdo operativo con financiación continuada. En caso de no llegar a acuerdos inmediatos, desde España se proponía operar en tres fases: primero la disponibilidad inmediata de los 125 millones; después los acuerdos sobre seguridad mutua y militar; y, por último, los acuerdos de las bases"[581].

---

[580] «Telegrama confidencial de Train a la delegación que está negociando la ayuda económica a España», 19 de abril de 1952, FRUS, 1952-1954, Western Europe and Canada, Vol. VI.
[581] «Informe de McVeagh», 26 de septiembre de 1953, NARA, RG 59, 1950-1954, Box. 3.

Pocos días después del primer informe, Dean Acheson autorizó una ayuda de 125 millones de dólares como gesto de buena voluntad, aunque esta decisión no modificó la postura de Madrid. Según MacVeagh, "de ninguna manera está España tan deseosa de recibir nuestra ayuda como lo estamos nosotros de recibir algo a cambio de otorgarla"[582]. No obstante, esta percepción debe matizarse, ya que el Régimen franquista consideraba estas negociaciones esenciales para su estabilidad y desarrollo. Sin embargo, la disparidad de poder y la confianza en el *Spanish Lobby* influyeron en la actitud española[583].

En agosto de 1952, el Gobierno español planteó nuevas demandas, entre ellas, reconocimiento público como actor relevante en el sistema de defensa occidental y apoyo para modernizar sus fuerzas armadas. Estas aspiraciones, impulsadas por Juan Vigón, buscaban consolidar el respaldo militar y satisfacer al ejército, pilar fundamental de la dictadura. Simultáneamente, la política interna de Estados Unidos se encontraba marcada por la elección presidencial[584]. Dwight D. Eisenhower resultó elegido presidente en noviembre, con una postura que priorizaba la seguridad estratégica por encima de consideraciones ideológicas, lo que favoreció indirectamente las negociaciones con la dictadura franquista[585].

En paralelo, España logró avances en su inserción internacional, como su ingreso en la UNESCO[586]. Sin embargo, la oposición antifranquista, incluida la vasca y monárquica, intentó sin éxito obstaculizar el acercamiento entre ambos países. En el ámbito religioso, sectores evangélicos estadounidenses criticaron la falta de libertades religiosas en España, lo que generó tensiones en las relaciones bilaterales[587]. Entretanto, el régimen franquista seguía fortaleciendo su identidad nacional mediante el ultracatolicismo, destacando eventos como el Congreso

---

[582] «El embajador MacVeagh al Departamento de Estado», 25 de julio de 1952, FRUS, 1952-1954, Western Europe and Canada, Vol. VI.

[583] «El embajador MacVeagh a William Dunham», 3 de junio de 1952, FRUS, 1952-1954, Western Europe and Canada, Vol. VI.

[584] «Memorándum del Chief of the Mutual Security Agency Economic Group in Spain (Train) a Kennedy», 19 de Agosto de 1952, FRUS, 1952-1954, Western Europe and Canada, Vol. VI.

[585] Contó con Richard Nixon de vicepresidente y el reputado —en este momento— Joseph McCarthy a su favor.

[586] Mota, *Un sueño americano. El Gobierno Vasco en el exilio y Estados Unidos (1937-1979)*, 253. Nicolás Sesma, «Un Scandale: Franco à l'UNESCO: The Franco Dictatorship and the Struggle for International Representation in the Social Sciences», en *Science, Culture and National Identity in Francoist Spain, 1939–1959*, ed. Maricó Janué y Albert Presas (London: Palgrave Macmillan, 2021), 349-69.

[587] «The National Association of Evangelicals sobre situación en España», 19 de febrero de 1951, NARA, RG 59, 1950-1954, Box. 5029.

Eucarístico Internacional en Barcelona, que sirvieron también para allanar el camino hacia el Concordato con la Santa Sede, firmado en agosto de 1953[588].

De forma paralela a las negociaciones con el Vaticano, la firma de los acuerdos bilaterales con Estados Unidos estaba camino de resolverse. Es importante advertir que la muerte de Iósif Stalin en marzo no varió la agenda de la Administración Eisenhower. No se concebía al comunismo soviético como un problema personificado. Lo que sí empezó a correr peligro fue el crédito aprobado en favor de España. La lentitud en las negociaciones provocó tensión entre los diplomáticos[589]. Los motivos que provocaron este retraso son tres: el enfoque escogido por los estadounidenses, que pretendían comprar los favores de Madrid con los préstamos; la lentitud que provocaron los informes del verano-otoño de 1952 y el estudio pormenorizado de los mismos; y porque, en el fondo, la dictadura no tenía excesiva prisa. O al menos no la mostraba. Por lo tanto, la justificación era la misma que el año anterior. Si no se gastaba el dinero dentro del plazo establecido, se podría perder. Y el ejecutivo estadounidense no estaba dispuesto a permitir el uso del dinero sin cerrar previamente los acuerdos bilaterales. La razón: se tenía que decidir en qué sectores se podría invertir y, sobre todo, si entraban compras militares.

La solución era volver a convencer al Capitolio de que ampliase el plazo. Lo que, como ya pasó el año anterior, solía conllevar una ampliación. La estrategia se gestó desde el *Spanish Lobby*. Lequerica había solicitado en diciembre 113 mil dólares (de ese dinero, inicialmente, 75 mil correspondían a los honorarios de Clark) y el 24 de marzo de 1953 volvió a pedir 60 mil dólares, superando así la cifra de los 100 mil dólares el coste estimado de estas gestiones[590]. Una cantidad que rondaría a un millón de dólares en la actualidad si se le aplica la variación del IPC e inflación del dólar desde 1953.

Una cantidad importante pero muy inferior al volumen de la ayuda que estaba en juego. Finalmente, gracias a la presión desde el Capitolio, se aprobó no sólo la ampliación del plazo, también la cantidad, añadiéndose 101 millones más. Es decir, a finales de julio España había recibido la aprobación de 226 millones de dólares

---

[588] Para cuya consecución fue determinante la figura de Joaquín Ruiz-Giménez, pese a que su firma se realizó cuando él había dejado ya de ser embajador en la Santa Sede y era ministro de Educación. Puede verse en María de la Paz Pando Ballesteros, *Ruiz-Giménez y cuadernos para el diálogo. Historia de una vida y una revista* (Madrid: Librería Cervantes, 2009).

[589] Viñas, *En las garras del águila. Los pactos con Estados Unidos, de Francisco Franco a Felipe González (1945-1995)*, 186.

[590] Esto equivaldría en la actualidad a un millón de dólares aproximadamente.

en ayudas y préstamos. Llama la atención que, en este último aumento, 90 millones se destinaban ayuda militar, recordando lo que ya se afirmó con anterioridad: las partidas de dineros estadounidenses destinada a España cumplían fundamentalmente con un objetivo estratégico-defensivo, siendo la creación de las bases militares el prioritario.

Con este gesto, se entraba en la fase final de la firma de los convenios. El último documento enviado para que el Régimen diera el visto bueno incluía elementos que seguramente llamaron la atención en Madrid. No solo se indicaban las obligaciones de España, también se situaban sobre el mapa español los lugares en los que se establecían las bases. El conocimiento de territorio español era exhaustivo[591]. Recuérdese que, desde los años de la Segunda Guerra Mundial, los servicios de información estadounidense contaban con un detallado conocimiento de las fuerzas militares, los puntos estratégicos y los recursos naturales existentes en España. Así, tras solventar pormenores de última hora, el 26 de septiembre se firmaron los acuerdos.

La firma de los Pactos de Madrid representó un impulso crucial para el Régimen franquista y una maniobra estratégica para Estados Unidos. Según informes diplomáticos estadounidenses, la reacción del "ciudadano medio" español reflejaba conformidad, aunque acompañada de escepticismo. Las principales inquietudes giraban en torno a la posible inflación y el temor de que la ayuda beneficiara exclusivamente al aparato militar y gubernamental, sin mejorar las condiciones de vida de la población[592]. Estas preocupaciones también se manifestaron en el Primer Congreso Nacional de la Falange unificada, donde se reafirmó la ausencia de intenciones de modificar la postura del Régimen[593].

En Estados Unidos, las reacciones fueron diversas. Un sector del Capitolio consideró El Capitolio consideró los acuerdos un logro, mientras que otros sectores, incluidos algunos medios como *The New York Times*, mostraron reservas[594]. Este periódico señaló que los pactos constituían un avance, pero no una

---

[591] «Carta de Franco al presidente Eisenhower», 22 de agosto de 1953, FRUS, 1952-1954, Western Europe and Canada, Vol. VI.; «Memorándum del embajador en España Dunn al secretario de Estado», 31 de agosto de 1953, FRUS, 1952-1954, Western Europe and Canada, Vol. VI.; «presidente Eisenhower al Generalísimo Franco», 3 de septiembre de 1953, FRUS, 1952-1954, Western Europe and Canada, Vol. VI.

[592] «Reacciones a la firma de acuerdos bilaterales», 9 de octubre de 1953, NARA, RG 59, 1950-1954, Box. 3124.

[593] «Primer congreso nacional de Falange», 17 de noviembre de 1953, RG 59, 1950-1954, Box. 3124.

[594] Termis Soto, *Renunciando a todo. El régimen franquista y los Estados Unidos desde 1945 hasta 1963*, 51.

solución definitiva, y abogó por una política conjunta que enfrentara al Régimen. Por su parte, los franquistas anhelaban que lo conseguido con Washington pudiera extenderse a otras latitudes; esto es, "conseguir semejantes resultados en los países europeos más importantes todavía alejados y aún hostiles"[595].

### Reconfiguración del antifranquismo español

El timing de la firma de los acuerdos bilaterales entre España y Estados Unidos vino marcado desde Washington. La resaca de la Guerra de Corea, finalizada *de iure* el 27 de julio de 1953, y el envalentonado macartismo facilitaron la justificación de los Pactos con la dictadura franquista de cara a la opinión pública estadounidense. A ello, se sumaba el protagonismo superlativo de la cuestión militar y la cesión de soberanía que el Régimen ponía en manos de los intereses norteamericanos. Con estos ingredientes, la Administración Eisenhower se garantizaba dos cosas: "no violentar a los grupos de opinión liberal norteamericanos", ni "enturbiar su amistad con los aliados europeos", pues no intentó "forzar un mayor protagonismo de España en el bloque occidental"[596]. Por otro lado, Rosa Pardo ha señalado la importancia de estos acuerdos en el cierre de la herida abierta desde 1898 en las relaciones bilaterales[597]. Cuestión no menor que, como se ha demostrado, había influido en la actitud y en la percepción que tenía el propio presidente Harry S. Truman sobre España[598].

En cuanto a España, la firma de los acuerdos debe analizarse desde dos perspectivas principales: su impacto en la proyección internacional del Régimen franquista y sus repercusiones concretas para el país. En el ámbito político, los Pactos de Madrid representaron un éxito significativo para Franco. La ratificación de estos acuerdos supuso, de facto, el reconocimiento de España dentro del bloque occidental, aunque dicho ingreso se produjo de manera limitada y con un papel claramente periférico y secundario. Este carácter marginal obedeció a que los pactos no conllevaban una integración formal en las estructuras políticas, económicas o militares del bloque occidental. De este modo, el Régimen evitó

---

[595] «Informe del agregado aéreo en Washington», 5 de octubre de 1953, AGA, Asuntos Exteriores, 3177.
[596] Rosa Pardo, «La política exterior del Franquismo: aislamiento y alineación internacional», en *El Franquismo. Visiones y balances*, ed. Roque Moreno y Francisco Sevillano (Alicante: Universidad de Alicante, 1999), 103; Jarque, *Queremos esas bases. El acercamiento de Estados Unidos a la España de Franco*; Liedtke, *Embracing a Dictatorship. US Relations with Spain, 1945-1953*.
[597] Pardo, «La política exterior del Franquismo: aislamiento y alineación internacional», 103.
[598] Bowen, «De enemigo a aliado: Harry Truman y el Régimen de Franco».

asumir compromisos que pudieran alterar su naturaleza autoritaria, preservando así su independencia interna frente a las exigencias internacionales.

Con estas limitaciones, las relaciones bilaterales con Estados Unidos permitieron atemperar las reticencias de algunos países del bloque occidental, así como mejorar las relaciones diplomáticas y comerciales. En cambio, la repercusión directa de los acuerdos fue relativa. En el acuerdo, los americanos obtenían más que España, fiel reflejo de la débil situación internacional del Régimen y su precaria situación económica. A la pérdida de soberanía que suponía el uso de bases militares[599], hay que sumar que, de los 1.523 millones de dólares que recibió España durante los 10 años que incluía el acuerdo, el 45% correspondía a préstamos y solo el 35% a donaciones[600]. Y la mayor parte de ese dinero, se destinó a cuestiones militares, la cláusula más importante de los Pactos de Madrid.

La capacidad militar española había sido objeto de serias dudas por parte de Estados Unidos[601]. Los problemas estructurales, la insuficiencia presupuestaria y la falta de profesionalización se veían agravados por la notable escasez de recursos armamentísticos. Para hacer frente a estas deficiencias, el US Military Assistance Advisory Group (MAAG) dirigió la ayuda y asistencia militar estadunidense hacia España[602]. Este esfuerzo se orientó a transformar al país en una "plataforma avanzada de despliegue militar" en el contexto estratégico de la Guerra Fría. Para alcanzar este objetivo, se implementó un programa que constaba de dos fases principales: el entrenamiento técnico del personal militar español y la mejora de su formación profesional, pilares fundamentales para

---

[599] Viñas, *En las garras del águila. Los pactos con Estados Unidos, de Francisco Franco a Felipe González (1945-1995)*, 243-68; Ángel Viñas, *Los pactos secretos de Franco con Estados Unidos* (Barcelona: Grijalbo, 1981).

[600] El 15% restante estaba destinado a la construcción de las bases áreas de Torrejón (Madrid), Morón (Sevilla) y Zaragoza. Además de la aeronaval de Rota (Cádiz), estaciones de radar, depósitos de armas y un oleoducto de 800 km que unía Rota-Torrejón-Zaragoza. Permanyer, *La dictadura de Franco*, 364.

[601] Un interesante acercamiento a la ayuda norteamericana se encuentra en Lorenzo Delgado, «Coordenadas de la asistencia militar norteamericana al franquismo en los años cincuenta. Entre el deseo y la realidad», *Ayer*, n.º 116 (2019): 21-48.

[602] Esta no fue la única ayuda exterior que intentó España. Francia pronto se convertiría en un aliado interesante. Lorenzo Delgado y Pablo León, «Génesis de la asistencia militar a España en la Guerra Fría», en *La Historia: lost in translation? Actas del XIII Congreso de la Asociación de Historia Contemporánea*, ed. Damián González, Manuel Ortiz, y Juan Sisinio (Albacete: Ediciones de la Universidad de Castilla-La Mancha, 2017), 1751-62.

intentar modernizar unas fuerzas armadas que distaban mucho de cumplir con los estándares del bloque occidental[603].

En cuanto a los acuerdos, aunque estos se firmaron en 1953 hubo que esperar hasta noviembre de 1956 para la llegada de los dos primeros destructores[604]. Una ayuda, la militar, que resultaba a todas luces escasa incluso para los cálculos del Pentágono, que presupuestaba en mínimo 550 millones de dólares la cantidad necesaria para la modernización de las Fuerzas Armadas españolas. En cambio, en los Pactos de Madrid esta no llegaba a los 300 millones[605]. Por ello, el punto de partida era de un desequilibrio en la propia ayuda militar. La única que realmente interesaba y preocupaba a los estadounidenses. Una gradual e insuficiente ayuda estadounidense que, sin embargo, influyó en la modernización del ejército español[606]. Un desequilibrio a favor de Estados Unidos de los acuerdos que el Régimen quiso ocultar a la opinión pública española, pero que la diplomacia estadounidense intentó explicar. Como ya se indicó, la percepción del *Amigo Americano* era de escepticismo, cuando no de abierta hostilidad, sobre todo en los sectores falangistas. Pero al mismo tiempo se fantaseaba sobre lo que podrían aportar los americanos. Una suerte de 'odio et amo' que captó a la perfección Luis García Berlanga en la película *Bienvenido Míster Marshall* (1953)[607].

La United States Information Service (USIS) fue una de las piezas más importantes de esa *maquinaria de la persuasión*, por seguir la expresión de

---

[603] Pablo León, «Estados Unidos y la formación de los militares españoles en los años 1950: una aproximación desde la documentación norteamericana.», en *La Historia: lost in translation? Actas del XIII Congreso de la Asociación de Historia Contemporánea*, ed. Damián González, Manuel Ortiz, y Juan Sisinio (Albacete: Ediciones de la Universidad de Castilla-La Mancha, 2017), 203-14.

[604] El argumento que esgrimían los estadounidenses era que los militares españoles no estaban capacitados para usar la maquinaria moderna. Lorenzo Delgado, «Estados Unidos ante la modernización de las Fuerzas Armadas españolas durante los años 50», en *La Historia: Lost in translation? XIII Congreso de la Asociación de la Historia Contemporánea* (El factor internacional en la modernización educativa, científica y militar de España., Albacete: Ediciones de la Universidad de Castilla-La Mancha, 2016), 41-60.

[605] Y es que, como titula Ángel Viñas uno de sus capítulos, "Los americanos ayudan según sus intereses" Viñas, *En las garras del águila. Los pactos con Estados Unidos, de Francisco Franco a Felipe González (1945-1995)*, 287..

[606] Termis Soto, *Renunciando a todo. El régimen franquista y los Estados Unidos desde 1945 hasta 1963*, 83-86; Delgado, «Estados Unidos ante la modernización de las Fuerzas Armadas españolas durante los años 50»; Delgado y León, «Génesis de la asistencia militar a España en la Guerra Fría».

[607] Alessandro Seregni, *El antiamericanismo español* (Barcelona: Editorial Síntesis, 2007); Daniel Fernández, *El enemigo yanqui: Las raíces conservadoras del antiamericano español* (Zaragoza: Genueve Ediciones, 2012).

Lorenzo Delgado[608]. Institución creada durante el mandato de Dwight D. Eisenhower, la USIS cambió de nombre por el de United States Information Agency (USIA) en agosto de 1953[609]. Esta nueva agencia se sirvió del cine/televisión, las ferias de muestras, las semanas culturales americanas y la música como métodos de propaganda[610]. De fondo, el objetivo que perseguía era garantizar la presencia norteamericana en el mundo a través de embajadores culturales. Para ello, la colaboración fue constante entre el servicio exterior de Estados Unidos y agentes privados, una estrategia que se venía haciendo desde el siglo XIX y que ahora recibía un nuevo impulso[611].

En el caso español, la USIA con el apoyo del Emergency President's Fund y el Departamento de Estado, financió diferentes proyectos culturales. La pretensión era conseguir tres metas: una mayor aceptación del acuerdo militar entre la ciudadanía española, el apoyo en la lucha anticomunista, y la implantación de las dos principales ideas que defendía Estados Unidos (democracia y libertad)[612]. Los dos primeros objetivos eran plausibles a corto-medio plazo. El tercero requería mucho más recorrido y tiempo puesto que chocaban de pleno con la propia esencia de la dictadura española. Su promoción se hizo de manera sutil e indirecta; con algo más de intensidad únicamente en las postrimerías del franquismo[613]. Dentro de esta política, hay tres instituciones clave: el Instituto de Estudios Norteamericanos de Barcelona (1950), la Asociación de Amigos de los Estados Unidos en Madrid (1953) y el Centro de Estudios Norteamericanos en Valencia (1957). Estas fueron

---

[608] Una aproximación al impacto de esta película puede verse en Jesús Ferrer, «Del Hollywood Bowl a los Festivales de España: José Iturbi o Bienvenido Mister Marshall», en *Relaciones en conflicto. Nuevas perspectivas sobre relaciones internacionales desde la historia*, ed. Enrique Bengochea, Elena Monzón, y David Pérez (Valencia: Universitat de València: Asociación de Historia Contemporánea, 2015), 96-102. Delgado, «La maquinaria de persuasión. Política informativa y cultural de los Estados Unidos hacia España».

[609] José Antonio Montero, «Diplomacia Pública, debate político e historiografía en la política exterior de los Estados Unidos (1938-2008)», *Ayer* 3, n.º 75 (2009): 63-95.

[610] Nicholas Cull, «Ganando amigos: La diplomacia pública estadounidense en Europa Occidental (1945-1960)», en *Guerra Fría y propaganda. Estados Unidos y su cruzada cultural en Europa y América Latina*, ed. Antonio Niño y José Antonio Montero (Madrid: Biblioteca Nueva, 2012), 85-121.

[611] Richard Arndt, *The First Resort of Kings: American Cultural Diplomacy in the Twentieth Century* (Washington DC: Potomac Books, 2005), 17-23.

[612] Justin Hart, *The Empire of Ideas. The Origins of Public Diplomacy and the Transformations of U.S. Foreign Policy* (Oxford: Oxford University Press, 2013), 198-201.

[613] Antonio Niño, «Los dilemas de la propaganda americana en la España franquista», en *Guerra Fría y propaganda. Estados Unidos y su cruzada cultural en Europa y América Latina.*, ed. Antonio Niño y José Antonio Montero (Madrid: Biblioteca Nueva, 2012), 170. Francisco Rodríguez, Lorenzo Delgado, y Nicholas Cull, eds., *US Public Diplomacy and Democratization in Spain. Selling Democracy?* (New York: Palgrave MacMillan, 2015)..

apoyadas por las Casas Americanas y vertebraron los programas culturales, destacando la radio y la música en directo.

La Voice of America (VOA), un servicio de radio internacional auspiciado por el Gobierno de Estados Unidos, comenzó sus emisiones en España en 1942. Sin embargo, adquirió mayor relevancia en el contexto de los Pactos de Madrid. Este canal se utilizó como herramienta clave para difundir los valores y el estilo de vida americano, destacando programas como *Way of Life*[614], que presentaba de forma idealizada las bondades del sistema estadounidense. En paralelo, la música, tanto culta como popular, se convirtió en un vehículo de impacto cultural significativo. La música culta tuvo una recepción destacada entre las élites, quienes la apreciaron como símbolo de sofisticación y prestigio cultural. Por otro lado, a medida que se desarrollaba una sociedad de masas en España, la música popular adquirió un protagonismo creciente al satisfacer los deseos de entretenimiento de un público más amplio. Dentro de este ámbito, la difusión del jazz desempeñó un papel crucial[615].

La acogida entusiasta de este género musical impulsó a la diplomacia cultural estadounidense a organizar conciertos patrocinados por el Departamento de Estado[616]. Estas iniciativas no solo popularizaron el jazz en España, sino que también reforzaron la imagen de modernidad y dinamismo asociados con Estados Unidos, consolidándose como un elemento central de la estrategia de persuasión cultural norteamericana.

Más allá de la cuestión cultural, se ha comentado cómo el Gobierno estadounidense tenía dificultades para transmitir su "paquete ideológico" en España. Como apunta Lorenzo Delgado, desde Washington se tuvo que tomar una decisión[617]. ¿Qué elemento era prioritario? ¿La promoción de la democracia? o ¿El liderazgo internacional? En aquellos territorios donde fue posible, se produjo la expansión de la democracia como elemento catalizador del espíritu estadounidense.

---

[614] España también intentó construir la *Spanish way of life* como se puede ver en Francisco Jiménez, «A Spanish way of life. Consumo y publicidad en la España de los cincuenta», en *Esta es la España de Franco. Los años cincuenta del franquismo (1951-1959)*, ed. Miguel Ángel Del Arco y Claudio Hernández (Zaragoza: Prensas de la Universidad de Zaragoza, 2020), 73-92.

[615] Una gran aproximación a la relevancia de la difusión del Jazz puede verse en Samuel Lillo, «La música a escena. La diplomacia musical entre Estados Unidos y España (1939-1970)», *Cuadernos de Historia Contemporánea* 42 (2020): 285-304.

[616] Iván Iglesias, «Swinging Modernity: Jazz and Politics in Franco's Spain (1939–1968)», en *Made in Spain. Studies in Popular Music*, ed. Silvia Martínez y Héctor Fouce (New York: Routledge, 2012), 106.

[617] Lorenzo Delgado, «Estados Unidos, ¿soporte del franquismo o germen de la democracia?», ed. Lorenzo Delgado, Ricardo Martín, y Rosa Pardo (Madrid: Sílex, 2016), 263-308.

Los estados de Europa occidental democratizados aceptaban el liderazgo estadounidense y se construían desde los valores democráticos. El problema se produjo con regímenes como el español, donde la promoción de la democracia no se situó en la agenda prioritaria[618]. Por el contrario, se optó por el *realismo político*, dentro de la doctrina de la contención[619]. Es decir, se priorizaron los elementos prácticos sobre los ideológicos o idealistas, la preeminencia de que Estados Unidos liderase el bloque occidental.

La historiografía utiliza el concepto *Friendly Tyrants*[620] para definir a aquellos "regímenes no democráticos, pero sí anticomunistas, susceptibles por tanto de aportar su contribución a la defensa de la seguridad y el interés nacional norteamericano"[621]. Con este, se intenta comprender la actitud que mantuvo Washington en este período. Una actuación que no dejaba de ser una contradicción con los valores que decían liderar ante el antagonista soviético[622].

La decisión tomada desde Washington de apoyar al Régimen a partir de los Pactos de Madrid podía interpretarse de dos formas: como soporte esencial de la dictadura o como responsable de poner los primeros cimientos de la democratización. La primera teoría triunfó entre los sectores antifranquistas después de 1953[623], aunque es posible que el malestar fuera previo[624]. La segunda caló entre las elites políticas o de la diplomacia pública estadounidense[625]. Lo cierto es que, mientras se producía la construcción de las bases, la diplomacia estadounidense trabajó para convencer a la población española del interés que tenía la colaboración bidireccional. A través de los medios ya indicados como la VOA o publicaciones como *Noticias de Actualidad* se presentaban los beneficios que aportaba para la sociedad española la alianza entre ambos Estados. Los programas

---

[618] Esta actitud se mantuvo hacia otros regímenes similares al español como Portugal. No obstante, más difícil de justificar era el derrocamiento de regímenes elegidos de forma libre como en Guatemala, el Congo, Malasia o Chile. David F. Schmitz, *Thank God They're on Our Side. The United States and Right-WIng Dictatorships, 1921-1965* (Chapel Hill (NC): University of North Carolina Press, 1999).

[619] Walter Lippmann, *The Cold War* (New York: Harper, 1947); George F. Kennan, *American Diplomacy: Sixtieth-Anniversary Expanded Edition* (Chicago: University of Chicago Press, 2012).

[620] El concepto fue acuñado en Adam Garfinkle y Daniel Pipes, eds., *Friendly Tyrants: An American Dilemma* (London: Palgrave Macmillan, 1991), https://doi.org/10.1007/978-1-349-21676-5.

[621] Delgado, «Estados Unidos, ¿soporte del franquismo o germen de la democracia?», 265.

[622] Josep Fontana, *Por el bien del Imperio. Una historia del mundo desde 1945* (Barcelona: Pasado y Presente, 2011), 9-24.

[623] Es la tesis defendida en la obra inédita Francisco Rodríguez y Daniel Fernández, «La actitud del PSOE hacia Estados Unidos: del final de la II Guerra Mundial a Suresnes» (Inédito, 2016).

[624] Villares, *Exilio republicano y pluralismo nacional.*

[625] Delgado, «Estados Unidos, ¿soporte del franquismo o germen de la democracia?», 268-70.

de intercambio de personas y la formación de capital humano fue la base que sustentó esta política de blanqueamiento de la imagen de Estados Unidos en España. Y es que, la cooperación entre naciones resultaba clave para el desarrollo y la modernización del país ibérico, algo que beneficiaría a Washington a corto y medio plazo[626].

También hubo espacio para la transmisión de los valores democráticos. Desde un "perfil bajo", la USIS pretendía con "cuidado y de forma selectiva" captar a personalidades del futuro que pudieran transformar la sociedad española[627]. Con esto, parece evidente que se abandonaba cualquier pretensión de que Franco y su régimen cambiaran. Aceptando al dictador se aceptaba su naturaleza, al menos, por el momento. La inclusión de España en el Foreing Leader Program y en el Educational Exchange Program se encaminaban hacia la normalización de la situación de España. A estos, con la firma de los Pactos se introducen dos nuevos programas: El Technical Exchange Program y el Military Assistance Training Program. Ambos vinculados a las Fuerzas Armadas, pretenden adiestrar y profesionalizar al precario Ejército español[628].

Francisco Franco recibió también el espaldarazo del Vaticano. Aunque la gestación se produjo de forma paralela a los Pactos de Madrid con Estados Unidos, el significado fue diferente. Ambos repercutieron, lógicamente, sobre la visión exterior del Régimen, pero en el fondo existía una diferencia importante. Si con los norteamericanos se aspiraba la modernización de las Fuerzas Armadas y a la estabilidad económica, con el Concordato se buscó el liderazgo católico y la consolidación moral de la dictadura. La religión católica era proclamada como la "única" y la Iglesia conseguía una gran intervención en la vida civil[629]. Como resultado de las buenas relaciones, a Franco se le concedió el 21 de diciembre de 1953 la Orden Suprema de Cristo, una de las más altas distinciones que podía otorgar la Santa Sede. Una condecoración que fue analizada desde dos vertientes en Estados Unidos. Por un lado, algunos periódicos lo analizaban como un gesto de

---

[626] Lorenzo Delgado, «Cooperación cultural y científica en clave política. Crear un clima favorable para las bases USA en España», en *España y los Estados Unidos en el siglo XX*, ed. Lorenzo Delgado y María Dolores Elizalde (Madrid: Consejo Superior de Investigaciones Científicas, 2005), 207-43; Adoración Álvaro, «Guerra Fría y formación de capital humano durante el franquismo. Un balance sobre el programa estadounidense de ayuda técnica (1953-1963)», *Historia del presente* 17 (2011): 13-25.
[627] Delgado, «Estados Unidos, ¿soporte del franquismo o germen de la democracia?», 275.
[628] Lorenzo Delgado, «Modernizadores y tecnócratas. Estados Unidos ante la política educativa y científica de la España del desarrollo.», *Historia y Política*, n.º 34 (2015): 113-46.
[629] «Spain Continues Catholicism as State Religion», *The Bradenton Herald* (Florida), 27 de octubre de 1953, p. 12.

reconocimiento por las acciones del pasado en favor del catolicismo[630]. Pero hubo otras interpretaciones más críticas, como, por ejemplo, la producida en el *Green Bay Press-Gazette* (Wisconsin), donde Alice-Leone Moats enfatizó la cercanía de Franco al fascismo y nazismo; también señaló cómo la ayuda del Gobierno estadounidense contribuía a mantener en el poder al dictador[631].

El éxito que supuso el Concordato permitió la consolidación de prelados como Enrique Pla y Deniel y Ángel Herrera Oria (antiguo director del *Debate* y máximo representante de la ACNP). La inversión estatal entre 1939 y 1959 en la Iglesia fue superior a los 3.100 millones de pesetas, mientras que el número de personas vinculadas al catolicismo superaban las 100 mil hacia 1950. Con estas cifras, es fácil comprender la capacidad de movilización y propaganda que se manejaba. Más de 800 publicaciones periódicas y casi dos centenares de emisoras de radio. Hacia 1956, éstas últimas se agruparon en la COPE (Cadena de Ondas Populares Españolas). Esta preponderancia del catolicismo no siempre fue positiva. De cara al exterior y, particularmente, hacia Estados Unidos, no era el todo alentador. Se temía una mayor discriminación de las otras confesiones religiosas, como ya sucedió con anterioridad a los acuerdos con el Vaticano[632].

Más allá del significado político que los Pactos de Madrid tuvieron para sus firmantes, resulta crucial analizar su impacto en otros sectores, particularmente en la oposición antifranquista, que vio con preocupación la cercanía entre Estados Unidos y el régimen de Franco. Desde que en 1946 no se produjera el esperado derrocamiento de la dictadura, el panorama de los exiliados antifranquistas fue paulatinamente empeorando. La brutal represión y la incapacidad para articular una alternativa cohesionada y viable que fuese apoyada directamente por las potencias democráticas hizo que poco a poco se fueran desvaneciendo las esperanzas. En ese proceso, la Guerra Fría jugó un papel decisivo, ya que la política de Contención sirvió como justificación para el acercamiento estadounidense hacia España.

Ante la constatación de que en América no se encontraba la solución a sus demandas, a partir de 1948 muchos exiliados comenzaron a trasladarse a Europa, buscando integrarse en los movimientos federalistas que surgían en el continente. Este camino fue seguido, principalmente, por democristianos, socialistas y

---

[630] «Pope honors Franco», *The Lexington Herald* (Kentucky), 22 de diciembre de 1953, p. 1; «Pontiff confers honor on Franco of Spain», *Democrat and Chronicle* (New York), 22 de diciembre de 1953, p. 1.

[631] «Franco helped by signatures in two capitals», *Green Bay Press-Gazette* (Wisconsin), 22 de diciembre de 1953, p. 8.

[632] Un ejemplo de esto se produjo en febrero de 1955. Vid «Catholicism held breeder of reds», *The Gazette and Daily* (Pennsylvania), 23 de febrero de 1955, p. 22.

miembros de Galeuzca, que aglutinaba a los nacionalismos gallego, vasco y catalán. No obstante, otros sectores, como los comunistas y algunos republicanos, optaron por estrategias distintas. Incluso el gobierno republicano en el exilio llegó a participar en el Movimiento Europeo, intentando ganar influencia en los círculos políticos del continente[633].

Desde estos colectivos, la alianza hispano-estadounidense fue percibida como un obstáculo para alcanzar sus objetivos. Sin embargo, sus denuncias encontraban cada vez menos eco en Europa, lo que les obligó a redoblar sus esfuerzos para hacer oír su mensaje. Este estado de ánimo se reflejó, por ejemplo, en Pablo de Azcárate, quien consideró la alianza con Estados Unidos como "negativa para nuestro país y su integridad nacional" [634]. Este testimonio, al igual que otros provenientes del exilio, evidenció la frustración de una oposición que veía cómo el Régimen consolidaba su posición en el ámbito internacional.

Que el centro de operaciones de la oposición antifranquista se focalizase en Europa no eliminó del tablero a Estados Unidos. Allí, la oposición al franquismo se dividía en dos esferas: el PNV y el Gobierno Vasco, por un lado; y las asociaciones sindicales e intelectuales españoles o afines a España por el otro. En el primer caso, el Gobierno Vasco no se oponía a las bases, pero sí a que los acuerdos se firmasen con Franco[635]. El temor a que se fortaleciese al dictador estaba sobre la mesa y, viendo el resultado, no estaban equivocados[636]. A pesar de ello, personalidades vascas como Aguirre, Galíndez, Irala y Pedro Beitia confiaban en que Estados Unidos seguía siendo la solución[637]. Por ello, no desistieron en el trabajo que venían realizando años atrás de forma conjunta al Departamento de Estado.

Las acciones de Victoria Kent se enmarcaron en el segundo caso. Coincidiendo (pero no necesariamente como influencia) con la firma de los acuerdos, la revista *Ibérica* empezó a perder financiación y Kent decidió fundar *Ibérica por la libertad*. El objetivo era seguir ejerciendo de altavoz del antifranquismo en suelo

---

[633] Villares, *Exilio republicano y pluralismo nacional*, 111.

[634] «Memorándum de Pablo de Azcárate», 31 de enero de 1954, AGUN, Fondo Francisco Moreno Herrera, 060/006/0113.

[635] «Carta de Aguirre a Galíndez», 28 de octubre de 1953, Irargi, GE-78-2. En Mota, *Un sueño americano. El Gobierno Vasco en el exilio y Estados Unidos (1937-1979)*, 261.

[636] Pedro Martínez, «La política exterior de España en el marco de la Guerra Fría: del aislamiento limitado a la integración parcial en la sociedad internacional, 1945-1953», en *La política exterior de España en el siglo XX*, ed. Javier Tusell, Juan Avilés, y Rosa Pardo (Madrid: Biblioteca Nueva, 2000), 323-40.

[637] Gregorio Morán, *Los españoles que dejaron de serlo* (Barcelona: Planeta, 2003), 286; Mota, *Un sueño americano. El Gobierno Vasco en el exilio y Estados Unidos (1937-1979)*, 263.

estadounidense. La motivación que tenía Kent se observa en la carta que Louise Crane envió a Berle. En ella, admitió que "de la misma manera que el arma más tajante de McCarthy es que sus oponentes son de por sí comunistas, el lobby franquista ha logrado imponer que todo antifranquista es sospechoso"[638]. Dos ejemplos que sirven para recordar que la oposición antifranquista vinculada a España en Estados Unidos no desapareció tras los acuerdos[639].

Finalmente, en este repaso del *statu quo* tras los acuerdos, es necesario tener en cuenta la posición del embajador José Félix de Lequerica. Que la relación entre Lequerica y el ministro Martín Artajo no era la mejor se ha evidenciado en páginas anteriores. La actitud que tenía el embajador en Washington y la disconformidad por las artimañas que utilizaba en *beneficio de la misión* no convencían al titular de exteriores. Tampoco ayudaban los informes que apuntaban al posible perjuicio que provocaba tenerlo de representante[640]. Por su parte, Lequerica mantuvo su empeño en hacer valer su gestión y exigía el reconocimiento de su estrategia. Consciente del esfuerzo realizado para la obtención de ayudas económicas, esperaba estar presente en la firma de los acuerdos con Estados Unidos. Deseo que no contó con la aquiescencia del Ejecutivo. Quizás, para evitar la incomodidad de la situación, el propio Martín Artajo le encargó el 28 de septiembre de 1953 una misión en Panamá[641]. Una propuesta que Lequerica rechazó, al tiempo que solicitó una licencia de dos meses para acudir a España. Esta petición no fue la primera. Según Cava Mesa, el 13 de febrero y el 23 de mayo realizó dos intentos por asegurar su presencia en Madrid[642]. Intentos fallidos que llevaron al ostracismo a quien se consideraba a sí mismo uno de los principales actores en los logros de España en suelo estadounidense.

A estas alturas, la situación de Lequerica en Washington era cada vez más precaria. Como principal impulsor del lobby español, esperaba obtener un mayor reconocimiento por su labor, pero sentía que su trabajo no estaba siendo debidamente valorado. No obstante, mientras se negociaban y firmaban los Pactos de Madrid, Lequerica continuó desempeñando su labor diplomática con

---

[638] BRBML, Louise Crane and Victoria Kent Papers, YCAL MSS 473. Citado en Carmen De la Guardia, *Victoria Kent y Louise Crane en Nueva York: un exilio compartido* (Madrid: Sílex, 2015), 149.

[639] Feu, «España Libre (1939-1977) and the Spanish Exile Community in New York»; Feu, *Fighting Fascist Spain.*

[640] «Informe de Wyndham Torr», 30 de julio de 1945, NARA, RG 59, 1945-1949, Box. 3993.

[641] Ángel Viñas, *Lecciones de Economía Española e Internacional (50 aniversario del Cuerpo de Técnicos Comeciales del Estado)* (Madrid: Ministerio de Economía y Comercio, 1981), 49-90.

[642] Cava Mesa, *Los diplomáticos de Franco. J.F. de Lequerica. Temple y tenacidad (1890-1963)*, 338.

dedicación. Por ello, a finales de septiembre, centró sus esfuerzos en la promoción de la moda española, organizando actividades destinadas a proyectar una imagen moderna y sofisticada de España. Durante la inauguración de una tienda en Washington, destacó el gran reto y "orgullo" que representaba para la industria española vestir a las "elegantes mujeres estadounidenses" [643]. Este tipo de iniciativas formaba parte de una estrategia más amplia que buscaba resaltar a España como un país moderno, creativo y culturalmente rico, con una oferta que iba más allá del tradicional enfoque en el turismo de 'sol y playa'.

La cobertura mediática de este evento fue elevada, lo que permitiría valorar en sentido positivo la efectividad de estas acciones diplomáticas. Según la reportera Marilyn Mercer, las prendas expuestas capturaban diversos aspectos de la cultura española, desde la artesanía campesina hasta la influencia de obras maestras exhibidas en el Museo del Prado de Madrid. Por su parte, *The Times Record* de Nueva York interpretó la inauguración como un símbolo del fortalecimiento de las relaciones bilaterales[644]. La importación de estilos de vestimenta españoles fue vista como un aporte positivo para Estados Unidos, reforzando la narrativa de unas relaciones en proceso de consolidación.

Aunque Lequerica fue en cierto modo arrinconado por el Ministerio de Asuntos Exteriores, hubo voces que valoraron positivamente su actuación. Sirva de ejemplo dos análisis antagónicos publicados en estas fechas. El primero de Álvarez del Vayo, quien publicó una editorial en *The Gazette and Daily* (Pennsylvania) el 3 de octubre de 1953[645]. Del Vayo subrayaba la labor de Lequerica como arquitecto del 'pro-Franco lobby' y el éxito que, a su pesar, consiguió. Además, aporta una interesante referencia al cardenal Spellman, a quien sitúa a la altura de Harry S. Truman en nivel de importancia[646]. Por su parte, Doris Fleeson habló de la capacidad que tuvo Lequerica para conseguir beneficiarse del *realismo político,* doctrina que determinaba las acciones del Ejecutivo estadounidense[647]. El análisis certero de Fleeson sobre lo acontecido refleja el sentir de un sector de la sociedad norteamericana. En su caso, el de aquellas personas que entendía que Estados Unidos

---

[643] Phyllis Battelle «Spain does anything Paris does---cheap», *Austin American-Statesman* (Texas), 29 de septiembre de 1953, p. 11.

[644] «Culture of Spain seen in imports», *The Times Record* (New York), 7 de octubre de 1953, p. 24.

[645] Jurista español, fue miembro de las cortes republicanas y embajador en México.

[646] Álvarez del Vayo «The new aly, Franco Spain», *The Gazette and Daily* (Pennsylvania), 3 de octubre de 1953, p. 7.

[647] Doris Fleeson «Realism and experience», *The Birmingham News* (Alabama), 15 de octubre de 1953, p. 21.

debía mantenerse fiel a su función como exportador de la democracia y no apoyaba un eventual acercamiento al franquismo[648].

A comienzos de febrero de 1954, se produjo un relevo en el liderazgo de la embajada española de Washington. Una permuta que salió del propio Lequerica. El día 9 envió una misiva al ministro de Exteriores, en la que indicaba: "conviene designar a otra persona dispuesta a emprender aquí con todos los bríos necesarios una nueva acción constante"[649]. Según Cava Mesa, con este movimiento, el embajador aspiraba, en el fondo, a la obtención de la cartera de Exteriores. Entendía que era el camino natural que debía segur después del éxito de su gestión en Norteamérica. Forzando la situación, advirtió que había muchas personas a las que "la sola hipótesis de mi resurrección les pone en epilepsia"[650]. Es más, llegó a "amenazar veladamente" con retirarse de la vida política si no obtenía la cartera.

Es difícil calibrar si la vehemencia del embajador surtió el efecto deseado en Franco. El *Caudillo* era reacio a modificar su gobierno, pero aceptó la petición de Lequerica de abandonar Estados Unidos y le otorgó al titular de la misión en Washington DC un papel destacado a la hora de elegir su sustituto. Función para que Lequerica recomendó en primer lugar a Fernando de Castiella. Esta opción fue desestimada porque implicaba cambiar de embajador en el Vaticano. La elección final recayó sobre José María de Areilza, también a propuesta de Lequerica, que solicitó el plácet para el nuevo embajador el 29 de julio de 1954. Por su parte, al vasco le concedieron ser el primer delegado permanente español en Naciones Unidas. El círculo se cerraba para Lequerica, cuya reputación y mala prensa dentro del Ejecutivo le llevó a seguir siendo una personalidad periférica dentro del Régimen.

### Siguiente parada: la ONU

La rúbrica de los acuerdos entre España y Estados Unidos en 1953 no generó un acercamiento inmediato con el resto de los países europeos. Por el contrario, el Régimen reaccionó reforzando su política nacionalista, evidenciando una posición

---

[648] Doris Fleeson fue una columnistas y periodista bastante reconocida en su país. De hecho, fue la primera mujer sindicada como columnista política en el país. Una interesante obra sobre su vida y repercusión puede verse en Carolyn Sayler, *Doris Fleeson: Incomparably the First Political Journalist of Her Time* (Santa Fe: Sunstone Press, 2011).

[649] «Carta de Lequerica a Martín Artajo», 9 de febrero de 1954. AGA, Caja 82/11151, exp. 5.

[650] «Nota reservada», 9 de julio de 1953, Archivo Lequerica (AL) en Cava Mesa, *Los diplomáticos de Franco. J.F. de Lequerica. Temple y tenacidad (1890-1963)*, 341.

de mayor aislamiento en el contexto continental. Esta tendencia se intensificó tras la visita de la reina Isabel II al enclave británico de Gibraltar en enero de 1954, un hecho que exacerbó las tensiones entre España y el Reino Unido. Paralelamente, Madrid buscó proyectar una imagen de mayor cercanía hacia el mundo árabe. Este giro se manifestó en varios frentes, como el apoyo al nacionalismo marroquí dentro del protectorado francés, y en el establecimiento de relaciones con destacados líderes árabes, entre ellos Gamal Abdel Nasser en Egipto. En este marco, se fundó en 1954 el Instituto Hispano-Árabe de Cultura, una institución destinada a fomentar los vínculos culturales y políticos entre España y los países árabes[651]. Por otro lado, en el ámbito iberoamericano, la dictadura franquista promovió la creación de una Comunidad Iberoamericana de Naciones, concebida como una suerte de *Commonwealth* hispana que reafirmara los lazos históricos y culturales con los países de América Latina[652]. Aunque este proyecto no alcanzó un desarrollo significativo, reflejó la aspiración de España por reforzar, y ampliar si fuera posible, su influencia en esta región.

De forma paralela, y en un movimiento que resultó notablemente pragmático, el Régimen dio señales de un tímido acercamiento hacia la Unión Soviética. Este proceso se materializó en marzo de 1954, cuando Moscú aprobó el regreso de los prisioneros españoles que habían combatido en la División Azul durante la Segunda Guerra Mundial. Este gesto fue interpretado como un intento de distensión en las tensas relaciones entre ambos países, sin comprometer la firme alineación anticomunista de España.

Londres y París buscaron la colaboración española ante la dificultad que acarreaba el proceso de descolonización. Muestra de ello fueron las facilidades que le dieron a España para ingresar en los comités técnicos de la OECE. Un primer paso que culminó en julio de 1956, momento en el que el Gobierno franquista solicitó el ingreso como miembro con pleno derecho[653]. Estos primeros pasos en el ámbito

---

[651] Miguel Hernando, Irene González, y Bernabé López, *El Instituto Hispano-Árabe de Cultura. Orígenes y evolución de la diplomacia pública española hacia el mundo árabe* (Madrid: Ministerio de Asuntos Exteriores, 2016).

[652] Rosa Pardo, «La salida del aislamiento: la década de los cincuenta», en *La España de los cincuenta*, ed. Abdon Mateos (Madrid: Eneida, 2008), 114.

[653] En 1954 España formó parte de la Conferencia de Ministros de Transportes de la OECE. Desde enero de 1955 ya pudo nombrar a un delegado permanente en el Comité Ministerial de Alimentación y Agricultura. En el mismo periodo, eligió a otro delegado como observador en las sesiones de Comités Técnicos de la OECE. Por último, la petición oficial para ingresar en dicha organización se efectuó en julio de 1956. Lorenzo Delgado, «El ingreso de España en la Organización Europea de Cooperación Económica: un paso trascendental en el camino hacia Europa», *Arbor*, n.º 669 (2001): 147-80.

europeo formaban parte de una estrategia más ambiciosa: la entrada en la ONU. Para ello, se realizaron gestiones diplomáticas con el objetivo de obtener el mayor número de apoyos posible. En este sentido, se entiende el acercamiento al mundo árabe, pues una gran cantidad de países estaban en proceso de lograr su independencia, por lo que representaban una oportunidad para la diplomacia española.

Igual que durante la presencia de Lequerica, en este momento, el papel jugado por el nuevo embajador español Areilza en Estados Unidos es complejo de verificar. Si se atiende a su propio testimonio, la documentación sobre la adhesión de España en la ONU estaba "semiarchivada" en el despacho de la Embajada, por lo que decidió *motu proprio* recuperar e impulsar dicha iniciativa[654]. En otra obra, llegó a indicar que Lequerica, al observar las resistencias a España, desistió en el intento[655]. Leyendo entre líneas pareciese que el asunto de la entrada en la ONU estaba cerrado por parte de Lequerica. O, al menos, que éste lo puso en segundo plano. Una actitud que vino avalada por el propio Ejecutivo[656].

Indagando en la documentación, se puede afirmar que es cierto que Lequerica inició algunas gestiones, pues temía "el peligro de quedar como único país si por fórmulas de acuerdo se resuelve la entrada en las Naciones Unidas de los países solicitantes eliminados los vetos de las grandes potencias"[657]. Unas gestiones que tuvo que paralizar en 1953, cuando Martín Artajo le indicó que habría de esperar a que el veto de la URSS no fuera un riesgo[658]. Una vez resuelto este asunto[659], en verano de 1954 Lequerica fue autorizado para reanudar las acciones con "naciones amigas" e ir preparando el terreno[660]. Para ello, el asesoramiento de Dag Hammarskjöld, secretario general de la ONU, fue clave[661]. Le indicó que entablaría

---

[654] José María de Areilza, *Memorias exteriores 1947-1964* (Barcelona: Planeta, 1984), 88-89.

[655] José María Areilza, «Asi entró España en las Naciones Unidas», en *El Correo Español-El Pueblo Vasco: 75 años informando* (Bilbao: El Correo Español-El Pueblo Vasco, 1985), 223.

[656] Cabe recordar que Carrero Blanco había mencionado en 1949 que la ONU era un objetivo secundario. Tusell, *Carrero. La eminencia gris del régimen de Franco*, 185.

[657] «Telegrama de Lequerica», 22 de noviembre de 1952, Archivo de la Jefatura de Estado (AJE), exp. 15. Citado en Alberto J. Lleonart Amsélem, *España y ONU (Vol. VI)* (Madrid: Consejo Superior de Investigaciones Científicas, 2002), 267.

[658] «ministro de Asuntos Exteriores a embajador en Washington», 8 de enero de 1953, AJE, exp. 16. Citado en Lleonart Amsélem, 268.

[659] Irene Sánchez, *Diez años de soledad. España, la ONU y la dictadura franquista, 1945-1955* (Sevilla: Editorial Universidad de Sevilla, 2015), 220.

[660] El 21 de julio de 1954 Lequerica recibió el encargo de realizar un plan de trabajo para la incorporación de España en la ONU. Cava Mesa, *Los diplomáticos de Franco. J.F. de Lequerica. Temple y tenacidad (1890-1963)*, 348.

[661] Viñas, *En las garras del águila. Los pactos con Estados Unidos, de Francisco Franco a Felipe González (1945-1995)*, 315-16.

conversaciones con el gobierno estadounidense para conocer su predisposición o no a la aceptación de España[662]. Al obtener un resultado positivo, Lequerica informó a Martín Artajo que se podrían iniciar los procedimientos diplomáticos[663].

A la luz de lo antedicho, Areilza se encuentra ante un proceso iniciado, aunque paralizado. Una vez resuelto un "malentendido" en la correspondencia con Hammarskjöld, decidió "solicitar, ante todo, nuestra admisión como observadores oficiales en el seno de la Asamblea"[664]. Para ello, contó con el apoyo del secretario general de la ONU, quien mantuvo acercamientos con representantes de otros países. Así lo atestigua el chileno Benjamín Cohen, quien advirtió que Hammarskjöld estaba realizando "sondeos en el más alto y responsable nivel político". Una acción que el sueco realizó de espaldas a los representantes de la Unión Soviética "a fin de no exponer a España (…) a desagradables ataques que sólo servirían para producir nuevas dificultades"[665]. Otra prueba es la antes indicada con respecto a Washington. El funcionario español Propper de Callejón fue informado por el Departamento de Estado del apoyo estadounidense y de otros miembros a la inclusión de España en la ONU. Todo ello con la condición de que hubiera un movimiento oficial desde los propios miembros de la ONU en promover la adhesión[666].

Aunque el proceso ya estuviera iniciado, parte de la historiografía otorga a Areilza el papel de impulsor de este proceso. Esto se observa a partir de la correspondencia que mantuvo con el ministro Martín Artajo. En un documento del 26 de noviembre de 1954 se aprecian dos ideas. La primera, que el embajador le dio máxima prioridad a la entrada en la ONU. La segunda incidía en que, aunque "tiene considerables fallos este organismo internacional", representaba el único "instrumento de contacto e información". En virtud de esto, Areilza sentenciaba que "no estar presente en la ONU es como estar alejado de la corriente diaria de los acontecimientos universales"[667]. Estas dos ideas estimularon el inicio de los primeros contactos en este sentido. Así, se reunió con los embajadores en la ONU de Colombia y Países Bajos y con el presidente de la Asamblea General, Eelco van Kleffens[668]. Finalmente, se produjo el envío de una carta al secretario general

---

[662] «Memorándum de conversación David McKey», 20 de octubre de 1954, FRUS, 1952-1954, United Nations Affairs, Vol. III.

[663] Cava Mesa, *Los diplomáticos de Franco. J.F. de Lequerica. Temple y tenacidad (1890-1963)*, 348.

[664] «Carta de Areilza a Martín Artajo», 17 de noviembre de 1954, AGA, caja 82/11151, exp.5.

[665] «Carta de Benjamín Cohen», 20 de agosto de 1954, AGA, caja 82/11151, exp.5.

[666] «Memorándum de conversación David McKey», 20 de octubre de 1954, FRUS, 1952-1954, United Nations Affairs, Vol. III.

[667] «Carta de Areilza a Martín Artajo», 26 de noviembre de 1954, AGA, caja 82/11151, exp.5.

[668] Sánchez, *Diez años de soledad. España, la ONU y la dictadura franquista, 1945-1955*, 226-27.

Hammarsjköld pidiendo formalmente que se nombrase un observador oficial español dentro de la ONU. Documento cuya copia llegó a manos del Departamento de Estado[669]. Se ponía así en marcha la maquinaria diplomática para la incorporación de España en la ONU.

Los encuentros diplomáticos en ambientes no oficiales continuaron con Areilza. Éste aprovechó la invitación del embajador Urrutia en Nueva York para encontrarse con diversas personalidades. Al almuerzo acudieron el secretario general Hammarsjköld, el canciller colombiano Evaristo Sourdis, Víctor Andrés Belaúnde (delegación de Perú en la ONU) y los ministros colombianos Pastrana y Castello. En sus memorias, Areilza indicó que Sourdis tenía "gran simpatía y admiración por España y el Generalísimo"[670]. Este encuentro terminó con una conversación privada entre el diplomático español y Hammarsjköld. En la misma, le explicó abiertamente la dificultad que tenía la operación que se pedía desde España debido a la Resolución 39 (I) de 1946, considerada por la Asamblea General de la ONU parcialmente vigente. Resolución que recomendaba, recordemos, la exclusión de todos los organismos internacionales establecidos por la ONU[671]. Una situación que el Régimen no había superado todavía completamente.

En virtud de lo acontecido en esta reunión, Areilza comenzó el acercamiento frontal al Departamento de Estado. Así, el 1 de diciembre de 1954 se reunió con el subsecretario Merchant, quien tenía interés por las impresiones del secretario general Hammarsjköld. En dicho encuentro el embajador español se mostró positivo, afirmando que esperaba que, a mediados de mes, hubiera una postura oficial de la ONU sobre el envío de un observador permanente. Este movimiento facilitaba, si así lo hubiera querido España, su entrada en el organismo[672]. Llama la atención que el documento escrito por Merchant remarque la capacidad de España de elegir si quiere o no entrar en la ONU. Esta afirmación podría responder a que se dudaba del interés real de España por entrar o, en cambio, responda al temor de un posible rechazo ante tal intención. Sea como fuere, lo relevante es que el Departamento de Estado tenía interés en conocer el estado de las negociaciones para tomar una postura oficial en la dirección adecuada. Incluso el propio Merchant le reconoció que la Administración Eisenhower ayudaría a España. Un guante que

---

[669] «Carta de Areilza a Hammarsjköld», 6 de noviembre de 1954, NARA, RG 59, 1950-1954, Box. 5030.

[670] José María Areilza, *Así los he visto* (Barcelona: Planeta, 1974), 183.

[671] Areilza, *Memorias exteriores 1947-1964*, 89-90.

[672] «Memorándum de conversación de Merchant con Areilza», 1 de diciembre de 1954, FRUS, 1952-1954, United Nations Affairs, Vol. III.

recogió Areilza para proponer la entrada de España en la Comisión Económica para Europa (ECE) y la Comisión Económica para América Latina (ECLA o CEPAL). En respuesta a esto, Merchant se comprometió a informar a McKey sobre la petición española para que éste agilizase las negociaciones[673].

A pesar del tono positivo inicial de Areilza, los movimientos dentro de la ONU fueron mínimos. Esto provocó que el embajador español volviese a interpelar al Secretario General a fin de que no se demorar en exceso en la toma de decisiones. Parece ser que la presión del Conde de Motrico desatascó la situación. Hammarskjöld se reunió con algunos representantes para tantear su posición. En resumidas cuentas, se podría decir que Colombia, Brasil, Estados Unidos y Reino Unido se mostraron favorables a la inclusión de un observador permanente español. Francia, por su lado, no había respondido cuando la carta se envió a Madrid, aunque el conde de Motrico confiaba en el voto positivo[674]. Por su parte y, como era esperado, la India y la Unión Soviética rechazaron esta propuesta. Ahora bien, abrieron la puerta a que esta aprobación significase un precedente de cara a otras naciones que tampoco estaban en Naciones Unidas. Para el embajador esto era favorable a los intereses de España, pues haría falta una "amnistía por partida doble" para la entrada definitiva en la ONU[675]. Una idea que Areilza entendía como positiva, pues se reforzaba su idea de que la ONU no debería ser "un club privado". Palabras que dijo en el Overseas Press Club de Nueva York, tal y como recoge *The New York Times*[676].

La complejidad de las negociaciones que indicó Hammarskjöld llevaron a que el Ministerio de Asuntos Exteriores fuera cauto. En una misiva recibida el 23 de diciembre de 1954, se recomendó al embajador que tuviera precaución ante un posible fracaso. El recelo se sustentaba en la idea de que "solicitar nuestra admisión como simples observadores para encontrarnos después con negativas o evasivas (…) produciría efectos perjudiciales tanto en el plano de la política exterior como dentro de nuestro país". El argumento que esgrimía el Ejecutivo español era el temor a que "las resoluciones de la Asamblea contrarias a España"

---

[673] «Carta de Areilza a Martín Artajo», 2 de diciembre de 1954, AGA, caja 82/11151, exp. 5.
[674] Cabe señalar que el conflicto del nacionalismo marroquí en el protectorado francés enrareció las relaciones con España. Al parecer, la dictadura franquista apoyaba a los nacionalistas marroquíes, lo que incomodó y enturbió la conexión con París.
[675] «Carta de Areilza a Martín Artajo», 21 de diciembre de 1954, AGA, caja 82/11151, exp. 43.
[676] «Spain's U.N. entry is urged by envoy», *The New York Times,* 17 de diciembre de 1954, p. 9.

podrían ser suficiente para justificar un voto negativo y el consecuente rechazo[677].
Se refería a la iniciativa presentada por Australia y México en la Conferencia de
San Francisco[678]. Un texto que, debido a la supervivencia de la dictadura, no se
podía considerar superada.

A pesar de la prudencia que le recomendaban/exigían desde Madrid, Areilza
decidió realizar una "ofensiva total"; o así lo quiso recordar en sus memorias[679].
Para ello y, bajo la recomendación de Hammarskjöld, se propuso mantener un
encuentro con el embajador de la Unión Soviética en la ONU, Arkady Sobolev.
Este era el "mejor camino" según el Secretario General de la ONU que, además, le
admitió que "me hace usted un favor, pues al aclarar el problema de España podría
ponerse en marcha el mecanismo de las demás admisiones"[680]. Sin desmerecer las
palabras del diplomático español, parece poco probable que la reunión se produjese
sin una preparación del terreno previa. Esta preparación pudo ser realizada por el
propio secretario general o también por el Ministerio de Exteriores. Los
argumentos para esta segunda posibilidad se basaron en el deshielo de las
relaciones con la Unión Soviética que mantenía España (y el bloque occidental).
Con respecto a Madrid, la liberación de 500 cautivos españoles de la División Azul
pudo significar un viraje en la política de Nikita Jruschov[681].

Sea como fuere, la reunión con Sobolev se produjo. En ella Areilza aprovechó
el encuentro para calificar como "despropósito" la invocación a la Resolución de
San Francisco de 1945. Poco se sabe de la respuesta que recibió, más allá de la
escueta "déjeme pensarlos unos días. Yo le llamaré para que hablemos de nuevo",
como así sucedió a comienzos de 1955[682]. Sobolev le indicó que lo aprobado en
San Francisco ya "no era decisivo" para la Unión Soviética. Además, le indicó que
Moscú preconizaba "respetar la no injerencia política en el interior de cada país".
Asimismo, Sobolev le indicó a Areilza que serían los soviéticos quiénes hablarían

---

[677] «Carta del Ministerio de Asuntos Exteriores a Areilza», 23 de diciembre de 1954, AGA, Caja
82/11151, exp. 5.
[678] En la Conferencia de San Francisco del 19 de junio de 1945 se aludió a España cuando se afirmó
que "la delegación de México considera que este párrafo no podrá aplicarse a Estados cuyos
regímenes fueron establecidos con la ayuda de fuerzas militares de países que han luchado contra las
Naciones Unidas, mientras que estos regímenes permanezcan en el poder". Alberto J. Lleonart
Amsélem, «España y la ONU: La cuestión española (1945-1950)», *Revista de Política Internacional*,
n.º 152 (1977): 27.
[679] Areilza, *Memorias exteriores 1947-1964*, 90.
[680] Areilza, 90.
[681] Luis Suárez, *Franco y la URSS. La diplomacia secreta (1946-1970)* (Madrid: Ediciones Rialp,
1987), 134-36.
[682] Areilza, *Memorias exteriores 1947-1964*, 91.

con Hammarskjöld para informarle de su parecer. Pero de este proceso lo que más llama la atención fue la ausencia de comunicación con el Ministerio de Exteriores español. El propio Areilza dejó entrever que no quiso informar a Madrid de que negociaba con la URSS[683].

Los siguientes pasos parecían claros. Hammarskjöld mantuvo una nueva reunión con Areilza, en la que admitió que los avances estaban encaminados hacia un normal "desarrollo de las relaciones entre España y las Naciones Unidas"[684]. Asimismo, pidió al embajador español que el Gobierno de Franco debería hacer constar que las acciones han partido desde España y no desde la ONU. Es decir, el sueco pretendía que su gestión no se publicitase. Al respecto, el conde de Motrico advirtió a Martín Artajo que el telegrama que se enviase aceptando la participación debía evitar la locución "hemos sido invitados". En cambio, las palabras debían ir por el camino de "se agradece el que hayan atendido nuestra petición de designar un observador"[685]. Según el propio Areilza, Martín Artajo se mostró sorprendido y agradecido por su labor, pues no tenía esperanzas en que sus gestiones fructificasen[686]. Algo comprensible si se tiene en cuenta que, supuestamente, no sabían que había mantenido contactos con los soviéticos.

Conseguida la participación como observador, llegó el problema de la designación de la figura que ocuparía dicho cargo. Al respecto, Areilza pretendía mantener cierto control o, al menos, que su opinión se tuviera en cuenta. En una misiva enviada en febrero de 1955, le admitía a Martín Artajo que "yo me entiendo bien con todo el mundo, pero sí quisiera que el que venga se entienda bien conmigo a su vez"[687]. Parece claro, por lo tanto, que la intención de Areilza era que la representación en la ONU estuviera vinculada a la Embajada, al menos en esta primera etapa. A la hora de elegir a la persona adecuada, el Ministerio de Asuntos Exteriores se tomó un tiempo. El propio Conde de Motrico le indicó a Martín Artajo que habría que designar a alguien lo antes posible. Inquietud que compartía el representante del Departamento de Estado, David McKey. El objetivo que perseguían ambos era tener al observador antes de junio, momento en el que se produciría una reunión que podía ser clave en el contexto de la Guerra Fría:

[683] Areilza, 91. Esta idea fue verificada en Sánchez, *Diez años de soledad. España, la ONU y la dictadura franquista, 1945-1955*, 226.
[684] «Ha llegado a Nueva York el observador permanente de España en la ONU, Don Juan Sebastián Erice», *ABC,* 11 de junio de 1955, p. 15.
[685] Sánchez, *Diez años de soledad. España, la ONU y la dictadura franquista, 1945-1955*, 224-25.
[686] Areilza, *Memorias exteriores 1947-1964*, 91.
[687] «Carta de Areilza a Martín Artajo», 10 de febrero de 1955, AGA, Caja 82/11151, exp. 6.

diplomáticos de Estados Unidos, Francia, Reino Unido y la Unión Soviética se verían las caras en San Francisco por el décimo aniversario de la ONU. Además, Areilza pretendía insistir en la idea de que España debía jugar un papel relevante "como coordinadora de las actividades del mundo hispanoamericano y árabe"[688].

Mientras estas gestiones diplomáticas se llevaban a cabo, la maquinaria de Charles Patrick Clark, iniciada por Lequerica, continuaba su trabajo. Entre abril y mayo de 1955 se produjeron tres acontecimientos vinculados al 'pro- Franco lobby'. El primero tuvo relación directa con Clark. El 28 de abril el abogado ejerce de intermediario entre Minerales de Compostela y la General Services Administration (GSA) para la firma de contratos comerciales[689]. El segundo consistió en la concesión de la Orden Isabel la católica a James Farley "por sus servicios" en la defensa de la imagen del Régimen en Estados Unidos[690]. Finalmente, el tercero fue el viaje a Estados Unidos del funcionario del Ministerio de Comercio, Álvaro Giménez Cuende, con el objetivo de cerrar acuerdos de venta de aceite de oliva[691]. Cabe recordar que España debía pagar con este producto parte de los préstamos obtenidos durante la Segunda Guerra Mundial, por lo que fue un elemento indispensable en las relaciones comerciales.

La premura solicitada desde Washington recibió respuesta el 10 de junio de 1955. Ese día se produjo la llegada de José Sebastián de Erice, nuevo delegado observador permanente de España ante la ONU. Erice cumplía una de las premisas solicitadas por Areilza, pues ambos se conocían de una misión anterior en Argentina. No obstante, la figura preferida por el embajador era Propper de Callejón[692]. Desde su llegada a Estados Unidos, Erice mantuvo una agenda muy dinámica. El mismo 10 de junio presentó credenciales y comenzó una labor de captación de simpatías que terminó siendo admirada por el propio Areilza[693]. El embajador calificó el trabajo en San Francisco como de "una campaña electoral de pasillos llevada a cabo de modo infatigable"[694]. El propio Erice hizo una reflexión

---

[688] «Carta de Areilza a Martín Artajo», 27 de marzo de 1955, AGA, caja 82/11151, exp. 6.

[689] «Clark y la GSA», 28 de abril de 1955, NARA, RG 59, 1955-1959, Box. 4618.

[690] «Concesión de Orden Isabel la Católica a Farley», 5 de mayo de 1955, LOC, Fondo James Farley, Box. 52.

[691] «Visita de Giménez Cuende a Estados Unidos», 2 de mayo de 1955, NARA, RG 59, 1955-1959, Box. 4617.

[692] Sánchez, *Diez años de soledad. España, la ONU y la dictadura franquista, 1945-1955*, 227.

[693] «Ha llegado a Nueva York el observador permanente de España en la ONU, Don Juan Sebastián Erice», *ABC,* 11 de junio de 1955, p. 15

[694] Areilza, *Memorias exteriores 1947-1964*, 91.

décadas después sobre su misión diplomática en la ONU[695]. Dentro de sus memorias, resalta la idea antedicha: hubo un acercamiento a los representantes hispanoamericanos y árabes. Además, reconoció que hubo un uso de "nuestros Embajadores en las capitales respectivas" para que "animasen a los dudosos" a votar a favor de España[696]. Actividad incesante que se gestó bajo el argumento de que "no hay universalidad sin España"[697].

Asentado en la ONU como observador permanente, el siguiente paso era la aceptación de España como miembro de pleno derecho. Erice lo solicitó formalmente el 23 de octubre, recibiendo el apoyo de medios de comunicación anteriormente hostiles a la dictadura franquista como el *Washington Post.* En el mismo documento en el que se vanagloriaba del cambio del *Post,* Areilza señaló el compromiso de apoyo del secretario de Estado Foster Dulles[698]. A pesar de las señales favorables, Areilza llegó a una conclusión precipitada en octubre de 1955. En sus apreciaciones, afirmó que "la admisión de nuevos miembros no dejará de plantearse durante el curso actual de la Asamblea" [699]. Sin embargo, varios factores limitaron las posibilidades de que España lograra su ingreso en ese momento. Las conversaciones mantenidas con representantes de Brasil, un país tradicionalmente afín, mostraban cierto estancamiento en el apoyo necesario. Además, las posibles pretensiones soviéticas en el contexto de la Guerra Fría añadían incertidumbre, dificultando que en 1955 se materializara la entrada de España en la organización internacional deseada.

En relación con la Unión Soviética, resulta pertinente analizar brevemente su actitud. Sobolev se reunió con Areilza el 5 de octubre de 1955, dejando claro que la posición de Moscú no había experimentado cambios significativos. Los soviéticos no manifestaron oposición a la entrada de España en la Organización de las Naciones Unidas ni en la Comunidad Europea del Carbón y del Acero (CECA). Sin embargo, estos gestos no carecían de condiciones, ya que perseguían objetivos que podían afectar negativamente las aspiraciones españolas. El más relevante estaba vinculado a la representación de China en la ONU. Desde el Kremlin, se insistía en sustituir a la delegación nacionalista

---

[695] José Sebastián de Erice, *De U.N.O en U.N.O. Memorias de mis 50 años de diplomático* (Madrid: Prensa Española, 1974).
[696] Sebastián de Erice, 149.
[697] Sánchez, *Diez años de soledad. España, la ONU y la dictadura franquista, 1945-1955*, 235.
[698] «Carta de Areilza a Martín Artajo», 4 de octubre de 1955, AGA, Caja 82/11151, exp. 6.
[699] *Ibidem.*

china (atrincherada en Taiwán) por la comunista liderada por Mao Tse Tung, un asunto que tensaba las dinámicas diplomáticas.

Consciente de las implicaciones de esta estrategia, Areilza buscó conocer la postura de Estados Unidos a través de Cabot Lodge, representante estadounidense en la ONU. La respuesta fue contundente: era poco probable que tal cambio se produjera en ese momento, pero no se podía descartar completamente la posibilidad de que la Unión Soviética vetase el acceso de España a la ONU.

La inexactitud con la que Areilza evaluó la situación se manifestó en dos momentos clave. El primero tuvo lugar a finales de octubre, cuando interpretó que el ambiente predominante en la ONU respecto a la entrada de nuevos miembros aún requería mayor madurez[700]. Este análisis entrañaba un peligro adicional: a finales de 1956 se celebrarían elecciones presidenciales en Estados Unidos, lo que podía generar un cambio de postura oficial por parte de Washington. Quizás este temor influyó en la emisión, el 31 de octubre, de una Orden circular dirigida a todos los embajadores españoles en las principales capitales, instándolos a intensificar las gestiones para presionar a los respectivos Gobiernos en apoyo de la posición española.

A principios de noviembre, la tesis de que era poco probable que la cuestión de la entrada de España en la ONU se resolviera antes de 1956 encontró respaldo en las declaraciones de Foster Dulles, secretario de Estado de Estados Unidos. Según apuntaban los corrillos diplomáticos, las tensiones y la falta de entendimiento entre el Este y el Oeste eran evidentes[701]. En este contexto, parece que más que un error de valoración individual, la percepción de Areilza reflejó un sentimiento compartido en los círculos diplomáticos del momento.

Lo que parecía una quimera el 3 de noviembre, se convirtió en cuestión "de la noche a la mañana" el 17 de noviembre. A pesar de las rencillas entre la Unión Soviética y Estados Unidos por la candidatura de Mongolia Exterior, el conde de Motrico entendía que todo formaba parte de un juego político. Una partida que podía ganarse y para la que solicitó la visita oficial de Martín Artajo a Estados Unidos. Propuesta que el ministro rechazó en este momento[702]. Finalmente, el 14 de diciembre de 1955 la candidatura de España fue aprobada por el Consejo de Seguridad, con diez votos a favor y una abstención (Bélgica), país europeo que fue

---

[700] «Carta de Areilza a Martín Artajo», 27 de octubre de 1955, AGA, Caja 82/11151, exp. 6.
[701] «Carta de Areilza a Martín Artajo», 3 de noviembre de 1955, AGA, Caja 82/11151, exp. 6.
[702] «Carta de Areilza a Martín Artajo», 17 de noviembre de 1955, AGA, Caja 82/11151, exp. 6.

presionado por los sindicatos antifranquistas[703]. El 15 de diciembre fue el turno de la Asamblea General, donde se aprobó la admisión de quince nuevos miembros propuestos por la Unión Soviética. España era uno de ellos, consiguiendo 55 votos a favor, ninguno en contra y dos abstenciones (Bélgica y México)[704]. El hecho de que fueran los soviéticos los que introdujesen el nombre de España, ayudó a los intereses del Régimen. Al menos así lo hizo constar en sus memorias Areilza[705].

Tras esta victoria de la diplomacia española, era preciso elegir sin más demora al representante español ante la ONU. Como se mencionó anteriormente, tanto Martín Artajo como Francisco Franco parecían apostar por José Félix de Lequerica para ocupar dicho puesto. Sin embargo, la intensa labor de Erice durante los meses previos motivó que Areilza lo recomendara como el candidato ideal, aunque el propio embajador en Washington reconocía que "existía un compromiso formal" que implicaba la designación de Lequerica[706]. En el mismo documento, Areilza cuestionaba las personas con las que Lequerica solía trabajar, sugiriendo al ministro la designación de personal proveniente de la carrera diplomática. Esta insistencia en que los puestos de la delegación fueran cubiertos por profesionales puede haber estado relacionada con la información que el embajador había recibido al llegar a Estados Unidos. Como ya se ha indicado, el personal no profesional fue mayoritariamente objeto de críticas.

[703] Francisco Rodríguez Jiménez, «La AFL-CIO y el sindicalismo español, 1953-1971», *Hispania: Revista Española de Historia* 75, n.º 251 (2015): 863-92.
[704] Antonio Fernández y Juan Carlos Pereira, «La percepción española en la ONU (1945-1962)», *Cuadernos de Historia Contemporánea*, n.º 17 (1995): 121-46.
[705] Areilza, *Así los he visto*, 186-87.
[706] «Carta de Areilza a Martín Artajo», 20 de diciembre de 1955, AGA, Caja 82/11151, exp. 6.

# Capítulo 5
# El afianzamiento del franquismo (1956-1964)

Que sepa toda nación, lo queramos o no, que por la supervivencia y el triunfo de la libertad hemos de pagar cualquier precio, sobrellevar cualquier carga, sufrir cualquier penalidad, acudir en apoyo de cualquier amigo y oponernos a cualquier enemigo. Todo esto prometemos, y mucho más.

J. F. Kennedy, fragmento de su discurso inaugural, 20 de enero de 1961

## La Crisis de 1956 y el fracaso en la OTAN

El año 1956 marcó un punto crítico para el Régimen franquista debido a la confluencia de varias crisis internas y externas. Entre los principales desafíos destacaron la crisis universitaria, la pérdida del Protectorado en Marruecos, la creciente conflictividad obrera, los debates sobre la configuración del Estado y una delicada situación financiera. Estos acontecimientos también influyeron en las relaciones bilaterales entre España y Estados Unidos.

En el ámbito internacional, las críticas norteamericanas hacia la política interna española persistieron, a pesar del matrimonio de conveniencias de los Pactos de Madrid. La ausencia de libertades democráticas y la intolerancia religiosa en España seguían siendo motivos de preocupación en ciertos sectores de la sociedad estadounidense. En este contexto, se produjo una reunión entre Charles Whitten, representante de la Southern Baptist Convention, y el embajador Areilza, en la que se comprometió a mejorar la tolerancia hacia otras confesiones religiosas[707]. No obstante, incidentes como el ataque a un seminario evangélico en Madrid en enero de 1956 generaron dudas sobre el alcance real de estas promesas.

En el plano interno, la crisis universitaria estalló en febrero cuando miles de estudiantes solicitaron un nuevo Congreso Nacional de Estudiantes, en un intento por acabar con la hegemonía del Sindicato Español Universitario (SEU)[708]. La tensión derivó en enfrentamientos en la Universidad de Madrid, lo que llevó al cierre de la institución, el cese del rector Pedro Laín Entralgo y la detención de los

---

[707] «Reunión de Whitten con Areilza», 27 de enero de 1956, NARA, RG 59, 1955-1959, Box. 4620.
[708] El SEU fue creado por José Antonio Primo de Rivera durante la Segunda República. Para comprender mejor su dimensión véase Miguel Ángel Ruiz Carnicer, *El SEU 1939-1965. La socialización política de la juventud universitaria en el franquismo* (Madrid: Siglo XXI, 1996).

promotores del manifiesto estudiantil. La participación de estudiantes con ciudadanía estadounidense llamó la atención de la embajada norteamericana, pero las manifestaciones no sorprendieron a los analistas ni a los medios internacionales, que reflejaron el descontento estudiantil con titulares como: "A los estudiantes españoles no les gusta Franco"[709].

Simultáneamente, España enfrentó la pérdida de Marruecos tras la independencia otorgada por Francia el 2 de marzo de 1956. La cesión del Rif en abril marcó el inicio del fin del sueño africanista de la dictadura franquista, evidenciado también en los conflictos posteriores en el Sáhara (1957-58) y la independencia de Guinea Ecuatorial en 1968[710]. Estos sucesos coincidieron con la visita de Alberto Martín Artajo a Washington en abril, donde se abordaron temas como la cooperación militar, las bases estadounidenses y la entrada de España en la OTAN[711]. En cuanto al Norte de África, Artajo defendió la soberanía española sobre Ceuta y Melilla, aunque finalmente, en octubre de 1956, Tánger fue incorporada al Reino de Marruecos, cerrando una etapa en la política colonial española[712].

La visita de Alberto Martín Artajo a Washington en 1956 estuvo marcada por cuestiones clave, siendo especialmente relevante el tema de la OTAN. Durante la reunión, en la que participaron también Juan de las Bárcenas y Aurelio Valls, Artajo señaló con cierta ironía que la prensa española parecía más interesada que el propio gobierno franquista en la adhesión de España a la organización. No obstante, dejó clara la postura oficial: los acuerdos bilaterales con Estados Unidos representaban una solución satisfactoria en caso de que la integración en la OTAN no se materializara. Por su parte, Dulles evitó ahondar en el asunto, enfatizando que España recibía un trato equiparable al del resto de aliados, un discurso que buscaba desactivar posibles críticas sobre los desequilibrios en los acuerdos bilaterales[713].

La tercera crisis del año, de carácter estructural, fue la económica. Desde 1955, las demandas de empresarios catalanes como Miquel Mateu habían evidenciado los problemas del modelo económico español: la falta de equilibrio, el déficit comercial, y la insuficiencia de las infraestructuras[714]. Estas tensiones se tradujeron en marzo de 1956 en una oleada de huelgas, lideradas por los trabajadores del

---

[709] «Spanish students don't like Franco», *Press and Sun-Bulletin* (New York), 4 de enero de 1956, p. 9.

[710] «Informe sobre desarrollo político en España», 17 de enero de 1956, NARA, RG 59, 1955-1959, Box. 5.

[711] Al llegar a Washington, la comitiva española llevaba un borriquito como regalo al nieto de Eisenhower. En «Noticia agencia EFE sobre regalo», 10 de abril de 1956, CDMH, AFNFF, 17939.

[712] Permanyer, *La dictadura de Franco*, 385.

[713] «Memorándum de conversación», 10 de abril de 1956, FRUS, 1955-1957, Western Europe and Canada, Vol. XXVII.

[714] Permanyer, *La dictadura de Franco*, 403.

metal y el textil en Barcelona, y seguidas por los estibadores y otros sectores en Asturias, Vizcaya y Madrid, implicando a unos 200.000 trabajadores. La conflictividad laboral, unida a las dificultades de inversión extranjera, agravó la imagen de inestabilidad en el exterior. Empresas como 7UP enfrentaron trabas para operar en España[715], mientras que la necesidad de ayuda alimentaria llevó a la llegada de trece mil toneladas de alimentos en abril[716].

A pesar de la tensión, el Régimen intentó mantener una apariencia de normalidad. Areilza renovó las credenciales del corresponsal del *New York Times*, John Blake, argumentando que, pese a su enfoque crítico, era estratégico facilitar el acceso de medios influyentes[717]. Asimismo, se impulsaron negociaciones con empresas extranjeras, como el acuerdo de Félix Huarte con la Olin-Mathieson Chemical Corporation, especializado en herbicidas y baterías, lo que evidenció un esfuerzo por atraer inversiones en sectores estratégicos[718].

La prensa estadounidense se hizo eco del convulso panorama español de 1956, con interpretaciones divergentes. Al respecto, hay tres noticias que ejemplifican la percepción que se tenía en Estados Unidos en este momento. Por un lado, está la declaración realizada por Like E. Hart, miembro del Knights of Columbus, en la que "reconoce que Franco (campeón anticomunista) ha cambiado favorablemente la fisionomía del país". Le califica de "abstemio, religioso y valiente" y afirma que "la cultura de España ha progresado bajo su Gobierno"[719]. Se trataba de un espaldarazo al dictador en un momento en el que se cuestionaba su continuidad. Un apoyo que venía a representar la línea oficial del Ejecutivo estadounidense. Para Lodge "no parecía existir ninguna alternativa efectiva al liderazgo de Franco" en este momento[720]. Una conclusión a la que se llegaba de nuevo en 1959, cuando se advertía que "incluso los regímenes políticos aparentemente más sólidos y estables de repente se desmoronan y desaparecen"[721]. Un tema que se vincula con la ausencia, al menos para el Departamento de Estado, de una alternativa factible en España[722].

---

[715] «7up en España», 28 de marzo de 1956, NARA, RG 59, 1955-1959, Box. 4615.
[716] «Envío de comida a España», 6 de abril de 1956, NARA, RG 59, 1955-1959, Box. 4622.
[717] «Telegrama de Areilza a Martín Artajo», 12 de junio de 1956, CDMH, AFNFF, 16697.
[718] «Carta de Aries a Huarte», 5 de junio de 1956, AGUN, Fondo Félix Huarte, 019/033/0001.
[719] «Noticia agencia EFE», 10 de diciembre de 1956, CDMH, AFNFF, 16637.
[720] «Desarrollo de la política doméstica española», 23 de enero de 1957, NARA, RG 59, 1955-1959, Box 3398.
[721] «Observaciones sobre la oposición española», 26 de febrero de 1959, NARA, RG 59, 1955-1959, Box 3399.
[722] En el trasfondo, está la constatación de que un sector de la prensa estadounidense temía que, el apoyo incondicional a Franco y su Régimen, pudiera tornarse en contra de los intereses de

Sin embargo, otros, como J. M. Martínez en *The Miami Herald*, criticaron esta visión. Con la intención de refutar las palabras de Hart, ponía en duda los dos grandes 'eslóganes' que habían sustentado hasta la fecha los acuerdos de 1953. Primero refuta la idea de que "Franco salvó a España". Según el autor, sin Hitler ni Mussolini, Franco "no hubiera durado ni seis meses y España habría tenido un gobierno democrático". Se vuelve a la clásica vinculación entre el nazismo-fascismo y la dictadura. Además, aporta un elemento algo más novedoso: "No es amigo de Estados Unidos". Las relaciones bilaterales son interpretadas aquí como un acto de "conveniencia" para salvar la situación económica del país y "fortalecer su posición en el interior y exterior sin coste político"[723]. Esta opinión no fue aislada. La crisis interna del franquismo de 1956 espoleó los movimientos de la oposición. Voces como la del ministro en el exilio Fernando Valera abogaban por unir a la España "cautiva" y a la "peregrina", conceptos utilizados por Francisco Ayala años atrás[724]. La gravedad de la situación la explicó el socialista Francisco Bustelo cuando reconoció que los exiliados tenían "escasos contactos con España y, lo que era peor, sus conocimientos de lo que ocurría en nuestro país eran casi nulos"[725].

El conflicto en la prensa estadounidense, junto con las posturas planteadas por los sectores antifranquistas, ofreció una oportunidad para analizar los diversos frentes de oposición al régimen de Franco. En primer lugar, el proceso de desestalinización iniciado en 1956 marcó un punto de inflexión en el comunismo internacional, con repercusiones en el Partido Comunista de España (PCE)[726]. La mayoría de los miembros del PCE respaldaron a Nikita Jruschov, lo que favoreció el ascenso de figuras como Santiago Carrillo e Ignacio Gallego a la dirección del partido. Sin embargo, los sucesos de Berlín y Hungría representaron un duro golpe para la causa comunista en Europa, debilitando su influencia.

Por otra parte, el nacionalismo catalán vivió un momento destacado con la elección de Josep Tarradellas como presidente de la Generalitat en el exilio. De manera similar, el nacionalismo vasco adquirió mayor relevancia con la

---

Washington si éste pierde el poder. Sobre esta idea ahonda con mayor profundidad Termis Soto, *Renunciando a todo. El régimen franquista y los Estados Unidos desde 1945 hasta 1963*, 163-64.

[723] «Franco no savior of Spain, Europe; Nor is he friend of United States», *The Miami Herald* (Florida), 10 de diciembre de 1956, p. 6.

[724] Villares, *Exilio republicano y pluralismo nacional*, 113.

[725] Francisco Bustelo, *La izquierda imperfecta. Memorias de un político frustrado* (Barcelona: Planeta, 1996), 47.

[726] Una obra apropiada para comprender las tesis de Kruschev es William Taubman, *Kruschev: el hombre y su época* (Madrid: La Esfera de los Libros, 2005).

celebración del Primer Congreso Mundial Vasco en septiembre de 1956. Además, en el ámbito socialista, tanto el PSOE como la UGT enfrentaron el progresivo fallecimiento de sus principales líderes[727]. El PSOE, aún marcado por el acercamiento de Indalecio Prieto a Gil Robles, sufría una creciente fragmentación en la izquierda, lo que generó tensiones internas. Estas disensiones dieron lugar, tras las manifestaciones estudiantiles de 1956, a la fundación en septiembre de 1958 del Frente de Liberación Popular (FLP).

En el contexto del nacionalismo vasco, es relevante añadir el surgimiento del grupo terrorista ETA en 1959. Este movimiento surgió como una escisión de las juventudes del Partido Nacionalista Vasco (PNV) y representó un cambio radical en la estrategia del nacionalismo vasco. A diferencia del PNV, que había seguido una línea moderada y basada en el exilio tras la Guerra Civil, ETA adoptó una postura más militante, influenciada por ideologías de izquierda revolucionaria y movimientos de liberación nacional que ganaban fuerza en otros contextos internacionales. Desde sus primeros años, ETA fue objeto de seguimiento por parte de la dictadura franquista, así como de las agencias de inteligencia estadounidenses. El Departamento de Estado, aunque consciente de la existencia del grupo, consideró inicialmente su capacidad de influencia como limitada y circunscrita al ámbito local. Sin embargo, este análisis subestimaba el potencial de ETA para articular un discurso que conectaba la reivindicación identitaria vasca con un proyecto revolucionario de carácter internacional[728].

Simultáneamente, estos movimientos opositores coincidieron con un nuevo episodio de lucha política interna dentro del Régimen. José Luis de Arrese, con el objetivo de recuperar la influencia de Falange en el Gobierno, impulsó un programa de reformas que desafiaba la autoridad de Franco. Este intento encontró una fuerte oposición entre los altos mandos militares y los sectores políticos no falangistas, como monárquicos, católicos y tradicionalistas, quienes temían que tales medidas alteraran el delicado equilibrio político. La documentación refleja cómo algunas "camisas viejas" de Falange exploraron el nivel de lealtad hacia el dictador, aunque su intención no era derrocarlo, sino reequilibrar el poder. Sin embargo, este movimiento no contó con el respaldo del Departamento de Estado,

---

[727] Francisco Largo Caballero murió en 1946, Juan Negrín en 1956 e Indalecio Prieto en 1962.
[728] David Mota, *En manos del tío Sam. ETA y Estados Unidos* (Granada: Comares, 2021).

que veía en Franco una figura esencial para la estabilidad de España y sus intereses estratégicos[729].

Consciente de la necesidad de resolver la crisis, Franco se apoyó en Carrero Blanco para bloquear las propuestas de Arrese en febrero de 1957. El dictador buscó priorizar la estabilización política, aplacar las tensiones estudiantiles y laborales, y enfrentar la crisis económica. En este contexto, el 25 de febrero de 1957 llevó a cabo una reestructuración significativa de su gabinete: de los 18 ministros, reemplazó a 12. Figuras destacadas como Alberto Martín Artajo, Girón de Velasco, Blas Pérez y José María de la Vega de Valvellano dejaron sus cargos. Arrese, por su parte, fue relegado al recién creado Ministerio de la Vivienda.

Entre las nuevas incorporaciones al gobierno, destacaron Fernando María Castiella (Exteriores), José Solís Ruiz, Camilo Alonso Vega y Pedro Gual Villalbí, este último representando los intereses de la burguesía catalana como ministro sin cartera. Sin embargo, el cambio más trascendental fue la inclusión de dos economistas del Opus Dei: Mariano Navarro Rubio (Hacienda) y Alberto Ullastres (Comercio), quienes simbolizaron un giro hacia la tecnocracia en la gestión económica. Finalmente, Carrero Blanco consolidó su posición al asumir el cargo de ministro-subsecretario de la Presidencia, designando a Laureano López Rodó como secretario general técnico de Presidencia[730].

### Fernando María Castiella, ministro de Exteriores

La llegada de Fernando María Castiella a la cartera de Exteriores se produjo en un periodo muy convulso, por lo que su mandato requería una planificación aún más precisa. Caracterizado por el pragmatismo[731], se marcó como objetivo el acercamiento a Europa, mejorar la lealtad al bloque occidental y equilibrar la relación con Estados Unidos[732]. Todo ello sin olvidar la amistad con Portugal y mejorar los lazos con las naciones árabes, especialmente con Marruecos. Rosa Pardo señala que los dos primeros años en el cargo fueron "de trabajo prudente y concienzudo", centrándose en el ámbito europeo y en reforzar los lazos con

---

[729] «Telegrama de José Solís a Diego Salas», 4 de diciembre de 1956, AGUN, Fondo Diego Salas Pombo, 092/019/0026.

[730] Permanyer, *La dictadura de Franco*, 420-21.

[731] Un gran análisis de la figura e ideología de Castiella puede verse en Pardo, «La salida del aislamiento: la década de los cincuenta», 117-20.

[732] Pardo, «La política exterior del Franquismo: aislamiento y alineación internacional», 11.

Francia[733]. Fruto de esta acción, será la inclusión de España en organismos internacionales como la OECE. Dentro de ese proceso, parece que la figura de Castiella fue bien valorada. Al menos eso se desprende de la valoración que hizo el ministro de su época Navarro Rubio[734].

En cuanto a las relaciones bilaterales, la decepción sobre el impacto de la ayuda estadounidense se hacía patente, pero surgía un nuevo problema en 1957: el compromiso de ayudas finalizaba ese año[735]. También decepcionó a los españoles la falta de apoyo estadounidense respecto a la independencia del territorio africano de Ifni, hasta entonces controlado por España. La administración Eisenhower se abstuvo de ayudar al respecto, porque ello hubiese supuesto tensionar la cuerda con Marruecos. Con la reelección de Dwight Eisenhower como presidente a finales de 1956, desde Madrid se tenía la esperanza de que la estabilidad política en Washington favoreciese sus intereses. Optimismo que creció con las primeras acciones de la Administración Eisenhower tras revalidar la victoria electoral. Con Nixon como vicepresidente y Dulles como secretario de Estado, el objetivo se puso en las regiones de Oriente Medio y Extremo Oriente, así como en el riesgo de un conflicto nuclear con la Unión Soviética. Para ello, desarrolló con mayor profundidad la doctrina Eisenhower[736], lo que fue percibido desde España como una oportunidad.

Mientras en Madrid cambiaba el gabinete y Estados Unidos anunciaba una mayor actividad en regiones no europeas, el embajador Areilza mantenía como objetivos prioritarios mejorar las ayudas económicas de Washington y conseguir la incorporación en la OTAN. Objetivos para los que contó con un valioso aliado: Castiella. El nuevo ministro de Exteriores compartía el interés por la entrada de España en la OTAN, así como la necesidad de mejorar el equilibrio con Estados Unidos[737]. Comenzando por el asunto de la Alianza Atlántica, las reuniones mantenidas en 1957 con los representantes estadounidenses generaron cierto

---

[733] Rosa Pardo, «La política norteamericana de Castiella», en *Entre la Historia y la memoria. Fernando María Castiella y la política exterior de España, 1957-1969*, ed. Marcelino Oreja y Rafael Sánchez (Madrid: Real Academia de Ciencias Morales y Políticas, 2007), 307-81.

[734] Mariano Navarro Rubio, *Mis Memorias* (Barcelona: Plaza & Janés, 1991), 247.

[735] Un asunto que sigue vigente en la prensa española. Véase José S. Mújica, «Sidi Ifni la guerra contra Marruecos que olvidó Aznar y reconoce Sánchez», *Espiral 21,* 15 de mayo de 2021.

[736] La Doctrina Eisenhower, proclamada en 1957, constituyó una declaración de política exterior estadounidense orientada a frenar la expansión del comunismo en Medio Oriente mediante el ofrecimiento de asistencia económica y militar a los Estados que la solicitaran y se opusieran a la influencia soviética. Para profundizar más, véase Powaski, *La Guerra Fría. Estados Unidos y la Unión Soviética, 1917-1991*, 152-54.

[737] Pardo, «La política norteamericana de Castiella», 319.

malestar en la parte española. En una reunión con William R. Tyler el 26 de abril de 1957[738], Areilza fue informado de que "no era propicio el ambiente" de cara a plantear la entrada de España. Esto fue así porque no existía la garantía de que el resultado fuera favorable[739]. Poco después, el subsecretario de Estado informó al Conde de Motrico que eran Noruega y "otros dos países" los que se oponían a dicho acceso. Aprovechó este encuentro para recordar que Estados Unidos era partidario y apoyaría una votación en favor de España[740]. Con esta coyuntura tan pesimista, el embajador propuso a Castiella revalorizar la posición española y el papel de las bases en suelo nacional[741].

Más allá de la cuestión de las relaciones bilaterales y la entrada en la OTAN, la situación económica de España en este periodo es clave. El país se encontraba en quiebra financiera en 1957. El Instituto de Moneda Extranjera apenas disponía de 96 millones de dólares para pagar una deuda que superaba los 400 millones de dólares. Al efecto, el nuevo gabinete creó la Comisión de Coordinación y Programación Económica, cuyo director fue López Rodó. A modo de resumen, las nuevas políticas económicas consistieron en: control financiero del gasto público, establecimiento de un nuevo tipo de cambio de moneda, devaluación de la peseta, liberalización de las importaciones y de las inversiones extranjeras, control de precios, congelación de salarios y reforma tributaria. El objetivo que se perseguía con estas medidas era, además de salvaguardar la economía española, conseguir ingresar en los organismos internacionales que pudieran socorrer la maltrecha capacidad financiera.

Con la esperanza de que estos cambios surtieran efecto, se produjo un incremento de las negociaciones con empresas estadounidenses. Un ejemplo significativo es el intento de la entrada de la marca Dupont en suelo nacional. En ese sentido, Walter Samuel Carpenter se desplazó a España para conocer cómo podrían invertir en el país. La relevancia de esta empresa era tal que incluso los medios de comunicación se hicieron eco de sus intenciones[742]. Profundizando más en este asunto, parece que fue el Padre Joseph Thorning quien colaboró con las negociaciones[743]. Recordemos que el jesuita Thorning fue una de las voces más

---

[738] Director para Europa occidental del Departamento de Estado.
[739] «Telegrama de Areilza a Castiella», 26 de abril de 1957, AGA, Caja 82/11101, exp. 28.
[740] «Telegrama de Areilza a Castiella», 30 de abril de 1957, AGA, Caja 82/11101, exp. 28.
[741] *Ibidem.*
[742] «Alejandro Muns a Sánchez Bella», 10 de mayo de 1957, AGUN, Fondo Alfredo Sánchez Bella, 015/019/0172.
[743] «Sánchez Bella a Areilza», 1 de septiembre de 1957, AGUN, Fondo Alfredo Sánchez Bella, 015/001/0235.

destacadas en la defensa del *Caudillo* desde prácticamente el comienzo de la guerra, además de ser quien puso en contacto a Lequerica con Clark -claves para la puesta en marcha del Spanish pro-Franco Lobby.

Según informaba Sánchez Bella, el presidente de Dupont recibió la concesión de la encomienda con la placa de Alfonso X el Sabio en octubre de 1957[744]. Sin duda se trata de un caso muy particular, pues se pasa de un empresario que tiene intenciones de expandir su negocio a un "amigo de España" agasajado con honores. Cabe señalar que también la compañía Goodyear cerró su implantación en España en agosto de 1957. En este caso, debido a la política existente que limitaba el capital extranjero, lo hizo bajo el nombre de Compañía Española de Neumáticos y Caucho Goodyear SA[745].

Las inversiones extranjeras llegaban con cuentagotas. Eran insuficientes para un país al borde del infarto económico. La situación requería una transformación profunda y desde Estados Unidos se intentó influenciar el proceso de cambio. Para Washington, el objetivo de España debía ser entrar en organismos internacionales de cooperación económica. Estos eran principalmente tres: la Organización Europea para la Cooperación Económica (OECE), el Fondo Monetario Internacional (FMI) y el Banco Mundial. Dentro del proceso, la figura del director de la International Cooperation Administration (ICA) John B. Hollister fue clave. Éste mantuvo contacto estrecho con los ministros Navarro Rubio (Hacienda) y Ullastres (Comercio) así como con López Rodó[746]. Ahora bien, desde Madrid también se pedía a cambio el incremento de ayuda económica para facilitar las reformas estructurales necesarias. De lo contrario, era imposible plantearse la aceptación del sistema de Bretton Woods, por ejemplo[747]. Una reclamación que, aunque tuviera sentido para los diplomáticos españoles, no es menos cierto que el peso de la ayuda estadounidense se situaba en un 20% del total de las importaciones[748].

A pesar de estos números, la falta de circulación de capital seguía siendo un quebradero de cabezas para España. El 10 de enero de 1958 se produjo el ingreso en la Organización Europea de Cooperación Económica (OECE)[749].

---

[744] «Muns a Sánchez Bella», 3 de octubre de 1957, AGUN, Fondo Alfredo Sánchez Bella, 015/019/0185.
[745] «Compañía Goodyear en España», 15 de agosto de 1957, NARA, RG 59, 1955-1959, Box. 4615.
[746] «Informe de Inteligencia», 7 de agosto de 1958, FRUS, 1958-1960, Western Europe, Vol. VII.
[747] «Telegrama de Martín Artajo a Areilza», 23 de febrero de 1957, AGA, Caja 82/11101, exp. 27.
[748] Pardo, «La política norteamericana de Castiella», 316.
[749] Delgado, «El ingreso de España en la Organización Europea de Cooperación Económica: un paso trascendental en el camino hacia Europa».

Mientras se dirimía la entrada en los otros dos organismos, el 25 de marzo de 1958, el embajador Areilza se reunión con los representantes el Ejecutivo. El objetivo era pedir una mayor implicación financiera de Estados Unidos en España[750]. Una solicitud que no era fácil debido a la crisis política que arrastraba el país. Para intentar amortiguar el impacto exterior de tales problemas económicos domésticos, José Félix de Lequerica intentó captar apoyos desde la ONU. Realizó una comida en honor a Don Juan de Borbón a la que acudieron personalidades como el cardenal Spellman, Stanton Griffis o Herod (presidente de General Electric). El objetivo que perseguía el diplomático era convencer a Don Juan de la necesidad de su apoyo a Franco. La situación española era extremadamente delicada a nivel interno, por lo que se precisaba un realineamiento con el Régimen[751]. Cerrar filas en torno al *Caudillo*, al tiempo que se desactivaba la oposición monárquica, aunque ésta apenas tenía relevancia en este momento. Un 'lavado de imagen' que en este instante se consideraba crucial en vista de los problemas internos que iban surgiendo y la lentitud del proceso que permitiría el ingreso en algunas organizaciones internacionales. Finalmente, gracias al asesoramiento estadounidense, el 4 de julio España comenzó el proceso de inclusión en el Fondo Monetario Internacional (FMI) y el Banco Internacional de Reconstrucción y Desarrollo.

Los nuevos pasos dados por el régimen propiciaron que, en agosto de 1958, una delegación de la OECE visitase Madrid. Desde el ejecutivo estadounidense se enviaron a sus propios asesores, como fue el caso del subsecretario del Tesoro, Fred C. Scribner, que visitó la ciudad a finales de año para presentar un plan económico quinquenal[752]. Tras la visita de los técnicos de la OECE se publicó un informe en mayo de 1959 en el que se explicaban las medidas urgentes que debía acometer el Régimen. Por su parte, el presidente del Export-Import Bank, Samuel C. Waugh se reunió con Castiella por las mismas fechas. Waugh indicó al Ejecutivo español que el INI debía reconfigurar su intervención económica; además, insistió en la necesidad de que desapareciesen las leyes que obstaculizaban, o directamente impedían, las inversiones de capital extranjero a un determinado porcentaje[753].

---

[750] «Areilza pide más dinero a Estados Unidos», 25 de marzo de 1958, NARA, RG 59, 1955-1959, Box. 4611.
[751] «Carta de Lequerica», 13 de mayo de 1958, CDMH, AFNFF, 941.
[752] «Visita de Scribner a España», 12 de diciembre de 1958, NARA, RG 59, 1955-1959, Box. 4611.
[753] Se ponía el acento en la industria de fertilizantes, cuya cuota no puede ser superior del 25%. «Presidente del Export-Import Bank se reúne con Waugh», 19 de mayo de 1959, NARA, RG 59, 1955-1959, Box. 4611.

Pero no todo fueron críticas. El propio Waugh informó a Areilza que había bancos interesados en invertir en España. Tan pronto como las reformas que se estaban planificando, calculó que los nuevos acuerdos podrían llevar la ayuda económica hasta los 40-50 millones extra[754]. También la prensa se hizo eco de esto, como es el caso de Benjamin Welles, que publicó en *The New York Times* una noticia desglosando las cantidades que, entre préstamos públicos y privados, podían llegar a los 190 millones[755].

Más fidedigna fue la información que aportaron el subsecretario Dillon y Weigh a Areilza. Según las cuentas del primero, la ayuda de la OECE a España podría llegar a los 230 millones de dólares, de los cuales 100 saldrían de los aliados europeos. Por su parte, el FMI podría aportar directamente unos 75 millones, a los que habría que sumar unos 50 millones de la banca privada. En total, el compromiso de Estados Unidos estaba en torno a los 225 millones de dólares, que podrían incrementarse en 30 millones a partir de préstamos del Export-Import Bank[756]. La respuesta del Gobierno de Franco fue inmediata. El 30 de junio de 1959 se emitió un memorándum en el que se comprometía a realizar las reformas necesarias para la mejor integración de España en el entorno económico occidental. Poco después, se firmó el decreto-ley de Ordenación Económica, conocido como Plan de Estabilización y Liberalización Económica el 21 de julio de 1959. Una decisión que el Régimen intentó promocionar por todos los medios. De ahí que el embajador español se dirigiera al *The New York Times* para conseguir que dicha noticia saliera en portada, tal y como cuenta en sus memorias[757]. Algo que sucedió con este periódico[758], pero no con otros medios a los que se ha tenido acceso, donde las noticias al respecto ocuparon un lugar muy residual[759]. Al no afectar directamente a Estados Unidos, el impacto de la noticia era menor.

Desde las crisis de 1956 hasta julio de 1959, hay un proceso de cambio interno en España con el objetivo de adaptarse a la realidad económica del bloque occidental. El Plan de Estabilización marcó el nuevo rumbo económico, bajo los

---

[754] «Programa estabilización económica», 15 de junio de 1959, NARA, RG 59, 1955-1959, Box. 4615.

[755] «Reportaje de Benjamin Welles», 24 de junio de 1959, NARA, RG 59, 1955-1959, Box. 4615.

[756] «Memorándum de conversación», 9 de julio de 1959, FRUS, 1958-1960, Western Europe, Vol. VII.

[757] Areilza, *Memorias exteriores 1947-1964*, 118.

[758] Benjamin Welles «Spain is granted full OEEC role», *The New York Times,* 21 de julio de 1959, p. 1.

[759] Sirva de ejemplo los siguientes medios: «Herter ready to guide Spain into NATO», *The Daily Times* (New York), 22 de julio de 1959, p. 4; «Remote, aging dictator Franco clings to reins of Spain», *Herald and Review* (Illinois), 22 de julio de 1959, p. 6; «Herter pulling Spain into NATO», *The Herald Statesman* (New York), 22 de julio de 1959, p. 22; «Spain rejoins European Family», *The Pittsburgh Press* (Pennsylvania), 22 de julio de 1959, p. 33; «Herter wants to make Spain member of NATO», *Courier-Post* (New Jersey), 22 de julio de 1959, p. 14.

preceptos de que: el sector privado y la economía de libre mercado eran claves. Es decir, progresivamente se aceptaba la necesidad de ir poniendo fin al intervencionismo estatal. La quimera autárquica había causado más daños que beneficios. Esto y la adopción del sistema de cambio aprobado en Bretton Woods favorecía, sin lugar a duda, la inversión extranjera. Las medidas que España aprobaba ahora eran las mismas que los estadounidenses trajeron a colación durante las negociaciones de los Pactos de Madrid de 1953. Aunque la tenaz resistencia franquista al cambio hizo que tardaran un lustro en implementarse.

## La visita de Eisenhower y la llegada de Kennedy

La segunda mitad de 1959 estuvo marcada por las intensas negociaciones para avanzar en la posible integración de España en la OTAN. En este contexto, el 31 de agosto tuvo lugar en Londres un tenso encuentro entre Fernando María Castiella, José María de Areilza y el presidente estadounidense Dwight D. Eisenhower. Este episodio reveló las tensiones internas y externas en torno a la política exterior del Régimen franquista. Durante la reunión, Castiella criticó abiertamente a los gobiernos socialistas europeos, a quienes responsabilizaba de bloquear la entrada de España en la Alianza Atlántica, un comentario que fue recibido con incomodidad por Eisenhower. El presidente estadounidense respondió con brevedad, sugiriendo que las recientes reformas económicas en España enviaban un mensaje positivo a los países europeos[760].

Sin embargo, no todo resultó favorable para los intereses españoles. Las gestiones de Areilza generaron un pequeño conflicto diplomático debido a la actuación del coronel Benito Miranda, jefe de la misión militar en la Embajada española en Washington. Según las fuentes documentales, Miranda, siguiendo instrucciones de Areilza, propuso al Departamento de Defensa presionar a Noruega a través del Reino Unido para apoyar la candidatura española a la OTAN. Esta iniciativa, que no contaba con la autorización de Castiella, motivó una aclaración oficial por parte del ministro español al Departamento de Estado, quien desvinculó a su gobierno de tales maniobras[761].

En Madrid, este incidente se percibió como un obstáculo en un momento crítico: la inminente visita de Eisenhower a España, planeada como un gesto de

---

[760] «Memorándum de conversación», 31 de agosto de 1959, FRUS, 1958-1960, Western Europe, Vol. VII.
[761] «Telegrama de la Embajada en España al Departamento de Estado», FRUS, 1958-1960, Western Europe, Vol. VII.

reconocimiento a las relaciones bilaterales entre ambos países. Este intento de oficializar los lazos con Washington no era nuevo; ya en 1956, el entonces ministro de Asuntos Exteriores, Alberto Martín Artajo, había intentado invitar al presidente estadounidense, sin éxito. Tampoco prosperaron los esfuerzos de Castiella en marzo de 1959 durante una reunión en Londres, donde Eisenhower, aunque agradeció la invitación, se limitó a prometer que lo consideraría[762]. Fueron las gestiones directas de Areilza en Washington las que finalmente lograron asegurar la visita, apoyándose en aliados estratégicos del Capitolio y el Consejo de Seguridad Nacional. La propuesta integraba la escala en Madrid dentro de una gira por otros enclaves europeos, y también incluía Rabat[763].

La llegada de Eisenhower a Madrid el 21 de diciembre de 1959 constituyó un evento de gran impacto propagandístico para la dictadura franquista. Francisco Franco recibió al presidente estadounidense en un marco cuidadosamente preparado para mostrar unidad y legitimidad. Aunque la visita no supuso avances significativos en términos diplomáticos, la breve reunión entre ambos líderes —que apenas superó los noventa minutos, incluyendo la traducción— dejó claro que el interés principal residía en proyectar una imagen de estabilidad y aceptación internacional del Régimen. Desde una perspectiva propagandística, el evento resultó un éxito rotundo: las calles de Madrid se llenaron de multitudes que saludaban al presidente estadounidense, en lo que se convirtió en una de las mayores demostraciones de apoyo popular orquestadas por la dictadura.

El contexto que rodeó esta visita demuestra que fue una decisión cuidadosamente calculada por parte de la administración estadounidense. Desde febrero de 1959, se encuentran documentos en los que se debatía sobre el futuro de España y el nivel de implicación conveniente para Estados Unidos. Un informe clave, emitido por el senador John Sparkman, presidente del subcomité de Asuntos Europeos, subrayaba que la oposición al Régimen franquista tenía una capacidad de acción muy limitada, siendo liderada principalmente por la Unión Española, integrada, entre otros, por Joaquín Satrústegui, José María Gil Robles, José Meiras, el general Tella o Enrique Tierno Galván formaban[764]. Las conclusiones del informe eran contundentes: la Dictadura no solo era inevitable, sino que resultaba conveniente para los intereses estratégicos de Washington.

---

[762] Dwight Eisenhower, *Mis años en la Casa Blanca. Segundo mandato 1956-1960* (Barcelona: Editorial Bruguera, 1966), 414.
[763] «Telegrama de Areilza a Castiella», 5 de noviembre de 1959, CDMH, AFNFF, 19336.
[764] «Unión Española», 6 de febrero de 1959, NARA, RG 59, 1955-1959, Box. 3399.

En el documento se argumentaba que España carecía de una clase media consolidada, lo que dificultaba la transición hacia un sistema democrático funcional. Además, destacaba la fragmentación y confusión de los movimientos opositores, lo que reforzaba la percepción de estabilidad que ofrecía el régimen de Franco. Un segundo informe, emitido en junio de 1959, complementó estas conclusiones, allanando el camino para que Eisenhower justificara su visita desde una perspectiva pragmática. En suma, la visita de Eisenhower a Madrid reflejó tanto las limitaciones de la oposición antifranquista como la estrategia de Estados Unidos de respaldar regímenes autoritarios que garantizaran estabilidad durante la Guerra Fría. Aunque España no logró avances inmediatos hacia la integración en la OTAN, la visita consolidó las relaciones bilaterales y permitió al Régimen franquista capitalizar políticamente el evento ante la opinión pública internacional.

A pesar de los informes favorables, la visita de Eisenhower a Madrid en diciembre de 1959 no estuvo exenta de críticas. Estas se manifestaron principalmente desde dos frentes: los grupos antifranquistas españoles y algunos sectores de la prensa estadounidense. El primero de los momentos críticos ocurrió el 26 de noviembre de 1959, cuando miembros de Unión Española organizaron una manifestación en la Plaza de Colón de Madrid para expresar su rechazo a la visita de Eisenhower. Durante esta protesta, se abogó por el retorno de la monarquía como solución a la crisis política española[765].

Un segundo momento significativo tuvo lugar el 3 de diciembre, cuando el Centro Republicano Español en México publicó un documento de rechazo a la visita, firmado por representantes de varias organizaciones antifranquistas, incluyendo el PSOE, la UGT, la CNT, Acción Republicana Democrática, el Frente Universitario Español y Esquerra Republicana de Catalunya[766]. Este documento representó una demostración de unidad entre los diversos grupos opositores en el exilio. Críticas que continuaron incluso después de la visita. Adicionalmente, meses más tarde un grupo de madres y esposas de presos políticos se dirigió directamente a Mamie Geneva Doud de Eisenhower, esposa del presidente estadounidense, solicitándole que intercediera en favor de sus familiares. Este gesto es una muestra más del intento de los opositores al Régimen por captar la atención internacional para que sus protestas tuviesen mayor impacto[767].

---

[765] «Queja por la presencia de Franco en el poder», 26 de noviembre de 1959, CDMH, AFNFF, 10141.

[766] «Centro Republicano español en México», 3 de diciembre de 1959, AGUN, Fondo Pablo Beltrán de Heredia, 022/004/0211.

[767] Algunas de las firmantes fueron María de los Ángeles Ayuso, Obdulia Solana, Concepción Fernández, Isabel Solana, Carmen del Cura, Olga del Cura, Luisa Gabilondo y Leonor Viejo. «Queja

En cuanto a la recepción del evento en los medios de comunicación estadounidenses, las reacciones fueron dispares. Algunos periódicos optaron por limitarse a informar sobre la visita. Por ejemplo, el *Daily Independent Journal* (California) interpretó la visita de Eisenhower como un esfuerzo por reforzar la defensa de Europa[768]; el *Leader-Telegram* (Wisconsin) destacó la cálida acogida popular que el presidente recibió en Madrid[769]; y el *Progress-Index* (Virginia) presentó el encuentro como un acto simbólico de unidad y de promoción de la paz frente a la amenaza soviética[770]. Sin embargo, otros medios no solo informaron sobre el evento, sino que también dieron visibilidad a las protestas contra el Régimen. *Los Angeles Times* (California), entre otros, dedicó espacio a destacar las críticas de los exiliados españoles en México, quienes, a través de manifestaciones y declaraciones, denunciaron la legitimación implícita que suponía la visita de Eisenhower a Franco[771]. Estas referencias mediáticas, aunque significativas en su momento, disminuyeron gradualmente con el paso del tiempo, como sugieren los análisis de prensa posteriores.

Uno de los comentarios más relevantes sobre la visita apareció en un editorial escrito por el periodista Drew Pearson, reproducido en *The News-Herald* (Pennsylvania)[772]. En este texto, Pearson criticó la postura de Franco en torno a la cuestión religiosa, un tema especialmente sensible para el Régimen franquista. Según algunas fuentes, existía la preocupación de que este asunto pudiera surgir durante la conversación entre Eisenhower y Franco. No obstante, según el testimonio del periodista Jaime Piniés, este tema no llegó a ser abordado en el breve encuentro entre ambos líderes[773]. En definitiva, aunque la visita de Eisenhower representó un éxito propagandístico para el régimen de Franco, también evidenció las tensiones que persistían en torno a la imagen internacional

[768] «Ike, Franco agree: West must maintain strong defenses», *Daily Independent Journal* (California), 22 de diciembre de 1959, p. 2.

de madres y esposas por presos políticos», 7 de enero de 1960, AGUN, Fondo Pablo Beltrán de Heredia, 022/004/0216.

[768] «Ike, Franco agree: West must maintain strong defenses», *Daily Independent Journal* (California), 22 de diciembre de 1959, p. 2.

[769] «Million Spaniards cheer Ike on arrival in Madrid», *Leader-Telegram* (Wisconsin), 22 de diciembre de 1959, p. 1.

[770] «Ike and Franco agre Soviet talks will help peace cause», *The Progress-Index* (Virginia), 22 de diciembre de 1959, p. 1.

[771] «Spanish Exiles Protest Visit», *The Los Angeles Times* (California), 22 de diciembre de 1959, p. 7; «Spanish exiles protest President's visit with Franco», *The Gazette and Daily,* 22 de diciembre de 1959, 1; «Spanish exiles protest visit», *El Paso Times,* 22 de diciembre de 1959, 1.

[772] Drew Pearson «Franco suppresses religion; his US lobbyist proved right», *The News-Herald* (Pennsylvania), 21 de diciembre de 1959, p. 4.

[773] Jamie Piniés, *Episodios de un diplomático* (Burgos: Dossoles, 2000), 83. En Viñas, *En las garras del águila. Los pactos con Estados Unidos, de Francisco Franco a Felipe González (1945-1995)*, 327.

del franquismo y la oposición que aún encontraba en ciertos sectores de la sociedad española y de la comunidad internacional.

En el ámbito educativo-cultural-científico, las relaciones bilaterales entre España y Estados Unidos experimentaron un avance significativo con la incorporación de España al Programa Fulbright. A pesar de que a principios de los años cincuenta España comenzó a integrarse gradualmente en ciertas instituciones internacionales, este proceso enfrentó resistencias en ámbitos como el de las becas Fulbright. Dicho contexto cambió con el nombramiento de un nuevo gobierno en 1957 y la incorporación de tecnócratas del Opus Dei, quienes favorecieron la apertura hacia este tipo de acuerdos. Así, el convenio marco fue firmado en octubre de 1958, y en el curso académico 1959-1960 se produjeron los primeros intercambios educativos a través de este programa.

No obstante, tanto la adhesión al Programa Fulbright como la reciente visita de Eisenhower a Madrid no lograron acallar las críticas hacia el Régimen franquista, especialmente por parte de algunos sectores de la prensa internacional. Entre las voces más influyentes se encontraba la del corresponsal Benjamin Welles de *The New York Times*, quien, a comienzos de 1960, dirigió dos críticas principales a la situación política española[774]. En primer lugar, subrayó la crisis entre la monarquía borbónica y el Régimen, manifestada en las tensiones entre Don Juan de Borbón y Francisco Franco debido a la negativa del dictador a considerar al heredero como su sucesor en la jefatura del Estado. En segundo lugar, cuestionó la creciente influencia del Opus Dei en el gobierno, señalando a figuras como Gonzalo Fernández de la Mora y Florentino Pérez Embid[775]. Welles acusó a ambos de aprovecharse del conflicto dinástico en beneficio propio, mientras intentaban influir en la educación del príncipe Juan Carlos y, a su vez, Fernández Gonzalo Fernández de la Mora y Florentino Pérez Embid despreciaban a la Universidad de Salamanca y su rector, José Beltrán de Heredia[776].

Estas críticas no quedaron sin respuesta. Gonzalo Fernández de la Mora, quien no pertenecía formalmente al Opus Dei, pero mantenía vínculos con algunos de sus miembros, descalificó las afirmaciones de Welles como "graves inexactitudes".

---

[774] Benjamin Welles «Spanish rift seen on prince's plans», *The New York Times,* 4 de enero de 1960, p. 5; Benjamin Welles «Franco patching rift over prince», *The New York Times,* 18 de enero de 1960, p. 3.
[775] «Welles a Fernández de la Mora», 10 de enero de 1960, AGUN, Fondo Rafael Calvo Serer, 001/047/0178.
[776] «Florentino Pérez a Welles», 12 de enero de 1960, AGUN, Fondo Florentino Pérez Embid, 003/010/0130. Este documento fue remitido también se ha encontrado en el archivo personal de Antonio María de Oriol y Urquijo «Florentino Pérez a Welles», 12 de enero de 1960, AGUN, Fondo Antonio María de Oriol y Urquijo, 027/099/0002.

Según Fernández de la Mora, el periodista basaba su análisis en meras especulaciones, especialmente respecto a su relación con el Opus y su supuesta intención de influir en el heredero. Fernández de la Mora también defendió su papel como puente entre la monarquía y el Régimen, destacando su inclusión en el Consejo Privado de Don Juan como evidencia de su interés por fortalecer los vínculos entre ambas facciones.

Por su parte, Florentino Pérez Embid, historiador y miembro del Opus Dei, envió una carta al corresponsal en la que desglosó seis puntualizaciones. Negó cualquier responsabilidad dentro de la prelatura, aclarando que sus fines eran exclusivamente espirituales y apostólicos. Refutó asimismo las acusaciones sobre su influencia en la educación del príncipe Juan Carlos y defendió la relación cordial que mantenía con el rector Beltrán de Heredia. En relación con la Universidad de Salamanca, Pérez Embid destacó la presencia de figuras afines al Opus Dei como el catedrático Alfonso Balcells, negando así cualquier animadversión institucional hacia la prelatura. Concluyó su misiva apelando al sentido de responsabilidad de Welles como periodista, exhortándolo a verificar adecuadamente sus fuentes.

La figura de Benjamin Welles también quedó registrada en un informe elaborado por el Departamento de Estado en marzo de 1960. Según este documento, el corresponsal había mantenido contactos estrechos con elementos de la oposición española[777]. A pesar de esto, el informe señalaba que la crisis política en España había remitido, aunque no por una política más tolerante del Régimen, sino por la debilidad e ineficacia de la oposición. Un informe que omite, por desconocimiento o intencionalmente, la represión a la que se sometía en este momento a la ciudadanía española por parte de la dictadura.

Lo más revelador del informe fue su análisis sobre el posible futuro del franquismo. Los redactores consideraban que dos acontecimientos habían marcado un punto de inflexión en la política española: la visita de Eisenhower y el Plan de Estabilización[778]. Bajo la premisa de que la liberalización económica eventualmente conduciría a una apertura política, se recomendó evitar cualquier acercamiento a la oposición en el corto plazo, apostando por una democratización progresiva como resultado del cambio económico.

---

[777] «Situación política de España», 1 de marzo de 1960, NARA, RG 59, 1960-1963, Box. 1807.
[778] Francisco Rodríguez Jiménez, Lorenzo Delgado Gómez-Escalonilla, y Benedetta Calandra, eds., *El americano imposible. Estados Unidos y América Latina: entre modernización y contrainsurgencia* (Madrid: Sílex, 2023).

A la luz de lo expuesto, no resulta descabellado afirmar que las decisiones políticas adoptadas por el Ejecutivo franquista fueron percibidas de manera favorable desde Washington. Como ya se mencionó, los analistas estadounidenses confiaban en que los efectos de la modernización y la liberalización económica emprendidas en España acabarían dando resultados a medio plazo. En junio de 1960, esta visión se tradujo en la consideración de que el Régimen franquista había pasado de ser un "mal menor" o un aliado incómodo a un "mal deseable"[779].

Para comprender mejor estos análisis, resulta imprescindible situarlos en el contexto internacional. Los funcionarios del Departamento de Estado comparaban la estabilidad en España con la agitación que enfrentaban gobiernos en Turquía, Japón o Corea, donde movimientos estudiantiles se alzaban contra las autoridades. En este marco, un régimen autoritario como el español, con una relativa estabilidad social en ese momento, resultaba funcional para los intereses de Washington. Sin embargo, subsistía la incertidumbre sobre cómo reaccionaría la comunidad internacional ante una eventual represión violenta de estos movimientos, tal como había sucedido en 1956.

A pesar de la sintonía con Estados Unidos, el ministro de Asuntos Exteriores, Fernando María Castiella, planteó en marzo de 1960 la necesidad de sustituir al embajador español en Washington, José María de Areilza. Si bien Areilza había cosechado ciertos éxitos diplomáticos, su gestión despertó críticas dentro del Régimen, por parte de José Félix de Lequerica, representante permanente de España ante la ONU[780]. Poco después, por motivos seguramente ajenos a la voluntad de Lequerica, Martín Artajo salió del Gobierno. Este hecho no cambió la crítica sobre algunos representantes oficiales. En este sentido, en abril de 1959 advirtió a Castiella que Areilza se estaba planteando eliminar "el aparato de gestión" existente en Washington. Se refería al lobby liderado por Clark. Los argumentos esgrimidos por el embajador se centraban en el poco rendimiento político que aportaba ya dicho grupo de presión e influencia. Para Lequerica, esta decisión sería un error, pues entendía que el objetivo real de Areilza era sustituirlo por "una organización político-bancaria encabezada por un grato amigo norteamericano emparentado con él conyugalmente"[781]. A pesar de estas críticas, Lequerica reconoció el éxito de Areilza

---

[779] «Informe embajada estadounidense en Madrid», 25 de junio de 1960, NARA, RG 59, 1960-1963, Box.

[780] «Carta de Lequerica a Franco», 11 de enero de 1957, CDMH, AFNFF, 10551.

[781] «Carta secreta de Lequerica a Castiella», 22 de abril de 1959, CDMH, AFNFF, 10499. Acerca de la rivalidad en este periodo entre Areilza y Lequerica y la animosidad de éste hacia Martín Artajo y

al conservar los contactos diplomáticos establecidos por su predecesor y dotar a la embajada de un alto perfil social. Sin embargo, recomendó su cese, argumentando que el conde de Motrico podría haber cedido a las influencias del "clan Cárdenas", un grupo que, según él, carecía de eficacia[782]. Castiella tomó nota de estas observaciones y, en marzo de 1960, propuso a Areilza un cambio de destino: la embajada en Francia. Le aseguró que esta decisión no respondía a críticas hacia su gestión, sino a la necesidad de reforzar la posición de España en el continente europeo. La elección de Francia como destino no fue casual. En 1959, Charles de Gaulle había asumido la presidencia de la V República, marcando un nuevo rumbo en la política internacional francesa, con énfasis en la independencia nacional y una postura más autónoma respecto al conflicto entre Estados Unidos y la Unión Soviética[783].

La propuesta de Castiella representaba una oportunidad para que Areilza se acercara a un país vecino con una visión alternativa sobre Europa. Aunque aceptó el traslado, el relevo no se concretó hasta junio o julio, por lo que durante los meses intermedios mantuvo su agenda activa. En abril, tuvo que lidiar con un artículo de *The New York Times* que denunciaba las restricciones a la libertad religiosa en España. Según Benjamin Welles, "a ninguna iglesia protestante o sinagoga se le permite parecer una iglesia o sinagoga, ni ostentar signos que las identifiquen". Areilza descargó la responsabilidad en la jerarquía católica, que en ese momento se encontraba inmersa en los preparativos del Concilio Vaticano II bajo el liderazgo de Juan XXIII.

En abril de 1960, Warren Randolph Burgess realizó un viaje a Madrid. Burgess, quien ocupaba el cargo de embajador de Estados Unidos ante la OTAN, había desempeñado un papel destacado en el ámbito financiero como vicepresidente del National City Bank de Nueva York durante la década de 1930. Con la llegada de Dwight D. Eisenhower a la presidencia, había asumido funciones relevantes en el Departamento del Tesoro bajo la dirección de George M. Humphrey[784]. El propósito principal de su visita a España fue analizar la situación económica del país, prestando especial atención al Plan de Estabilización, implementado para corregir los desequilibrios financieros y fomentar el crecimiento económico. Para cumplir con este objetivo, Burgess mantuvo reuniones con figuras clave de la política económica española. Entre los interlocutores destacaron Mariano Navarro

---

sus colaboradores, véase Luis Suárez, *Francisco Franco y su tiempo (Vol. VI)* (Madrid: Fundación Nacional Francisco Franco, 1984), 63-64.

[782] «Carta secreta de Lequerica a Castiella», 22 de abril de 1959, CDMH, AFNFF, 10499.

[783] Jonathan Fenby, *The General: Charles de Gaulle and the France He Saved* (New York: Skyhorse, 2012), 94-118.

[784] «Carta de Areilza a Castiella», 17 de enero de 1961, AGA, Caja 82/20925, exp. 4.

Rubio, ministro de Economía; Alberto Ullastres Calvo, ministro de Comercio; Juan Lladó, presidente del Banco Urquijo; Pedro Cortina Maura, subsecretario de Asuntos Exteriores; Javier Elorza y Echániz, director general de Relaciones Económicas Multilaterales, y Laureano López Rodó, secretario técnico general del Ministerio de Presidencia.

Este viaje constituyó un acercamiento profundo a la nueva política económica española, marcada por el inicio de una liberalización económica que buscaba integrarse en los mercados internacionales. Asimismo, la visita reforzó las relaciones bilaterales entre España y Estados Unidos, cimentando la confianza de los analistas estadounidenses en la capacidad del Régimen para implementar reformas estructurales que garantizaran la estabilidad y el desarrollo económico.

Posteriormente, el 22 de julio de 1960, José María de Areilza partió del aeropuerto neoyorquino de Idlewild (actual aeropuerto JFK) con destino a París, donde asumió su nuevo cargo como embajador de España en Francia. Desde su posición en Europa, Areilza elaboró un análisis complementario sobre el encuentro sostenido con Eisenhower poco antes de su partida. En una carta dirigida a Fernando María Castiella, el nuevo embajador recordó el compromiso adquirido con el presidente estadounidense para que este visitara España una vez concluyera su mandato.

### Nuevas caras en las relaciones bilaterales

El 7 de julio de 1960, Mariano de Yturralde y Orbegoso llegó a Washington, donde asumió la representación diplomática de España ante Estados Unidos. Antiguo director general de Asuntos Exteriores, Yturralde ya conocía a algunos diplomáticos estadounidenses desde su misión en Washington durante el periodo 1949-1950. En esa ocasión, fue enviado a la capital estadounidense con el objetivo de gestionar la obtención de 50 millones de dólares para la compra de trigo, además de preparar la futura financiación de la industria nacional española[785]. Sin embargo, su llegada a Washington no suscitó un gran interés en la prensa estadounidense, lo que resulta significativo. Este hecho podría reflejar que la normalización de las relaciones diplomáticas entre España y Estados Unidos había alcanzado un punto tal que el nombramiento de un nuevo embajador ya no resultaba un tema de gran relevancia mediática. De un total de 25 periódicos estadounidenses consultados, solo el *Lansing State Journal* (Michigan) destacó la

---

[785] Portero, *Franco aislado. La cuestión española (1945-1950)*, 361-64.

noticia en su portada[786]. Otros, como *The Daily Oklahoman* (Oklahoma), *The Atlanta Constitution* (Georgia) y *The New York Times* (Nueva York), la ubicaron en páginas interiores (11, 14 y 8, respectivamente)[787].

La llegada de Yturralde coincidió con la elección de John Fitzgerald Kennedy como presidente de Estados Unidos. La elección de Kennedy supuso un cambio importante en la política estadounidense. El nuevo presidente se alineó con la defensa de los derechos civiles y propuso leyes que provocaron enfrentamientos con los demócratas del sur, en cierta medida contrarios a las reformas. La victoria de Kennedy suscitó un gran optimismo, especialmente entre los sectores más desfavorecidos, que veían en él una figura capaz de abordar cuestiones clave como la pobreza, el comunismo y el colonialismo. La ascensión de miembros del ala progresista del Partido Demócrata al Departamento de Estado alimentó las esperanzas del movimiento antifranquista, que veía en la nueva Administración una posible aliada en la denuncia del franquismo[788].

En el periodo posterior a la victoria de Kennedy, el Gobierno vasco en el exilio seguía manteniendo una delegación oficiosa en Estados Unidos. Aunque las principales actividades políticas del Gobierno vasco y otros grupos antifranquistas se centraron en Europa, su presencia en suelo estadounidense no desapareció. De hecho, el Gobierno vasco en el exilio es uno de los grupos que ha recibido mayor atención historiográfica. Sin embargo, a pesar de su presencia, la agenda política del Gobierno vasco no se enfocó en establecer una relación cercana con el nuevo presidente de Estados Unidos. Este enfoque se evidencia en la actitud adoptada por el Lehendakari José María Leizaola, quien, aunque viajó a Estados Unidos en noviembre de 1960, no mantuvo un encuentro con Kennedy[789]. Este hecho no debe interpretarse como una falta de interés por parte del Gobierno vasco, ya que sus representantes en Washington y Nueva York, Pedro Beitia y Yon Oñatibia, respectivamente, mantuvieron una comunicación constante con los nuevos miembros del Ejecutivo estadounidense.

Por otro lado, José Asensio, representante del Gobierno republicano en el exilio en Washington, envió un mensaje a Kennedy pidiendo que, bajo su liderazgo, se

---

[786] «Spain names US envoy», *Lasing State Journal* (Michigan), 8 de julio de 1960, p. 1.

[787] «Spain names envoy», *The Daily Oklahoman* (Oklahoma), 8 de julio de 1960, p. 11; «New envoy names to US by Spain», *The Atlanta Constitution* (Georgia), 8 de julio de 1960, p. 14; «Spain names envoy to US», *The New York Times,* 8 de julio de 1960, p. 8. Conviene señalar que, en algunos casos, la prensa y la documentación oficial variaban entre escribir la 'I' y la 'Y' como inicial del apellido de Yturralde, lo que refleja cierta inconsistencia en la forma en que era referido.

[788] Theodore Sorensen, *Kennedy* (New York: Harper & Row, 1965), 51 y ss.

[789] Mota, *Un sueño americano. El Gobierno Vasco en el exilio y Estados Unidos (1937-1979)*, 319.

restableciera la confianza mutua y se alcanzara una paz honrosa con todos los pueblos libres, lejos de la tiranía franquista[790]. Esta esperanza fue complementada por Fernando Varela, ministro de Estado del Gobierno de Emilio Herrera, quien en mayo de 1961 se reunió con Dean Rusk y Chester Bowles, secretario y subsecretario de Estado respectivamente. Durante el encuentro, Varela presentó el plan de la oposición, que consistía en el desarrollo de un programa democrático bajo los auspicios de las democracias occidentales, el cese de la ayuda económica estadounidense a Francisco Franco y la convocatoria de un referéndum en España para elegir el sistema de gobierno[791]. Estas peticiones fueron formalizadas poco después en un documento oficial firmado tanto por el Gobierno vasco como por el Gobierno republicano en el exilio.

Mientras que para la oposición antifranquista la llegada de Kennedy fue recibida con entusiasmo y alegría, el gobierno franquista mostró cierta preocupación. Las promesas de una "Nueva Frontera" realizadas por Kennedy durante su campaña electoral fueron interpretadas como incomprensibles para los gestores españoles, quienes las recibieron con temor. Este temor se reflejó en las palabras del embajador Yturralde el 15 de noviembre de 1960, quien afirmaba que, a pesar de ser el primer presidente católico de Estados Unidos, Kennedy no favorecería a España[792]. Según Yturralde, la presión religiosa derivada de su confesionalidad pondría a prueba al presidente ante los sectores protestantes. En este contexto, cualquier escándalo religioso en España podría ser utilizado en su contra, dificultando su relación con el nuevo inquilino de la Casa Blanca.

Tales preocupaciones no estaban del todo infundadas, pues en diciembre de 1960, Brooks Hays, ex presidente de la Southern Baptist Convention, hizo una declaración que parecía confirmar las inquietudes franquistas. Hays señaló que, aunque tanto Estados Unidos como España estaban igualmente comprometidos en la lucha contra el comunismo, lo que servía como base de la alianza entre ambos países, el Gobierno de Madrid debía reconocer la "ironía" de que existiera mayor libertad religiosa en la Unión Soviética que en España[793]. Un problema que ya era

---

[790] «Carta de José Asensio a Kennedy», 20 de enero de 1961, NARA, RG 59, 1960-1963, Box. 1807.
[791] «Carta de Fernando Varela a Dean Rusk», 14 de mayo de 1961, NARA, GRDS, 1953-1962, Box. 7.
[792] «Carta de Yturralde», 15 de noviembre de 1960, AGUN, Fondo Marcelino Ojeda Aguirre, 097/036/0020.
[793] «Solicitud de libertad religiosa en España», 31 de diciembre de 1960, AGUN, Fondo Marcelino Ojeda Aguirre, 097/036/0025.

constatado desde la Segunda Guerra Mundial y que en 1963 el embajador español seguía advirtiendo como problema[794].

A principios de 1961, un hecho relevante complicó aún más las relaciones bilaterales. El 1 de enero de ese año, el embajador John Davis Lodge envió una carta a Foy D. Kohler, asistente del secretario de Asuntos Europeos, para transmitir el malestar del Gobierno franquista ante la decisión de Estados Unidos de no participar en la Feria Internacional de Muestras de Barcelona, que tendría lugar entre el 1 y el 20 de junio de 1961. Lodge reprochó esta actitud, especialmente porque España se había comprometido a participar en la Feria Mundial de Nueva York de 1964[795]. Argumentó que la buena disposición del Régimen español hacia Estados Unidos debería ser correspondida con acciones concretas, como la participación en la feria de la ciudad condal, que representaba una excelente oportunidad para que los fabricantes extranjeros, especialmente los estadounidenses, pudieran acceder a nuevos mercados.

Este incidente, junto con la llegada de la nueva Administración Kennedy, hizo más urgente que nunca un encuentro oficial entre ambos países. En febrero de 1961, el secretario de Estado Dean Rusk y el embajador Yturralde se reunieron para tratar dos temas principales. El primero, referido al nuevo gabinete estadounidense, que incluía figuras que habían expresado en el pasado su animadversión hacia España, aunque Rusk no especificó quiénes. El segundo tema fue la postura de Kennedy respecto a la oposición antifranquista y la figura de Franco. En ambos casos, Rusk intentó transmitir confianza, subrayando que, a pesar de los cambios, no habría una ruptura en las relaciones con España[796].

El nerviosismo de la diplomacia española, sin embargo, podría interpretarse como el reflejo de la postura previa de Franco, quien prefería la victoria de Nixon. Así lo recogió en sus memorias Franco Salgado, quien citó al dictador diciendo que "con los republicanos tenemos muchos más amigos, mientras que entre los demócratas hay bastantes enemigos del Régimen que aún no se han dado cuenta de los motivos del levantamiento militar". Según Franco, "hubiese sido mejor que ganase Mr. Nixon"[797].

---

[794] «Garrigues a Castiella», 21 de enero de 1963, AGUN, Fondo Antonio Garrigues y Díaz-Cañabate, 010/001/0011.
[795] «Feria de Nueva York», 30 de enero de 1961, NARA, RG 59, 1960-1963, Box. 2577.
[796] «Memorándum de conversación Rusk-Yturralde», 7 de febrero de 1961, FRUS, 1960-1963, Western Europe and Canada, Vol. XIII.
[797] Francisco Franco Salgado-Araujo, *Mis conversaciones privadas con Franco* (Barcelona: Planeta, 1976), 301.

A pesar de estas tensiones, lo realmente significativo fue cómo la Administración Kennedy, una vez instalado en la Casa Blanca, comenzó a moldear sus políticas hacia España. Durante el mandato de Eisenhower, y en concreto bajo la discusión del documento NSC 6016, el consejero de Seguridad Nacional Gordon Gray propuso que la mayoría de los miembros del Planning Board apoyaban una evolución gradual hacia un sistema democrático en España. Esta posición fue respaldada por el secretario de Defensa Thomas S. Gates Jr., quien sugirió que Estados Unidos debía "tomar decisiones discretas" y actuar de manera más comprometida, en lugar de seguir limitándose a hacer declaraciones sobre la democracia sin implicarse directamente. De este modo, aunque los cambios en la política estadounidense hacia España no se concretaron inmediatamente bajo Kennedy, ya durante los últimos meses de la presidencia de Eisenhower comenzaron a gestarse las primeras propuestas de un viraje en la relación bilateral[798].

En el nuevo documento, se introdujo un objetivo adicional a la conexión bilateral hispano-estadounidense: favorecer una transición a la democracia en España. Este enfoque planteaba dos propuestas fundamentales. La primera, elaborada por el Consejo Nacional de Seguridad, sugería que "en la medida de lo posible, y sin perjuicio de la consecución de los objetivos primarios de los Estados Unidos en España, se aprovecharan discretamente las oportunidades que pudieran presentarse para potenciar una evolución democrática en España"[799]. Esta postura mostraba una actitud pasiva, en la que se esperaba que cualquier cambio viniera de manera orgánica, sin forzar un movimiento directo hacia la democracia.

En contraste, el Departamento de Defensa presentó una propuesta más proactiva, que afirmaba que "en la medida de lo posible y de manera concebida para evitar la apariencia o interpretación de una interferencia impropia en los asuntos internos de España, se alentara al Régimen de Franco a dar pasos hacia la evolución democrática en España, tratando de convencerle de que tales pasos son de deseable interés para el prestigio y la influencia internacionales de España". Esta opción subrayaba la necesidad de persuadir al Gobierno franquista para que tomara medidas proactivas, enfocándose en los beneficios internacionales que una transición democrática podría reportar.

---

[798] «Encuentro del Consejo de Seguridad Nacional», 29 de septiembre de 1960, FRUS, 1958-1960, Western Europe, Vol. VII.
[799] Ibidem.

- "Seguir incluyendo a España cada vez más en la familia occidental (incluida la OTAN), exponiendo así a los españoles cada vez más a las influencias que, según la opinión generalizada, están empezando a provocar una liberalización gradual del régimen según los modelos occidentales;
- Ayudar a elevar el nivel de vida y mejorar la salud económica y las perspectivas del país y, especialmente, seguir presionando para que se produzca una mayor liberalización económica, de modo que, a largo plazo, los elementos extremistas tanto de la izquierda como de la derecha se debiliten y los moderados dentro y fuera del gobierno puedan construir una transición ordenada después de Franco hacia una forma de gobierno más estable y representativa que siga siendo amistosa con Estados Unidos;
- Fomentar ciertos pasos hacia otra liberalización, por ejemplo, para permitir la aparición de una oposición leal y responsable que prepare mejor al pueblo español para lo que suceda a Franco;
- Plantear al ministro de Asuntos Exteriores, cuando se presente la ocasión, la cuestión de los acuerdos para una sucesión ordenada, práctica y aceptable" [800].

La diferencia entre las dos propuestas, como se puede observar, radicaba en el enfoque: el Consejo de Seguridad Nacional proponía una intervención pasiva, mientras que el Departamento de Defensa abogaba por una actitud más asertiva, aunque sutil. No obstante, el embajador estadounidense en Madrid, John Davis Lodge, criticó ambas opciones, argumentando que atacar a la dictadura franquista por mantener un modelo totalitario iba en contra de la realidad internacional. En su opinión, aunque existían sectores en España que deseaban una evolución del régimen, pocos veían una alternativa viable al mismo. Esta falta de una oposición coherente y sólida a la figura de Franco fue, según Lodge, la clave de la política exterior que tendría que afrontar la Administración Kennedy. A su juicio, un intento de democratización podría incluso conducir a la llegada de los comunistas al poder; lo cual, por supuesto, era inaceptable para los intereses estadounidenses[801].

---

[800] «Telegrama de la embajada en España al Departamento de Estado», 28 de septiembre de 1960, FRUS, 1958-1960, Western Europe, Vol. VII.
[801] «Memorándum del cónsul en Valencia», 24 de noviembre de 1960, NARA, GRDS, 1953-1962, Box. 8.

En particular, Lodge subrayó la problemática de la propuesta del Departamento de Defensa, que consideraba no solo una injerencia, sino un ataque directo al Régimen. En su lugar, el embajador sugirió que Estados Unidos debía trabajar para crear las condiciones necesarias para mejorar la situación de España en el presente, y, más importante aún, para construir un futuro que estuviera alineado con los valores democráticos. Según Lodge, la liberalización económica debería ser vista como un paso previo hacia una apertura política. Asimismo, la inclusión de España en organismos internacionales no solo fortalecería la cooperación bilateral, sino que también fomentaría la presión interna que facilitaría una transición ordenada y gradual hacia un sistema democrático. Finalmente, el embajador hizo hincapié en la importancia de no presionar demasiado a España en torno a las bases militares estadounidenses, pues tal presión podría reducir la capacidad de negociación de Estados Unidos en cuestiones futuras.

Cuando Kennedy asumió la presidencia, el Departamento de Estado y los analistas político-militares se encontraron divididos respecto al rumbo a seguir. La pregunta central era si continuar con el planteamiento de Lodge o explorar nuevas alternativas. Lo que parecía claro era que la política seguida desde 1953, que había consolidado a España como un aliado estratégico en el Mediterráneo, había comenzado a convertirse en un arma de doble filo. Por un lado, la alianza con España proporcionaba acceso a un aliado valioso y geopolíticamente importante, que, debido a su dependencia económica, podía ser cortejado con recursos limitados. Por otro lado, existía la creciente percepción en algunos sectores de la opinión pública española de que Estados Unidos había respaldado a la dictadura franquista y propiciado su consolidación. Esta percepción, especialmente entre las clases medias emergentes, dificultaba las relaciones futuras entre ambos países y podía contribuir al resurgimiento de un antiamericanismo en España.

Finalmente, hay dos elementos adicionales que explican por qué, en ese momento, no existía un riesgo inmediato para el Régimen franquista. El primero se refiere a la percepción que se tenía de la oposición. El nuevo embajador en Madrid, A. J. Drexel Biddle, quien reemplazó a Lodge en abril de 1961, expresó en relación con el Gobierno republicano en el exilio que "son unos tipos muy peligrosos". Según Biddle, la relación pasada de algunos de estos grupos con los elementos comunistas significaba que, de llegar al poder, dejarían la puerta abierta a los comunistas nuevamente. Esta observación fue aún más grave cuando Biddle recomendó que el FBI vigilara de cerca a figuras como Fernando Varela y Amattler, e incluso a potenciales invitados de Castro, como el general Herrera, destacando que "los resultados serían altamente reveladores"[802]. Esta desconfianza hacia las alternativas opositoras fue también una preocupación expresada por Lodge en una carta a Dean Rusk, en la que mostraba su inquietud sobre el futuro de España tras la eventual desaparición de Franco.

La conclusión era clara: era necesario trabajar con cautela en los apoyos al Régimen franquista, al mismo tiempo que se evaluaban los posibles escenarios futuros de una España sin Franco. El 11 de septiembre de 1961, se emitió un informe extenso, aunque especulativo, que profundizaba en esta cuestión y planteaba cuatro posibles escenarios para el futuro del país[803]:

1) Una democracia moderada con un ejecutivo fuerte.
2) La continuación del Régimen actual con algunos cambios sustanciales.
3) Una democracia plena con un presidente y sistema parlamentario.
4) Una dictadura de izquierdas.

El escenario más plausible, según los análisis, era la constitución de una democracia, siempre y cuando se suavizaran las marcadas diferencias sociales y de clase. En este contexto, se consideró que la creación de una clase media robusta sería fundamental. El Plan de Estabilización, con sus efectos económicos positivos, podría contribuir a este proceso. Sin embargo, una cuestión clave que aún no estaba clara era el momento en que se produciría esta transición. En este sentido, el informe también delineó cuatro posibles escenarios para la muerte de Franco:

- Que la muerte de Franco se produjera de forma inmediata y repentina.
- Que la muerte de Franco ocurriese en un plazo breve, pero suficiente para preparar la transformación.
- Que muriese a largo plazo, con tiempo suficiente para planificar el futuro del país sin él.
- Que el fin del Régimen llegara a través de un golpe militar o una renuncia por parte de Franco.

---

[802] «Memorándum de McBride a Valliere», 23 de octubre de 1961, NARA, GRDS, 1953-1962, Box. 7.
[803] Algunos autores ya han analizado este fenómeno. Vid Lorenzo Delgado, «From Franco to Democracy. U.S. Information and Cultural Policy in Spain», en *North and South: The United States, the European Union and the Developing World*, ed. Cristina Crespo y David García (Alcalá de Henares: Universidad de Alcalá, Instituto Universitario de Investigación en Estudios Norteamericanos Benjamin Franklin, 2013), 229-43; Lorenzo Delgado, «After Franco, what? La diplomacia pública de Estados Unidos y la preparación del posfranquismo», en *Claves internacionales en la Transición española*, ed. Oscar Martín y Manuel Ortiz (Madrid: Catarata, 2010), 99-127.

Lo más relevante del informe fue la comprensión de que, si Franco lograba realizar una "reforma agraria, construir una industria y un comercio en España", el país podría "unirse en términos básicamente iguales a otras naciones de Europa occidental"[804]. Esta era una idea clave para los analistas estadounidenses, pues se entendía que, en ese caso, serían elementos moderados los que controlarían la situación una vez que Franco dejara el poder.

Otro asunto crucial para la diplomacia estadounidense era el de las bases militares en España, que seguían siendo la piedra angular de la estrategia diplomática hacia el país. A pesar de los documentos que cuestionaban el riesgo de fomentar animadversión por el apoyo estadounidense al Régimen franquista, la realpolitik continuaba teniendo un peso significativo en la planificación de la política exterior de Estados Unidos. Las bases ofrecían una dispersión estratégica de las fuerzas militares que era considerada esencial, incluso como un elemento preventivo, ya que, al estar ocupadas por militares estadounidenses, impedían el acceso a la Unión Soviética. Además, la coyuntura internacional de la época hacía que no se quisiera perder ninguno de estos enclaves en futuras negociaciones. En ese momento, se estaban produciendo eventos globales cruciales, como la segunda crisis de Berlín, la presión de Marruecos para que Estados Unidos abandonara sus bases en suelo marroquí, el deterioro de las relaciones con Portugal debido a la situación en Angola, y el riesgo de evacuación de las Azores. Todo ello hacía que aumentase el peso geopolítico de las bases militares ubicadas en España.

Mientras tanto, parte de la opinión pública estadounidense seguía mostrando una clara animadversión hacia Franco, lo que generaba un desafío para la diplomacia española. La falta de libertad religiosa en España volvía ser el asunto que más preocupación generaba entre los estadounidenses. En septiembre de 1961, el Departamento de Estado recibió dieciséis cartas de senadores estadounidenses quejándose de este problema, un ejercicio de presión continuado cuyo objetivo era cambiar la actitud de la Administración Kennedy hacia el Régimen franquista[805]. La misma petición de libertad religiosa se repitió en una carta enviada a Foy D. Kohler el 28 de septiembre de 1961. El remitente era el reverendo protestante Donald E. White, quien denunciaba la "persecución y la ausencia de libertad para los no católicos en España". Más inusual fue el caso de los Testigos de Jehová, que

---

[804] «Comentarios sobre el posfranquismo», 11 de septiembre de 1961, NARA, RG 59, 1960-1963, Box. 1808.
[805] «Cartas de senadores quejándose de libertad religiosa en España», 19 de septiembre de 1961, NARA, RG 59, 1960-1963, Box. 2580.

también reclamaron libertades religiosas en España. El 18 de octubre, Anton Koerber, representante en Washington de la Watch Tower Bible and Tract Society of Pennsylvania, hizo llegar su solicitud al Departamento de Estado[806]. Este tipo de críticas sobre la libertad religiosa se convirtieron en uno de los desafíos más recurrentes y complejos para la diplomacia franquista.

La prioridad diplomática española de finales de 1961 pivotó entorno a la Feria Mundial de Nueva York. Durante las negociaciones para la participación de España en la feria, el país solicitó que parte de los fondos aprobados se convirtieran de préstamo a ayuda, es decir, que no tuvieran que ser devueltos[807]. Esta petición fue apoyada por el embajador estadounidense en Madrid, quien consideraba que debía alcanzarse algún tipo de acuerdo, ya que, de no ser así, se corría el riesgo de que España rechazara participar en la feria, lo que sería una mala imagen para Estados Unidos. Además, si no se alcanzaba un acuerdo, Franco podría lograr su objetivo a través de "Charles Patrick Clark y los congresistas que trabajaban para el gobierno español" [808]. Otro punto de preocupación, según Biddle, era la posibilidad de que, si no se llegaba a un acuerdo sobre la renovación de los Pactos de Madrid, el costo de las bases podría aumentar hasta los 200 millones de dólares anuales a partir de 1963. Este hecho pone de manifiesto una de las tesis de este análisis: a pesar de las dudas del gabinete de Franco sobre la Administración Kennedy, la situación en términos globales no ofrecía razones suficientes para dramatizar en exceso.

La idea de Biddle se vio reforzada el 11 de diciembre de 1961, cuando el embajador Yturralde informó a Castiella sobre las intervenciones públicas de los senadores Barry Goldwater y Howard W. Cannon, quienes se expresaron en favor de España y de reforzar el compromiso de Estados Unidos con las bases[809]. Según información de la prensa estadounidense, no fueron solo estos dos senadores los que se posicionaron, sino también otros dos: Jack R. Miller y Peter H. Dominick. Todos ellos compartían una característica: habían sido oficiales en el Ejército estadounidense. El discurso de Goldwater, quien actuó como portavoz, destacó al afirmar que "las tres bases de Estados Unidos en España son lo más importante que

---

[806] «Protestantes en España», 13 de octubre de 1961, NARA, RG 59, 1960-1963, Box. 2580.
[807] «Feria de Nueva York», 31 de octubre de 1961, RG 59, 1960-1963, Box. 2577.
[808] «Declaraciones de senadores», 11 de diciembre de 1962, CDMH, AFNFF, 10450.
[809] «Barry tours Spain with AF group», *Arizona Daily Sun* (Arizona), 11 de diciembre de 1961, p. 2; «Goldwater inspects Spanish air bases», *Poughkeepsie Journal* (New York), 11 de diciembre de 1961, p. 12; «Senators: extend Spanish pact», *Des Moines Tribune* (Iowa), 11 de diciembre de 1961, p. 6.

tenemos", una conclusión a la que había llegado tras visitar varios puntos estratégicos de Europa, como Berlín, Turquía, Grecia e Italia[810].

## La consolidación de España en Estados Unidos

El curso de la Guerra Fría puso de manifiesto la necesidad de renegociar los Pactos de Madrid, lo que abrió un debate significativo en Washington. Sin embargo, no existe consenso sobre el momento exacto en que se iniciaron estas negociaciones. Termis Soto sostiene que comenzaron en 1960, basándose en el derribo de un avión espía U-2 por la Unión Soviética. Según esta perspectiva, la respuesta del Departamento de Estado consistió en recordar a los miembros de la OTAN la obligación de apoyarse mutuamente. Por otro lado, Ángel Viñas sitúa el inicio en octubre de 1961, argumentando que fue entonces, durante la conmemoración de los 25 años de la Jefatura de Estado de Franco, cuando el dictador pronunció un discurso en el que señaló la necesidad de "poner de acuerdo los convenios con las circunstancias del momento"[811].

Más allá de estas discrepancias cronológicas, lo relevante es que España mostró un claro interés en renegociar los términos de los pactos, mientras que Estados Unidos prefería optar por su renovación automática. Este desacuerdo tenía un trasfondo estratégico. En 1958, Townsend Hoopes había elaborado un informe que cuestionaba la utilidad de las bases estadounidenses en España, argumentando que su relevancia estratégica había disminuido debido a los avances soviéticos en misiles balísticos de largo alcance, capaces de alcanzar territorio estadounidense sin necesidad de lanzamientos desde Europa[812].

El discurso mencionado por Viñas marcó un punto de inflexión, ya que Franco expresó públicamente su intención de renegociar los acuerdos. No obstante, este movimiento no fue improvisado, ya que el Régimen franquista contaba con alternativas estratégicas para fortalecer su posición. El 1 de octubre de 1961, tras una mejora en las relaciones con Francia, la retirada francesa de Argelia y el aumento de la influencia soviética en el norte de África, Franco mostró un

---

[810] «Senators say US air bases in Spain vital», *Oakland Tribune* (California), 11 de diciembre de 1961, p. 7.

[811] Viñas, *En las garras del águila. Los pactos con Estados Unidos, de Francisco Franco a Felipe González (1945-1995)*, 339.

[812] Townsend Hoopes «Overseas bases in American strategy», *Foreign Affairs,* 1 de octubre de 1958. Vid en MacArthur Memorial Archives and Library, Papers of Major General Charles A. Willoughby, RG 23, Box. 3.

renovado interés por acercarse a la Comunidad Económica Europea[813]. Aunque no planteó directamente una solicitud de adhesión como miembro de pleno derecho, dejó entrever su disposición a explorar fórmulas de integración. En este contexto, el dictador subrayó que "los movimientos de integración económica europea son tenidos en cuenta para nuestro desarrollo", evidenciando su interés por alinearse con las dinámicas económicas del continente[814].

En el ámbito económico, el balance de pagos de Estados Unidos estaba generando un déficit creciente, lo que repercutió en su capacidad de asistencia exterior. A medida que el interés estadounidense se enfocaba cada vez más en el desarrollo del Tercer Mundo, la receptividad hacia España disminuía. A esto se sumaba un cambio clave: España era, en aquel momento, el único país europeo que recibía fondos del Military Assistance Program (MAP), un beneficio que cesaría en 1962.

En relación con las bases militares, Ángel Viñas destaca un aspecto significativo: durante la reunión entre Franco y Dean Rusk el 16 de diciembre de 1961, el dictador no mencionó este asunto en absoluto. Esta omisión podría explicarse por la cautela que Franco expresó a su primo antes del encuentro, con la intención de evitar tensiones que pudieran enfriar las relaciones bilaterales. La conversación, sin embargo, se desarrolló en un tono cordial y abordó temas delicados, como la situación en Marruecos. En este contexto, Franco sorprendió al ofrecer a Rusk el control del Sáhara español si Estados Unidos se veía obligado a abandonar sus bases en territorio marroquí. Además, abogó por proporcionar ayuda financiera al nuevo gobierno de Marruecos. "Si Occidente construía presas, embalses y ayudaba económicamente a Marruecos, la población estaría más satisfecha y no apoyaría la demanda de armas", sugirió[815].

Esta propuesta reflejaba su preocupación por la creciente influencia soviética en el norte de África, así como el temor a la proliferación de armamento en la región. En otro orden de temas, Franco abordó la cuestión del equilibrio nuclear entre el Este y el Oeste. Ante su inquietud, fue el propio secretario de Rusk quien le tranquilizó, asegurándole que Estados Unidos mantenía la supremacía en armamento nuclear. No obstante, el dictador ofreció un análisis agudo del panorama global, afirmando que "[l]os soviéticos han ganado mucho al ofrecer una solución a países que durante años habían estado sin esperanza. La solución

---

[813] Antonio Moreno Juste, *Franquismo y construcción europea (1951-1962). Anhelo, necesidad y realidad de la aproximación a Europa* (Madrid: Tecnos, 1998), 184-85.

[814] Francisco Franco, *Pensamiento político de Franco* (Madrid: Ediciones del Movimiento, 1975), 377.

[815] Franco Salgado-Araujo, *Mis conversaciones privadas con Franco*, 328; Luis Suárez, *Franco* (Barcelona: Ariel, 2005), 318-19 y 323-25.

soviética resultó convincente para muchos países y personas. Por tanto, la única esperanza para Occidente es proponer una alternativa igualmente convincente, preferible al comunismo"[816].

Esta reunión, junto con el discurso de octubre de 1961, marcó el inicio de una actividad diplomática intensa por parte del Régimen franquista. En enero de 1962, se celebraron reuniones clave de la Comisión Delegada para Asuntos Económicos y del Consejo de Ministros, en las cuales se discutió la posibilidad de solicitar el acceso de España a la Comunidad Económica Europea[817]. Sin embargo, esta aspiración enfrentaba serios obstáculos. Apenas el 15 de enero, el Parlamento Europeo había establecido los criterios para la adhesión, basados en tres factores: el geográfico, el económico y el político. Este último suponía el mayor desafío para España, ya que exigía "la garantía de existencia de una forma estatal democrática, en el sentido de una organización política liberal". A la luz de estas condiciones, resultaba evidente que "mientras el régimen franquista continuase en el poder, sería imposible alcanzar la plena integración"[818].

De forma paralela a la negativa de la Comunidad Económica Europea (CEE), España, a través de Juan José Rovira, funcionario del Ministerio de Asuntos Exteriores, solicitó el inicio de la renegociación de los Pactos de Madrid[819]. El 14 de marzo de 1962, Rovira viajó a Washington, donde se reunió con Ante William Tyler, subsecretario adjunto de Estado. Su misión tenía un doble objetivo: establecer las bases para un nuevo acuerdo bilateral; y por otro lado, evaluar cómo afectaría el reciente fracaso en el intento de adhesión a la CEE a las relaciones con Estados Unidos.

Tras la reunión, Rovira elaboró un informe que sintetizó en tres conclusiones principales. La primera destacaba la necesidad de ejercer una mayor presión sobre la administración estadounidense en materia militar. Según Rovira, la capacidad militar de Estados Unidos permitía apoyar de manera más efectiva la modernización de las tropas españolas, llegando incluso a proponer un compromiso conjunto en la defensa del espacio aéreo español. La segunda conclusión giraba en torno a la utilidad estratégica de las bases militares en territorio español. Rovira

---

[816]Suárez, *Franco*, 318-19.
[817] Moreno Juste, *Franquismo y construcción europea (1951-1962). Anhelo, necesidad y realidad de la aproximación a Europa*, 213.
[818] Rafael Calduch, «La política exterior española (I): Las relaciones exteriores durante el franquismo», en *Dinámica de la Sociedad Internacional* (Madrid: CEURA, 1993), 34.
[819] Juan José Rovira y Sánchez-Herrero fue nombrado embajador en Washington durante el primer periodo del gobierno de Adolfo Suárez (1976-1978).

planteó la necesidad de determinar si estas instalaciones eran realmente indispensables para la defensa mutua. En caso afirmativo, se recomendaba negociar sobre su uso con una estrategia clara, incluyendo la posibilidad de reubicar las bases para minimizar los riesgos para la población local. Por último, la tercera conclusión subrayaba la importancia de obtener financiación para planes económicos a largo plazo, con el objetivo de dinamizar y fortalecer la estructura económica del país[820].

Sin embargo, en medio de las primeras etapas de estas negociaciones, la diplomacia española sufrió un duro golpe con el fallecimiento repentino de Mariano Yturralde en marzo de 1962. Ante esta situación, Franco designó personalmente al abogado Antonio Garrigues Díaz-Cañabate como su sustituto. Esta elección parecía responder a las circunstancias "especiales" que atravesaban las relaciones con Estados Unidos, liderado por primera vez por un presidente católico, John F. Kennedy. Para el Régimen franquista, la experiencia diplomática de Garrigues resultaba secundaria frente a otros factores, como era su relación personal con la familia Kennedy, establecida durante la Guerra Civil Española[821].

El vínculo entre Garrigues y los Kennedy se remontaba a su colaboración con quintacolumnistas durante el conflicto bélico, y a su conexión directa con Joseph Patrick "Joe" Kennedy Jr., hermano mayor de John F. Kennedy. Según se relata, la casa de Garrigues y su esposa, Helen Anne Walker, adquirió un estatus de pseudoembajada estadounidense durante los últimos años de la Guerra Civil, ya que Helen, de nacionalidad estadounidense, contaba con bienes propios que justificaban la presencia de una bandera de su país en la residencia[822]. Este detalle convirtió la vivienda en el alojamiento elegido por Joe Kennedy Jr. durante su estancia en España, consolidando una amistad que perduró más allá de la guerra.

Los motivos exactos de la designación de Garrigues no están completamente claros, pero existen algunas hipótesis plausibles. Por un lado, su vínculo con la familia Kennedy resultaba un factor importante; por otro, su esposa estadounidense podía fortalecer los lazos con Estados Unidos. Además, su talante liberal y su imagen aperturista representaban un cambio con respecto a los estamentos más conservadores del Régimen franquista, acercándolo a las democracias occidentales. Como señala Rafael Escobedo, Garrigues proyectaba una imagen modernizadora

---

[820] Viñas, *En las garras del águila. Los pactos con Estados Unidos, de Francisco Franco a Felipe González (1945-1995)*, 342.

[821] Carlos Píriz, *En Zona Roja. La Quinta Columna en la guerra civil española (1936-1941)* (Granada: Comares, 2022).

[822] Antonio Garrigues, *Diálogos conmigo mismo* (Barcelona: Planeta, 1978), 85-86.

que beneficiaba los intereses españoles en el exterior[823]. Otro elemento significativo fue el hecho de que su bufete de abogados asesoraba a empresas estadounidenses, un aspecto que sin duda resultaba atractivo en el contexto de las negociaciones bilaterales.

Desde que se conoció en Estados Unidos la designación de Antonio Garrigues Díaz-Cañabate como embajador, la prensa inició una intensa actividad al respecto. En este contexto, llegó a manos de Franco un documento confidencial cuya procedencia exacta no se ha podido determinar, aunque, por su contenido, es probable que proviniera de la Embajada en Washington. Fechado el 2 de abril de 1962, el documento resaltaba el impacto positivo que la elección de Garrigues tenía para la imagen internacional de España. Se describía al nuevo embajador como un "hombre de espíritu, de innegable entendimiento y talento (…) cuya aplicación a la vida pública adorna y enriquece al Régimen"[824].

El análisis también aludía a "las organizaciones permanentes de contacto con las fuerzas políticas del país", en referencia explícita al Spanish pro-Franco Lobby. Según el autor, cuya identidad no ha podido ser verificada, eliminar esta red de influencia "liquidaría la posición de España en Estados Unidos"[825]. Por el estilo del texto, no resulta descabellado pensar que su autor pudiera ser José Félix de Lequerica, quien aún se desempeñaba como embajador permanente de España ante la ONU. Esta hipótesis se refuerza al encontrarse, en la misma carpeta, una traducción de un reportaje de la revista *Holiday*. Bajo el título "The Persuading and Enduring Lobbyist", A. L. Todd analizaba el trabajo de Charles Patrick Clark y su bufete de abogados en dicha revista, describiéndolo como "el hombre del General Francisco Franco en la capital". El reportaje detallaba que España pagaba a Clark la suma de "100.000 dólares anuales en anticipos, que, sumados a otros clientes, lo convierten en uno de los lobbyists mejor retribuidos de la ciudad". Todd añadía que Portugal también había recurrido a los servicios de Clark para mejorar su imagen tras los incidentes en Angola. Asimismo, mencionaba que congresistas como Eugene Keogh o John Rooney formaban parte de esta red de influencia. Finalmente, el artículo exponía los objetivos y métodos de Clark: "Su cliente aguarda a las puertas de la OTAN. Aunque Clark no revela cómo logra esta ayuda, sus métodos hablan por sí solos: el cultivo intensivo de todos aquellos que podrían

---

[823] Rafael Escobedo, «La embajada en Washington de Antonio Garrigues Díaz-Cañabate (1962-1964): ¿Una diplomacia para el aperturismo?», *Historia y Política*, n.º 23 (2010): 246.
[824] En dicho cargo estuvo hasta su fallecimiento en 1963.
[825] «Nombramiento de Garrigues como embajador», 2 de abril de 1962, CDMH, AFNFF, 10102

estar bien dispuestos hacia Franco, ya sea mediante nexos partidistas (Clark es demócrata), el anticomunismo, el conservadurismo, o recuerdos gratos de unas vacaciones en la península ibérica"[826].

El reportaje ofrecía una radiografía del entramado propagandístico y de presión diseñado por Lequerica con la colaboración indispensable del bufete de Clark. Este despacho, situado en el departamento 500 del World Center Building de la calle 16, se había consolidado desde 1948-1949 como el núcleo del *Spanish Lobby* en Washington. Su objetivo principal era tejer una red de personalidades influyentes con capacidad de decisión para neutralizar o contrarrestar las críticas hacia el Régimen franquista. Un ejemplo de tales críticas surgió el 8 de mayo de 1962, cuando se publicó un informe cuestionando nuevamente la falta de libertad religiosa en España. Este informe incluía un anexo con datos significativos sobre las minorías religiosas no católicas. El consejero de la embajada estadounidense, William N. Fraleigh, destacaba el crecimiento de los Testigos de Jehová, que pasaron de 43 miembros en 1948 a 1.600 en 1961. En cuanto a los protestantes, la cifra ascendía a aproximadamente 16.000. El informe también proporcionaba un registro detallado de otros grupos religiosos no católicos en el país[827]. Unas denuncias que provocaron la insistencia del ministro Castiella a Franco en la necesidad de reformar la legislación vigente, que continuaba siendo un lastre para la imagen de España en el ámbito internacional.

A su llegada a Estados Unidos, Antonio Garrigues inició una intensa ronda de contactos diplomáticos. Durante el mes de junio de 1962, se registraron al menos cuatro encuentros significativos. El 12 de junio, mantuvo una reunión con el secretario de Estado, Dean Rusk, en la que discutieron los objetivos de Garrigues en Washington y la reciente celebración del IV Congreso del Movimiento Europeo en Múnich, despectivamente denominado por el Régimen franquista como el "contubernio de Múnich"[828]. Sobre este tema, también conversó con el subsecretario de Estado, quien expresó su preocupación por las movilizaciones obreras en Asturias y la posible reacción de la dictadura ante las acciones de la

---

[826] «Nombramiento de Garrigues como embajador», 2 de abril de 1962, CDMH, AFNFF, 10102.
[827] Estos eran: Cuáqueros (40), Evangélicos españoles (2.700), Hermanos de Plymouth (4.000), Baptistas (3.400), Adventistas del séptimo día (1.300), Federación de las Iglesias Evangelistas Independientes (1.000), Iglesia reformista episcopal (500), Pentecostalistas (200), Misión cristiana española (600), Otros grupos sin definir (400). «Informe sobre protestantes en España», 8 de mayo de 1962, NARA, RG 59, 1960-1963, Box. 2582.
[828] Un análisis de los acontecimientos en Alemania se puede ver en Jorge M. Reverte «Mieres y Múnich, hace 50 años», *El País,* 17 de abril de 2012.

oposición antifranquista, especialmente en un contexto marcado por la reactivación de las protestas de exiliados españoles en Estados Unidos.

En paralelo, Garrigues se reunió con el presidente del Export-Import Bank, Harold Linder, quien confirmó el compromiso del banco con los proyectos financieros de España, un apoyo crucial para la ejecución del Plan de Estabilización[829]. Finalmente, el 21 de junio de 1962, presentó sus credenciales al presidente John F. Kennedy, formalizando así su posición como embajador[830].

La tarea de Garrigues en Washington no fue sencilla. Al igual que sus predecesores, enfrentó el desafío de justificar la naturaleza dictatorial del franquismo. Sin embargo, su estilo liberal y su talante aperturista facilitaron la gestión de este dilema problemática. Incluso desde el exilio mexicano, algunos sectores reconocieron que su labor contribuyó a una relativa flexibilización del franquismo. Con una notable destreza retórica, Garrigues defendía que la sociedad española aún no estaba preparada para la democracia, llegando a presentar el modelo político español como una posible alternativa a las democracias plenas[831].

No estuvo solo en esta labor de proyección internacional del Régimen. En julio de 1962, el periodista Benjamin Welles publicó en *The New York Times* un artículo que señalaba las transformaciones en curso dentro del franquismo. Este respaldo resultó especialmente valioso, dado que Welles había criticado anteriormente al *Caudillo, Caudillo,* y se le suponía cercano a algunos de los miembros estadounidenses del anti-Franco lobby[832]. A esta defensa se sumó Stewart Alsop, quien, en un artículo para *The Washington Post*, argumentó que cada país debía ser respetado por su idiosincrasia, en una clara justificación de la política franquista, especialmente en relación con su postura hacia el gobierno castrista en Cuba, con el que Franco mantenía relaciones amistosas.

Sin embargo, mientras en España se desarrollaban reformas políticas, el Spanish pro-Franco Lobby enfrentó una grave crisis. El artículo previamente mencionado en la revista *Holiday* desencadenó una serie de críticas adversas. El 9 de julio de 1962, el periódico *Newsday* (Nueva York) publicó un reportaje que cuestionaba si las actividades del bufete de Charles Patrick Clark cumplían con la legislación estadounidense. La crítica se centraba en que el lobby no representaba a individuos

---

[829] «Garrigues tras conversación con Linder», 19 de junio de 1962, CDMH, AFNFF, 22782.
[830] «Despacho de Garrigues tras conversación con Kennedy», 21 de junio de 1962, CDMH, AFNFF, 1852.
[831] Escobedo, «La embajada en Washington de Antonio Garrigues Díaz-Cañabate (1962-1964): ¿Una diplomacia para el aperturismo?», 260.
[832] Benjamin Welles «Spain Undergoing Vast Change After 23 Years of Franco Rule» *The New York Times*, 23 de agosto de 1962

concretos, sino que operaba en favor de un Estado. Según investigaciones del Departamento de Justicia, el bufete había recibido 726.120,64 dólares del gobierno franquista en los últimos diez años. Estos fondos, según se indicaba, se destinaron a "combatir y refutar de forma directa la propaganda comunista viciosa, insidiosa e individual difundida en este país"[833].

Ante estas acusaciones, Clark trató de defender su labor, afirmando que su colaboración con España se limitaba a tres aspectos:

- Consejo legal.
- Asesoramiento sobre los procedimientos legislativos del Congreso.
- Y la promoción de relaciones amistosas y comprensivas, así como la buena voluntad entre Estados Unidos y España a través de debates[834].

A pesar de estos esfuerzos argumentativos de Clark, el impacto del artículo y las críticas a las actividades del Spanish pro-Franco Lobby marcaron un punto de inflexión en la estrategia propagandística del Régimen franquista en territorio estadounidense.

Esta noticia fue solo el preludio de eventos más relevantes. El 5 de agosto de 1962, el *Lansing State Journal* (Michigan) se refirió a los "persuasores ocultos" en un artículo en el que se denunciaban prácticas cuestionables vinculadas a este tipo de actividades. En relación con Charles Patrick Clark, se señaló que había recibido 87.500 dólares del Régimen franquista en lo que iba de año. Paralelamente, el periodista Louis Cassels publicó en un diario californiano que el senador William Fulbright lideraba una investigación como presidente del Comité de Relaciones Exteriores del Senado[835]. Este artículo, replicado en numerosos medios estadounidenses, hizo que aumentase la atención pública hacia el Spanish pro-Franco Lobby. Estos acontecimientos permiten considerar que el documento enviado a Franco podría haber tenido la intención de mitigar el impacto de la reprobación pública a la que sería sometido el *Spanish Lobby*. Este contexto da mayor credibilidad a la hipótesis de que José Félix de Lequerica pudo haber sido el autor del documento, como aquí se plantea.

En este clima de dudas sobre la legalidad de las acciones del Spanish pro-Franco lobby, Antonio Garrigues recibió el encargo de revitalizar la imagen internacional de España. Aunque los esfuerzos de José Félix de Lequerica y José María de Areilza

---

[833] «Foreign countries pay well to create an 'image' in US», *Newsday* (New York), 9 de julio de 1962, p. 61.
[834] *Ibidem.*
[835] Louis Cassels «Senate unit will probe activities of americans serving as foreign agents», *The Sacramento Bee* (California), 5 de agosto de 1962, p. 26; Louis Cassels «'Hidden persuaders' include americans as foreign agents», *Medford Mail Tribune* (Oregon), p. 18.

habían logrado cierta estabilidad en la proyección exterior, la consolidación definitiva aún era un desafío. Un tema central para la diplomacia estadounidense era el futuro del franquismo. La respuesta desde Madrid fue contundente: la monarquía, como sucesora de Francisco Franco, garantizaría la estabilidad. Este aspecto despertaba especial interés en Washington, donde existía una postura clara: no intervenir de manera abrupta en la política española, pero sí establecer vínculos con grupos sociales que pudieran dirigir un eventual proceso de democratización[836].

El viaje de Juan Carlos de Borbón y la princesa Sofía de Grecia a Estados Unidos en agosto de 1962, pocos meses después de contraer matrimonio formaba parte de esa estrategia comunicativa. La recepción oficial ofrecida por el presidente John F. Kennedy marcó un momento simbólico de gran relevancia. Mientras Franco nunca viajó a Estados Unidos, lo hacía quien era considerado el principal candidato a sucederlo como jefe del Estado. La internacionalización de la figura de Juan Carlos no se limitó a este viaje. En marzo de 1963, se planeó un segundo encuentro con líderes estadounidenses, pero las reticencias de Garrigues desaconsejando el desplazamiento del príncipe favorecieron su cancelación.

Este gesto evidenciaba su descontento con el protagonismo que estaba adquiriendo el príncipe. Según el embajador, el futuro monarca no debía actuar de manera independiente, sino en conformidad con las directrices del Gobierno español[837]. Garrigues expresaría esta postura en septiembre de 1962 durante una conversación con Dean Rusk, reconociendo que no siempre compartía las decisiones tomadas en Madrid[838].

A pesar de la importancia de la visita del príncipe en agosto de 1962, Antonio Garrigues mantuvo su estrategia de acercamiento a potenciales aliados en Estados Unidos. Aunque el respaldo de algunos congresistas se había evidenciado, particularmente el 18 de julio, el embajador sabía que no podía descuidar a los planificadores militares. Siguiendo la estrategia previamente utilizada por Lequerica y Areilza, buscó consolidar el apoyo en este sector clave. Entre las reuniones más destacadas, sobresale la celebrada con la cúpula militar en Alaska en septiembre de 1962. En este encuentro de alto nivel, se reafirmó el papel

---

[836] Delgado, «After Franco, what? La diplomacia pública de Estados Unidos y la preparación del posfranquismo», 105-6.

[837] «Antonio Garrigues analiza el enfoque que ha de darse al informe de la visita de los príncipes de España a Estados Unidos», 18 de marzo de 1963, AGUN, Fondo Antonio Garrigues y Díaz-Cañabate, 010/001/0041.

[838] «Telegrama de Rusk a la Embajada en España», 21 de septiembre de 1962, FRUS, 1960-1963, Western Europe and Canada, Vol. XIII.

estratégico de España en la lucha contra el comunismo, insistiendo en la utilidad de las bases españolas como puente defensivo para Europa, tal como ocurrió tras el acuerdo de 1953[839]. Sin embargo, esta posición sería cuestionada tras la crisis de los misiles en Cuba, en octubre de 1962, que trajo serias complicaciones para el Régimen. La política exterior franquista hacia el país caribeño era peculiar: la relación cordial entre Francisco Franco y Fidel Castro había propiciado la firma y renovación de importantes acuerdos diplomáticos. Este entendimiento entre dictadores de ideologías opuestas generaba incomodidad en Washington[840].

Las negociaciones entre España y Estados Unidos nunca estuvieron en condiciones de igualdad, y el acercamiento del *Caudillo* a su homólogo cubano pasó factura. Durante las conversaciones bilaterales, España llegó a considerar aceptar la propuesta estadounidense de permitir la presencia de submarinos nucleares en la base aeronaval de Rota, con el objetivo de mitigar el descontento de Washington[841]. Garrigues intentó usar esta concesión como moneda de cambio para obtener mayores compensaciones militares y económicas. Sin embargo, el 17 de diciembre de 1962, el general Muñoz Grandes, recientemente nombrado vicepresidente, cedió a las presiones de Estados Unidos y, con el beneplácito de Franco, autorizó el uso de Rota para los submarinos nucleares norteamericanos. Esta decisión debilitó la estrategia negociadora de Garrigues y reflejó las tensiones internas en la política exterior española.

En 1963, Garrigues intensificó sus esfuerzos para renovar los convenios bilaterales. Aunque la Administración Kennedy prefería que las negociaciones se llevaran a cabo desde la embajada estadounidense en Madrid, el Régimen logró que el escenario principal se trasladara a Washington, delegando en Garrigues una tarea de gran envergadura. En este contexto, la relación del embajador con la familia Kennedy cobró especial relevancia. Aunque Garrigues no era un invitado frecuente en la mesa del presidente, las relaciones eran fluidas, y los encuentros abordaban cuestiones políticas de interés mutuo. En un documento fechado el 25 de enero de 1963, se observa que las conversaciones giraron en torno a la economía

---

[839] «Antonio Garrigues informa de su visita a Alaska y comenta que presentó a España ante varios miembros del ejército norteamericano como aliada de Estados Unidos en la lucha contra el comunismo», 18 de septiembre de 1962, AGUN, Fondo Antonio Garrigues y Díaz-Cañabate, 010/005/002.

[840] Manuel De Paz, *Franco y Cuba: estudios sobre España y la Revolución* (Tenerife: Ediciones Idea, 2006).

[841] Antonio Marquina, *España en la política de seguridad occidental (1939-1986)* (Madrid: Colección Ediciones Ejército, 1986), 772-73.

española y la situación internacional[842]. Según el propio Garrigues, el tono fue cordial, e incluso Kennedy bromeó afirmando que la economía española parecía más sólida que la de Estados Unidos.

Entre las reuniones celebradas en la residencia de los Kennedy, destaca la amistad que Garrigues entabló con el príncipe Stanisław Albrecht "Stash" Radziwiłł, esposo de Caroline Lee Radziwill, hermana de Jacqueline Kennedy. Durante estas cenas, las conversaciones se centraron en dos temas principales: la cuestión protestante y la recomendación de fortalecer vínculos con la Asociación Kiwanis. El primero reflejaba uno de los principales desafíos para la proyección internacional de España: la falta de respeto hacia otros credos seguía siendo uno de los talones de Aquiles principales de la diplomacia franquista[843]. El segundo asunto, aunque distinto, subrayaba nuevamente la importancia de los vínculos con los planificadores militares, ya que la Asociación Kiwanis, curiosamente, contaba con el respaldo de la Armada estadounidense[844]. Este último tema, sin duda, requiere mayor profundización en futuras investigaciones.

El 25 de abril de 1963, Antonio Garrigues se reunió con Dean Rusk para expresar su protesta respecto a la posición de España dentro de la Alianza Atlántica. Según el embajador, España contribuía más a la defensa colectiva que muchos países miembros de la OTAN, pero carecía de voz en las decisiones que podían afectarla directamente. Garrigues también destacó que la evolución económica y política de España exigía gestos de apoyo por parte del Mercado Común, la OTAN o Estados Unidos, advirtiendo que, de no producirse, las transformaciones en curso podrían verse comprometidas[845]. En términos similares, al día siguiente se reunió con el secretario de Defensa, Robert McNamara. Sin embargo, este encuentro no tuvo el resultado esperado: McNamara le explicó que el avance tecnológico estaba reduciendo la relevancia estratégica de las bases españolas, ya que los B-47 eran reemplazados por silos subterráneos de misiles. Esta posición estaba en línea con el estudio de Townsend Hoopes, que advertía de

---

[842] «Antonio Garrigues comenta y analiza los temas políticos tratados en una cena de carácter informal con la familia Kennedy» 25 de enero de 1963, AGUN, Fondo Antonio Garrigues y Díaz-Cañabate, 010/001/0014.

[843] «Antonio Garrigues informa sobre las conversaciones con el marido de la cuñada de Kennedy», 18 de febrero de 1963, AGUN, Fondo Antonio Garrigues y Díaz-Cañabate, 010/001/0031.

[844] «Antonio Garrigues informa sobre el almuerzo con los Kiwanis y la carta al príncipe Stalislas Radziwill», 25 de febrero de 1963, AGUN, Fondo Antonio Garrigues y Díaz-Cañabate, 010/001/0032.

[845] «Memorándum de conversación de Rusk y Garrigues», 25 de abril de 1963, FRUS, 1960-1963, Western Europe and Canada, Vol. XIII.

la disminución de la importancia estratégica de dichas instalaciones. No obstante, McNamara subrayó que la base aeronaval de Rota era un caso distinto: su importancia aumentaba debido a la posibilidad de que submarinos con misiles Polaris atracaran allí, un punto que Muñoz Grandes ya había autorizado, aunque Garrigues lo desconocía en ese momento[846].

Consciente del descontento del embajador español, los negociadores estadounidenses lo convocaron a la Casa Blanca el 3 de mayo. En esta reunión, que contó con la presencia de Kennedy y Tyler, se le expuso la realidad económica de Estados Unidos: la situación financiera del país, sumada a las restricciones impuestas por el Congreso, impedía ampliar la ayuda económica a España[847]. En marzo, el general Lucius D. Clay había presentado un informe ante el Congreso recomendando una supervisión más estricta de la ayuda exterior y señalando que tanto Portugal como España ya habían recibido fondos "más que adecuados"[848]. Este informe reforzaba la necesidad de recortar gastos, un desafío que condicionaba las negociaciones.

Aunque la Casa Blanca pretendía renovar automáticamente los acuerdos de 1953, la Administración Kennedy decidió realizar un análisis exhaustivo de la importancia estratégica de España y sus bases antes de proceder. Este proceso, comenzó sorprendentemente tarde, hacia finales de mayo de 1963. La documentación revisada refleja la falta de urgencia por parte de los estadounidenses, conscientes de la posición de superioridad geopolítica que mantenían frente a la España franquista[849]. Tanto Dean Rusk como Robert McNamara evaluaron no solo el interés estratégico de las bases, sino también el impacto político de su presencia militar en territorio español.

El resultado de este análisis se plasmó en un documento, sin fecha precisa, elaborado entre el 28 de mayo y el 2 de julio. En él se recomendaba prudencia, proponiendo una extensión de los acuerdos por cinco años con algunas concesiones adicionales "de naturaleza estrictamente militar". Según los dos secretarios, esta prórroga no dañaría las relaciones de Estados Unidos con terceros países, aunque

---

[846] «Telegrama de Garrigues incluyendo su conversación con el secretario MacNamara», 30 de abril de 1963, CDMH, AFNFF, 3957.

[847] «Memorándum conversación Kennedy y Garrigues», 3 de mayo de 1963, FRUS, 1960-1963, Western Europe and Canada, Vol. XIII. Benjamin Welles, *Spain. The Gentle Anarchy* (New York: Frederick A. Praeger, 1965), 303-4.

[848] «El informe Clay. Reducción de la ayuda americana al exterior, tema palpitante de polémica», *ABC,* 30 de marzo de 1963, p. 49.

[849] «Memorándum Seguridad Nacional», 27 de mayo de 1963, FRUS, 1961-1963, Western Europe and Canada, Vol. XIII.

abandonar las bases españolas supondría una pérdida estratégica significativa para la VI Flota, ya que no existían alternativas viables. Las bases aéreas también seguían siendo esenciales para las operaciones réflex, que implicaban la rotación de bombarderos nucleares en distintos aeródromos. Cualquier restricción en su uso perjudicaría la estructura estratégica estadounidense en Europa.

En cuanto a las concesiones económicas, el informe propuso limitar las compensaciones militares a 50 millones de dólares, con un máximo adicional de 50 millones sujeto a adquisiciones españolas. Se descartó aumentar las ayudas económicas directas y se recomendó que España continuara financiándose a través del Export-Import Bank, rechazando la posibilidad de acceder a préstamos de la AID (Agency for International Development). Finalmente, en el ámbito político, se desestimó la idea de firmar un tratado de defensa mutua debido al impacto negativo que esto podría tener en la opinión pública estadounidense[850]. Este enfoque reflejaba una postura pragmática por parte de Washington, que buscaba equilibrar sus intereses estratégicos con las restricciones económicas y políticas del momento.

Con estos informes en mano, Dean Rusk inició las negociaciones formales con Antonio Garrigues el 17 de junio de 1963. Paralelamente, y quizá como una estrategia para evidenciar la buena salud de las relaciones bilaterales, se organizaron visitas a España de dos figuras relevantes. En el marco de la Feria Oficial e Internacional de Muestras de Barcelona, la Administración Kennedy quiso evitar la sensación de descortesía generada por la ausencia estadounidense en la edición anterior. Así, el senador Philip Hart, miembro del Comité de Comercio del Senado, y el exvicepresidente Richard Nixon viajaron a la ciudad condal. Nixon, además, aprovechó la ocasión para reunirse con Francisco Franco, en lo que constituyó un gesto de buena voluntad destinado a facilitar la renovación de los acuerdos[851].

Tras concluir los contactos preliminares, Garrigues informó al ministro Fernando María Castiella y sostuvo reuniones con figuras clave como Muñoz Grandes y Carrero Blanco[852]. Posteriormente, el documento pasó por el Consejo de Ministros el 20 de septiembre, y el embajador regresó a Washington para discutir los términos finales. Sin embargo, al interior del gabinete franquista, tanto ciertos sectores militares como miembros del Opus Dei manifestaron disconformidad con

---

[850] «Informe de política hacia España», s/f, FRUS, 1961-1963, Western Europe and Canada, Vol. XIII.
[851] «Senador Hart viaja a Barcelona», 25 de junio de 1963, NARA, RG 59, 1960-1963, Box. 4044.
[852] «Garrigues negocia renovación de acuerdos», 20 de septiembre de 1963, NARA, RG 59, 1960-1963, Box. 4044.

algunos puntos del acuerdo[853]. Este escollo en las negociaciones fue abordado directamente por el ministro Castiella, quien se reunió con Rusk el 23 de septiembre. Durante este encuentro, el debate principal giró en torno a la cantidad económica destinada a cuestiones militares: mientras Estados Unidos ofrecía 50 millones de dólares fijos, más otros 50 condicionados a la adquisición de material estadounidense, España solicitaba 250 millones[854]. Finalmente, el Régimen franquista cedió en este punto, y el acuerdo se firmó, extendiendo los convenios por cinco años, tal como habían recomendado Rusk y McNamara al presidente Kennedy.

La historiografía reciente ha debatido el contenido de los nuevos pactos, diferenciando entre los documentos públicos y los confidenciales. Entre los documentos públicos, destacan cuatro puntos principales:

- Una declaración conjunta que vinculaba el Acuerdo Defensivo al marco de la Alianza Atlántica.
- La creación de un Comité Consultivo Conjunto encargado de las cuestiones de defensa, sujeto a la aprobación del Congreso.
- Un compromiso para prestar asistencia militar a las Fuerzas Armadas españolas.
- La posibilidad de superar los 100 millones de dólares en préstamos mediante los mecanismos del Export-Import Bank.

Por otro lado, la documentación confidencial constaba de dos textos: uno detallaba aspectos técnicos de los suministros militares, y el otro incluía un Acuerdo de Ayuda para la Mutua Defensa, además de un Acuerdo Técnico para la implementación del Acuerdo Defensivo. A estos acuerdos iniciales firmados el 26 de septiembre se añadieron otros dos el 8 de octubre: uno relacionado con el apoyo estadounidense a España en organismos económicos internacionales, y otro enfocado en el desarrollo de las relaciones culturales[855].

Con los acuerdos firmados, Castiella aprovechó para realizar una nueva visita a Estados Unidos, incluyendo una parada en la Organización de Estados Americanos (OEA) en Washington. Durante esta visita, se reunió con el general

---

[853] Welles, *Spain. The Gentle Anarchy*, 307.

[854] «Reunión entre el ministro español y el secretario de Estado», 25 de septiembre de 1963, AMAE, R-12028/5. En Termis Soto, *Renunciando a todo. El régimen franquista y los Estados Unidos desde 1945 hasta 1963*, 213.

[855] Viñas, *En las garras del águila. Los pactos con Estados Unidos, de Francisco Franco a Felipe González (1945-1995)*, 366-71; Termis Soto, *Renunciando a todo. El régimen franquista y los Estados Unidos desde 1945 hasta 1963*, 212-15.

Roderick McHugh para tratar aspectos militares del convenio recién firmado. Asimismo, en su encuentro con José A. Mora, secretario general de la OEA, Castiella ofreció una estatua del jurista Francisco de Vitoria como símbolo de reconciliación y compromiso. Además, expresó su voluntad de "subsanar el daño causado en el pasado, para que nuestras naciones hijas tengan una patria de la que estar orgullosas"[856].

Aunque las relaciones hispano-estadounidenses superaron el período de incertidumbre previo, el principal objetivo de España de reequilibrar las ventajas e inconvenientes de los acuerdos no logró materializarse en su totalidad. La balanza siguió favoreciendo notablemente a Estados Unidos, dejando en evidencia las limitaciones diplomáticas del Régimen franquista frente a su socio transatlántico.

En el otoño de 1963, las relaciones hispano-estadounidenses volvían a la rutina. La estabilidad de los cinco años adicionales de acuerdos con el "amigo americano" permitió al Régimen franquista concentrarse en su Plan de Estabilización y abordar las reformas a medio plazo. No obstante, esta calma se vería bruscamente alterada por una de las mayores tragedias políticas de Estados Unidos. El 22 de noviembre, mientras realizaba un recorrido por Dallas, el presidente John F. Kennedy fue asesinado. La repentina muerte de Kennedy sorprendió y conmocionó al país, generando un duelo aún más profundo que el experimentado tras el magnicidio de Abraham Lincoln. Así comenzaba la leyenda de Kennedy, cuyos logros, en muchos casos, fueron sobredimensionados. Algunos autores han calificado este periodo como "más rico en promesas que en resultados prácticos". Incluso el retrato de Kennedy como un "adalid de los derechos civiles" ha sido considerado excesivo, ya que el propio Martin Luther King lo había criticado en marzo de 1963 por su excesivo simbolismo y falta de acción concreta[857].

La conmoción mundial tras el asesinato de Kennedy fue mayúscula[858]. Como era previsible, Garrigues envió un informe a Madrid, explicando su visión de lo sucedido y de lo que cabría esperar Garrigues ofreció una visión un tanto pesimista sobre el vicepresidente Lyndon B. Johnson. Le describió como un "inmovilista" y sugirió que la renovación de los acuerdos bilaterales recientemente firmados podría estar en peligro. Además, incluyó una frase que parece haber buscado suavizar la sensación de inferioridad que España sentía frente al gigante americano: "Para los

---

[856] «Castiella agradece atención recibida en Estados Unidos», 10 de octubre de 1963, NARA, RG 59, 1960-1963, Box. 4045.

[857] Ronald Kessler, *The Sins of the Father: Joseph P. Kennedy and the Dynasty He Founded* (New York: Warner Books, 1996); Maldwyn, *Historia de Estados Unidos, 1607-1992*, 501-5.

[858] «Murió asesinado», *ABC,* 23 de noviembre de 1963, p. 47.

países que estamos aliados con los Estados Unidos, es importante conocer las debilidades internas de este coloso"[859]. Quizás este comentario pretendía disminuir las tensiones respecto a la renovación de los acuerdos. A pesar de estas consideraciones, es fundamental señalar que las relaciones con el gobierno de Johnson se mantuvieron estables desde el principio[860].

Durante los dos años que Antonio Garrigues permaneció en Washington, enfrentó tres grandes desafíos: la situación del Spanish pro-Franco Lobby, la cuestión protestante y la proyección cultural. En los tres casos, se requería una gran habilidad diplomática, además de la colaboración ocasional del ministro Castiella. En relación con el primer asunto, Garrigues cuestionó la conveniencia de seguir pagando ciento veinticinco mil dólares "por no hacer absolutamente nada"[861].

Garrigues consideraba que, tras alcanzar el objetivo inicial para el que se creó el lobby, no era comprensible mantener a una persona a sueldo por sumas tan elevadas, desproporcionadas en comparación con los salarios en España. Por ello, propuso reducir al mínimo los emolumentos de este personal, sugiriendo que, en caso de necesitar recurrir nuevamente a esta persona, se debería reconsiderar el problema con la misma generosidad que en tiempos anteriores. Garrigues no abogaba por una cancelación de las relaciones, sino por una "suspensión provisional de la relación profesional"[862].

El problema de Charles Patrick Clark no se resolvía simplemente reduciendo su salario anual a treinta y seis mil dólares (dos mil quinientos dólares mensuales fijos más 500 dólares adicionales según la actividad y los 'servicios prestados'). La principal preocupación de Garrigues era de fondo. Consideraba que la figura de Clark como gestor del lobby había perdido su sentido. El motivo por el que se había recurrido a él en su momento era la falta de contactos y relaciones directas con el Departamento de Estado. Clark, en este sentido, había cumplido la función de 'abrir la puerta' o 'sentar en la mesa' a los representantes franquistas con estadounidenses, de diversos ámbitos políticos y empresariales, capaces de influir a favor del *Caudillo*. Con el restablecimiento de los canales diplomáticos

---

[859] «Emilio Garrigues informa del panorama de la política interior norteamericana tras el asesinato de Kennedy», 17 de diciembre de 1963, AGUN, Fondo Antonio Garrigues y Díaz-Cañabate, 010/001/0175.

[860] Rosa Pardo, «Las relaciones hispano-norteamericanas durante la presidencia de L. B. Johnson: 1964-1968», *Studia historica. Historia Contemporánea*, n.º 22 (2004): 139.

[861] «Antonio Garrigues informa sobre algunos gastos de la embajada», 26 de marzo de 1963, AGUN, Fondo Antonio Garrigues y Díaz-Cañabate, 010/001/0046.

[862] «Antonio Garrigues detalla la cuenta de gastos reservados para el año 1963», 24 de febrero de 1964, AGUN, Fondo Antonio Garrigues y Díaz-Cañabate, 01/002/0026.

tradicionales hispano-estadounidenses, ya no existía la necesidad urgente de ese tipo de intermediación.

La excepcionalidad que representó el aislamiento internacional de la dictadura franquista tras la condena de la ONU en 1946 era ya agua pasada. Garrigues entendía que la reciente renovación de los Pactos de Madrid de 1953, por un período adicional de cinco años (hasta 1969), ofrecía un panorama de estabilidad diplomática bilateral, lo que reducía la necesidad de recurrir a los servicios profesionales del bufete de Clark. Sin embargo, este no sería el enfoque del siguiente embajador español en Washington, Alfonso Merry del Val, quien asumió su cargo en junio de 1964. Diplomático de carrera, Merry ya había mantenido contacto con figuras estadounidenses, incluido Clark, con quien había colaborado en la creación del lobby[863].

El segundo gran desafío que tuvo que afrontar Antonio Garrigues durante su misión en Washington fue la cuestión religiosa, un tema que seguía siendo la principal 'arruga' en la imagen de la España franquista en suelo estadounidense. Desde la presidencia de Truman, se habían planteado constantes referencias a la necesidad de garantizar la libertad de confesión en España. Entre 1947 y 1964, diversos embajadores mencionaron repetidamente la necesidad de una "mejor imagen" sobre este asunto[864]. El propio Antonio Garrigues vivió un conflicto relacionado con la cuestión religiosa, cuando *The Catholic Herald* publicó un artículo abordando la situación de los protestantes en España. Afortunadamente para la imagen exterior de España, Castiella presionó con fuerza al gabinete de Franco para resolver la crisis. Castiella, quien había participado en la redacción del Fuero de los Españoles de 1945, conocía la rigidez de la legislación vigente. Consciente de que la apertura internacional pasaba por reformar el artículo sexto de ese cuerpo legal, inició esta labor tan pronto asumió la cartera de Exteriores.

Desde 1959, el ministro propuso la redacción de un Proyecto de Ley de Libertad Religiosa. Tras varios meses de trabajo, en 1961 presentó un primer borrador, resultado de conversaciones con representantes de otras confesiones religiosas, que obtuvo la aprobación del nuncio Juan XXIII. Sin embargo, como ocurría con frecuencia en los temas de aperturismo, la iniciativa encontró obstáculos en la

---

[863] Sobre este extremo no se ha podido indagar más al situarse más allá de los límites cronológicos de este estudio, pero sería un tema clave de cara al futuro. Pardo, «Las relaciones hispano-norteamericanas durante la presidencia de L. B. Johnson: 1964-1968», 143.

[864] «Antonio Garrigues comenta la utilización del artículo publicado en The Catholic Herald sobre los protestantes en España y la conveniencia de su no distribución masiva», 2 de enero de 1963, AGUN, Fondo Antonio Garrigues y Díaz-Cañabate, 010/001/0001.

figura de Carrero Blanco, quien paralizó el llamado 'Anteproyecto sobre la condición jurídica de las confesiones acatólicas y de sus miembros' en 1964, tal como se reportó en la prensa de la época. Había que esperar hasta 1967 para que la ley fuera finalmente aprobada bajo la denominación de "Ley 44/1967, de 28 de junio, reguladora del ejercicio del derecho civil a la libertad religiosa"[865].

Finalmente, es relevante destacar la labor de Antonio Garrigues en la proyección cultural de España. La documentación disponible demuestra la importancia que el embajador otorgaba a esta función. Así, en enero de 1963, se dirigió al ministro de Asuntos Exteriores para hacer una recapitulación de varias actividades culturales organizadas por la embajada. Por ejemplo, la celebración del IV centenario del nacimiento de Lope de Vega, realizada en el marco de una convención de la Language Association, que reunió a unos cinco mil profesores, encabezados por Américo Castro y Thornton Wilde[866]. Parecer ser que la cita fue bastante exitosa, por lo que se solicitó al ministerio una partida presupuestaria para organizar un evento similar al año siguiente. Sin embargo, la solicitud no prosperó por falta de fondos, lo que provocó las quejas de Garrigues, quien no comprendía cómo había tantos recursos destinados al bufete de Charles Patrick Clark y tan pocos a una actividad cultural que consideraba más oportuna.

En suma, la promoción de la cultura española en Estados Unidos fue una de las principales preocupaciones del embajador[867]. Este se mostró satisfecho por la creciente demanda de cultura española, incluso en las altas esferas del país. Tal como destacó en su informe: "Donde antes no entraba más que Pablo Casals, ha estado ya este año nuestro bailarín Antonio [Ruíz Soler], invitado por el Comité

---

[865] «Ley 44/1967, de 28 de junio, regulando el ejercicio del derecho civil a la libertad en materia religiosa», 1 de julio de 1967, BOE, pp. 9191-9194.

[866] «Antonio Garrigues informa de varias actividades culturales», 8 de enero de 1963, AGUN, Fondo Antonio Garrigues y Díaz-Cañabate, 010/001/003.

[867] No fue una actitud exclusiva de Antonio Garrigues. Durante el periodo de la Guerra Fría el apartado cultural estuvo presente en las relaciones bilaterales tal y como demuestran Olga Glondys, «España y la Guerra Fría cultural», en *Relaciones en conflicto. Nuevas perspectivas sobre relaciones internacionales desde la historia*, ed. Enrique Bengochea, Elena Monzón, y David Pérez (Valencia: Universitat de València: Asociación de Historia Contemporánea, 2015), 88-91; Noemí de Haro, «La imagen de España en la Guerra Fría: arte, oficialidad y disidencia», en *Relaciones en conflicto. Nuevas perspectivas sobre relaciones internacionales desde la historia*, ed. Enrique Bengochea, Elena Monzón, y David Pérez (Valencia: Universitat de València: Asociación de Historia Contemporánea, 2015), 92-95; María Pilar Loranca, «España y la Guerra Fría cultural: la influencia estadounidense en el cómic durante el franquismo», en *Relaciones en conflicto. Nuevas perspectivas sobre relaciones internacionales desde la historia*, ed. Enrique Bengochea, Elena Monzón, y David Pérez (Valencia: Universitat de València: Asociación de Historia Contemporánea, 2015), 112-15.

Nacional del Partido Demócrata, y muy pronto nuestro gran guitarrista Andrés Segovia, invitado por los miembros del Gabinete de los Estados Unidos"[868].

Conscientes de esta dinámica, José Solís Ruiz, ministro-secretario general del Movimiento en ese momento, encargó a Antonio Garrigues la organización de una exposición sobre artesanía española. Solís consideraba que "difundir esos productos" sería beneficioso para el "proyecto de institucionalización del Régimen"[869]. Sin embargo, este proyecto no fue fácil de desarrollar. Las constantes trabas provenientes de Madrid causaron malestar en el embajador español, quien, en una misiva enviada a Manuel Lora Tamayo, ministro de Educación y Ciencia, expresaba su descontento con la falta de apoyo por parte del gobierno. En la carta, Garrigues destacaba la necesidad de ampliar la "relación de cooperación entre España y Estados Unidos", abogando por un esfuerzo proselitista en el campo cultural que pudiera contribuir a ganar "una clara batalla frente a todo este mundo de la inteligencia de signo liberal o izquierdista"[870]. Este mensaje pareció calar en la administración franquista, especialmente en relación con la Exposición Internacional de Nueva York 1964-1965.

Entre 1962 y 1964, la diplomacia pública española en Estados Unidos priorizó la presencia en la Exposición Internacional de Nueva York. Se esperaba que dicha cita contribuyera a la definitiva consolidación de una 'España normalizada' internacionalmente, y en la senda de la modernización y la estabilidad económica; y por supuesto, erradicar cualquier vestigio de la asociación de ideas-percepciones previas en torno a las 'amistades peligrosas' del *Caudillo* con Hitler y Mussolini. Sin embargo, los beneficios no solo favorecían a España. En una reunión entre el presidente de la feria, Robert Moses, y el director del servicio aéreo estadounidense, Voit Gilmore, se reconoció que, "dado que España contará con un pabellón oficial, la Feria debería contribuir a un mayor número de visitantes españoles a Estados Unidos"[871]. La visita de los ministros Manuel Fraga y López Bravo a Nueva York, un mes antes de la inauguración oficial, subraya la relevancia que esta feria tenía para España. El presupuesto asignado al pabellón español, 7

[868] «Antonio Garrigues informa sobre los cambios producidos en el mundo de la proyección cultural española», 22 de enero de 1963, Archivo General de la Universidad de Navarra (AGUN), Fondo Antonio Garrigues y Díaz-Cañabate, 010/001/0010.
[869] «José Solís solicita que se envíe a Estados Unidos una exposición de artesanía española», 18 de abril de 1963, AGUN, Fondo Antonio Garrigues y Díaz-Cañabate, 010/006/0156.
[870] «Antonio Garrigues comenta que se debe incrementar el intercambio cultural, educativo y científico entre las dos naciones», 15 de octubre de 1963, AGUN, Fondo Antonio Garrigues y Díaz-Cañabate, 010/006/0023.
[871] «Gilmore visita la USA Week», 31 de mayo de 1963, NARA, RG 59, 1960-1963, Box. 3396.

millones de dólares, reflejaba la importancia que las autoridades franquistas otorgaron a este evento. Esta suma no solo era considerable, sino que superaba el coste de algunas de las películas más importantes de Hollywood de la época.

La relevancia del pabellón español fue sobresaliente, siendo conocido como la "Joya de la Feria". El secretario de Estado, Dean Rusk, invitó a las autoridades españolas a su inauguración. El 22 de abril de 1964, estuvieron en Nueva York el general Muñoz Grandes y los marqueses de Villaverde en representación de Francisco Franco[872]. El Régimen consideró esta exposición como el escaparate ideal para exhibir las virtudes de España y promover la hispanidad[873]. El uso propagandístico quedó claro, ya que la primera imagen que veían los visitantes al entrar era una estatua de Isabel la Católica, con la inscripción: "Primera Reina de una España unida y patrona de Colón". Además, el pabellón ofreció una serie de propuestas culturales: representaciones teatrales, exhibiciones de tesoros patrimoniales, actuaciones musicales y de danzas "tradicionales", restaurantes y muestras de la alta cultura española, como cuadros de El Greco, Velázquez, Ribera, Zurbarán, Goya[874] o las Meninas de Picasso[875]. Este pabellón representó el culmen de un proyecto diplomático en el que las transferencias culturales fueron un pilar fundamental.

---

[872] «Muñoz Grandes recibe a Navy Nitze», 24 de abril de 1964, NARA, RG 59, 1964-1966, Box. 2661.
[873] Neal Rosendorf, «Spain's First "Re-Branding Effort" in the Postwar Franco Era», en *US Public Diplomacy and Democratization in Spain. Selling Democracy?*, ed. Francisco Rodríguez, Lorenzo Delgado, y Nicholas Cull (New York: Palgrave MacMillan, 2015), 173.
[874] «Feria de Nueva York», 12 de abril de 1964, NARA, RG 59, 1964-1966, Box. 2661.
[875] «Feria de Nueva York», 29 de abril de 1964, NARA, RG 59, 1964-1966, Box. 2660.

# Conclusiones

En las páginas de este libro hicimos un recorrido por las relaciones bilaterales hispano-estadounidenses entre 1936 y 1964. Hemos ido desmenuzando cómo el régimen de Franco fue, paulatinamente, ganando adeptos para super la 'travesía del desierto' internacional en la que se vio tras el final de la II Guerra Mundial, por el recuerdo cercano de la conexión franquista con las dictaduras nazi y fascista de Alemania e Italia respectivamente.

Incluso en los momentos de mayor aislamiento, la diplomacia franquista consiguió conectar con diversos actores estadounidenses, proclives a estrechar lazos de entendimiento con el *Caudillo*. Si bien el franquismo estuvo cerca del abismo en varias ocasiones, las potencias aliadas, en particular, nunca confiaron en alternativas viables al dictador, y la oposición antifranquista careció del apoyo o la capacidad de influencia necesaria, algo que fue facilitado por el contexto de la Guerra Fría.

El Spanish pro-Franco lobby operó fundamentalmente en cinco áreas clave:

- Favores comerciales
- Financiación
- Facilitación de viajes a España
- Regalos y condecoraciones
- Recepciones oficiales en la embajada y encuentros sociales.

La propia composición del Spanish pro-Franco Lobby ha sido otro de los hitos de esta investigación. En algunas publicaciones previas se habló de sus miembros como figuras de origen católico, anticomunistas, planificadores militares, republicanos y hombres de negocios. Sin embargo, esta clasificación resulta un tanto ambigua, pues, por ejemplo, figuras como Pat McCarran, uno de los principales patrocinadores de la causa franquista, pertenecía al Partido Demócrata. Esto pone en evidencia la complejidad del perfil de los miembros del lobby, quienes, aunque compartieran ciertas características, actuaban por motivaciones personales muy diversas. Algunos, como McCarran o James Farley, fueron clave para el éxito de la causa franquista, mientras que otros, como Charles Willoughby, actuaron de forma independiente, sin necesidad de la intervención directa del lobby. A su vez, hubo figuras que apoyaban a Franco por convicciones propias o por considerar que esa era la mejor manera de defender los intereses de Estados Unidos, aunque no necesariamente fueran parte del lobby.

Además, los empresarios jugaron un papel importante en las relaciones entre España y Estados Unidos. Muchos de ellos, movidos por intereses económicos, presionaron al gobierno estadounidense para conseguir acuerdos comerciales con la España franquista. Estos empresarios no siempre fueron pro-franquistas, sino que a menudo actuaban, movidos por un interés meramente económico, como el caso de los algodoneros o los productores de trigo, quienes veían a España como un mercado atractivo para sus excedentes. Así pues, conviene señalar que dicho lobby desempeñó un papel fundamental en facilitar el acercamiento bilateral entre ambos países. Aunque como reconoció el embajador Lequerica, no fue la única pieza en el proceso de integración de España en la comunidad internacional.

¿Qué grupo fue más determinante a la hora de influir a favor de la rehabilitación internacional de la imagen del *Caudillo,* los políticos, los católicos, los empresarios, los medios de comunicación, o los militares? Es preciso señalar que la combinación de esfuerzos de procedencia distinta fue clave, aunque los militares fueron los que tuvieron mayor peso. El inicio de la Guerra Fría y la Guerra de Corea fueron momentos cruciales en este sentido. La entrada de los Estados Unidos en la Guerra Fría motivó un cambio en la actitud de numerosos políticos y planificadores militares hacia el Régimen franquista, quienes ahora veían en España un aliado estratégico. A lo largo de los capítulos, hemos destacado el papel de los militares, tanto en España como en Estados Unidos, ya que España no solo estuvo dirigida por un militar, sino que también mantuvo relaciones estrechas con figuras clave del alto mando militar estadounidense, como Bradley, Eisenhower, Marshall y MacArthur.

Este trabajo ha arrojado importantes resultados, pero soy consciente de que hay aspectos que aún requieren mayor profundización. Uno de ellos es el estudio más detallado del funcionamiento interno del *Spanish Lobby,* para lo cual sería necesario consultar archivos privados, como los de Charles Willoughby o James Farley, que han aportado datos interesantes, pero también han puesto de manifiesto las limitaciones del archivo público. La falta de documentos relevantes, como los encontrados en el caso de Tom Connally, ha subrayado la importancia de investigar más a fondo las figuras clave de la política estadounidense para comprender con mayor claridad la dimensión de la influencia del lobby en la política de Estados Unidos hacia España.

En cuanto a la labor de la prensa, un análisis más exhaustivo de los medios de comunicación y su impacto en la configuración de la opinión pública sería fundamental. Los medios de comunicación desempeñaron un papel crucial, no solo en la difusión de opiniones sobre Franco, sino también en la creación de relatos que favorecían o desacreditaban su régimen. Sin embargo, sería necesario realizar un estudio más profundo para rastrear a los verdaderos creadores de contenido, entendiendo quién estaba detrás de las opiniones que se publicaban y cuáles eran sus intereses. Aunque en este trabajo se ha proporcionado una buena estructura analítica, queda mucho por explorar, ya que los medios de la época eran vastos y los repositorios de información están dispersos.

En resumen, este estudio no solo ha permitido analizar la relación entre España y Estados Unidos en un periodo crítico de la historia contemporánea, sino que ha puesto de relieve la complejidad de los actores involucrados y los múltiples factores que influenciaron este proceso.

En suma, una de las novedades más significativas de esta investigación ha sido la de poner rostro y nombres al Spanish pro-Franco Lobby, un grupo de presión formado por el embajador Lequerica y el bufete de abogados liderado por Charles Patrick Clark. Su función era atraer a figuras influyentes de la política estadounidense hacia la causa franquista, especialmente en un momento en que la diplomacia oficial, directa, entre ambos países atravesaba dificultades. Este lobby sirvió, por tanto, como un puente entre la dictadura franquista y varios sectores políticos, religiosos y económicos estadounidenses; al tiempo que ponía en sordina las acciones del anti-Franco lobby. Para ello, se contó con el apoyo de personalidades de múltiples orígenes, como fueron el Cardenal Spellman, el empresario y demócrata James Farley o políticos como Pat McCarran.

# Bibliografía

Alexander, Bevin. *The Strange Connection: U.S. Intervention in China, 1944-1972*. Connecticut: Greenwood Press, 1992.

Álvaro, Adoración. «Guerra Fría y formación de capital humano durante el franquismo. Un balance sobre el programa estadounidense de ayuda técnica (1953-1963)». *Historia del presente* 17 (2011): 13-25.

———. «Redes empresariales, inversión directa extranjera y monopolio: el caso de telefónica, 1924-1965». *Revista de Historia Industrial*, XVI, n.º 34 (2007): 65-96.

Anasagasti, Iñaki. *Crónicas. Castelao y los vascos*. Bilbao: Idatz Ekintza, 1985.

Arco, Miguel Ángel del. *Los años del hambre: Historia y memoria de la posguerra franquista*. Madrid: Marcial Pons, 2020.

Areilza, José María. «Asi entró España en las Naciones Unidas». En *El Correo Español-El Pueblo Vasco: 75 años informando*, 223-28. Bilbao: El Correo Español-El Pueblo Vasco, 1985.

———. *Así los he visto*. Barcelona: Planeta, 1974.

Areilza, José María de. *Memorias exteriores 1947-1964*. Barcelona: Planeta, 1984.

Arndt, Richard. *The First Resort of Kings: American Cultural Diplomacy in the Twentieth Century*. Washington DC: Potomac Books, 2005.

Arnold, Peri. «The First Hoover Commission and the Managerial Presidency». *The Journal of Politics* 38, n.º 1 (1976): 46-70.

Augustine, Dolores. «Nueva York como refugio para hispanistas exiliadas de España». En *Mujeres en el exilio republicano de 1939 (Homenaje a Josefina Cuesta).*, editado por Luiza Iordache y Rocío Negrete, 223-36. Madrid: Ministerio de la Presidencia, Relaciones con las Cortes y Memoria Democrática, 2021.

Azcárate, Pablo de. *Mi embajada en Londres durante la guerra civil española*. Barcelona: Ariel, 1976.

Bachoud, Andrée. *Franco*. Barcelona: Editorial Crítica, 2000.

Black, Conrad. *Champion of Freedom*. New York: Public Affairs, 2003.

Bosch, Aurora. *Miedo a la democracia: Estados Unidos ante la Segunda República y la guerra civil española*. Barcelona: Editorial Crítica, 2012.

Botella, Virgilio. *Entre memorias. Las finanzas del Gobierno republicano español en el exilio*. Sevilla: Renacimiento, 2002.

Bowen, Wayne. «Con la mayor reticencia: Harry Truman, Francisco Franco y la Alianza España-Estados Unidos». En *Estados Unidos, Alemania, Gran Bretaña, Japón y sus relaciones con España entre la guerra y la postguerra (1939-1953)*, editado por Joan María Thomàs, 63-102. Madrid: Universidad de Comillas, 2016.

———. «De enemigo a aliado: Harry Truman y el Régimen de Franco». En *Guerra Civil y Franquismo. Una perspectiva internacional*, editado por Raanan Rein y Joan María Thomàs, 79-98. Zaragoza: Prensas de la Universidad de Zaragoza, 2016.

Bowers, Claude G. *My Mission to Spain. Watching the Rehersal for World War II*. New York: Simon and Schuster, 1954.

Brydan, David. *Franco's Internationalists: Social Experts and Spain's Search for Legitimacy*. Oxford: Oxford University Press, 2019.

Bustelo, Francisco. *La izquierda imperfecta. Memorias de un político frustrado*. Barcelona: Planeta, 1996.

Byrnes, Mark. «"Overruled and Worn Down": Truman Sends an Ambassador to Spain». *Presidential Studies Quarterly* 29, n.º 2 (1999): 263-79.

Calduch, Rafael. «La política exterior española durante el franquismo». En *La política exterior española en el siglo XX*, 107-56. Madrid: Ediciones Ciencias Sociales, 1994.

———. «La política exterior española (I): Las relaciones exteriores durante el franquismo». En *Dinámica de la Sociedad Internacional*, 1-65. Madrid: CEURA, 1993.

Cardona, Gabriel. *El gigante descalzo. El ejército de Franco*. Madrid: Aguilar, 2003.

———. *Franco y sus generales. La manicura del tigre*. Madrid: Temas de Hoy, 2001.

Carroll, Peter N. *La odisea de la Brigada Abraham Lincoln: Los norteamericanos en la Guerra Civil Española*. Traducido por Mary Kay McCoy y Ignacio Pinedo López. Edición: 2. Ediciones Espuela de Plata, 2018.

Caruana, Leonard, y Hugh Rockoff. «An Elephant in the Garden: The Allies, Spain, and Oil in World War II». En *Working Paper Series*, 1-45. Cambridge (MA): National Bureau of Economic Research, 2006.

Castillo, David del. «España entre EEUU y Japón durante la II Guerra Mundial: problemática de una relación a tres bandas». En *Relaciones en conflicto. Nuevas perspectivas sobre relaciones internacionales desde la historia*, editado por Enrique Bengochea, Elena Monzón, y David Pérez, 17-21. Valencia: Universitat de València: Asociación de Historia Contemporánea, 2015.

Cava Mesa, María Jesús. *Los diplomáticos de Franco. J.F. de Lequerica. Temple y tenacidad (1890-1963)*. Bilbao: Universidad de Deusto, 1989.

Cervero, José Luis. «El maquis invade el valle de Arán: la operación "reconquista de España por los comunistas Monzón y López Tovar, es abortada"». En *La liberación de París anima al maquis a «reconquistar» España: 1944*, editado por Juan Carlos Laviana, Daniel Arjona, y Silvia Fernández. Madrid: Unidad Editorial, 2006.

Chaves, Julián. *Historia del Maquis. El largo camino hacia la libertad en España*. Barcelona: Ático de los libros, 2022.

Chislett, William. «El antiamericanismo en España: el peso de la historia». *Real Instituto Elcano de Estudios Internacionales y Estratégicos*, n.º 47 (2005): 1-19.

Clark, Christopher. *The Sleepwalkers: How Europe Went to War in 1914*. London: Harper Collins, 2013.

Collado, Carlos. *El telegrama que salvó a Franco: Londres, Washington y la cuestión del Régimen*. Barcelona: Editorial Crítica, 2016.

Cooley, Charles. *Social Process*. New York: Charles Scribner's Sons, 1918.

Cortada, James W. *Relaciones España-USA 1941-45*. Barcelona: DOPESA, 1973.

Cortés Ibáñez, Emilia. «José Campubrí y La Prensa, pilar del Hispanismo en Nueva York». *Oceánide*, n.º 5 (2012): 1-13.

Crassweller, Robert. *Trujillo. La trágica aventura del poder personal*. Barcelona: Bruguera, 1966.

Cull, Nicholas. «Ganando amigos: La diplomacia pública estadounidense en Europa Occidental (1945-1960)». En *Guerra Fría y propaganda. Estados Unidos y su cruzada cultural en Europa y América Latina*, editado por Antonio Niño y José Antonio Montero, 85-121. Madrid: Biblioteca Nueva, 2012.

Davison, John. *La Guerra del Pacífico: Día a Día 1941-1945*. Madrid: Libsa, 2005.

De la Guardia, Carmen. «"Entre amigas": mujeres neoyorquinas y españolas refugiadas y la ayuda a los refugiados republicanos (1953-1996)». En *North America and Spain. Transversal perspectives*, editado por Julio Cañero, 87-98. New York: Escribana books, 2017.

———. «Exilios. Escritores españoles en Estados Unidos». En *VI Jornadas sobre la cultura de la República española: el exilio*, 681-99. Universidad Autónoma de Madrid, 2008.

———. *Victoria Kent y Louise Crane en Nueva York: un exilio compartido*. Madrid: Sílex, 2015.

De Paz, Manuel. *Franco y Cuba: estudios sobre España y la Revolución*. Tenerife: Ediciones Idea, 2006.

Del Río, Agustín. *Viraje político español durante la II Guerra Mundial: 1942-1945 ; Réplica al cerco internacional : 1945-1946*. Madrid: Europa, 1977.

Delgado, Lorenzo. «After Franco, what? La diplomacia pública de Estados Unidos y la preparación del posfranquismo». En *Claves internacionales en la Transición española*, editado por Oscar Martín y Manuel Ortiz, 99-127. Madrid: Catarata, 2010.

———. «Cooperación cultural y científica en clave política. Crear un clima favorable para las bases USA en España». En *España y los Estados Unidos en el siglo XX*, editado por Lorenzo Delgado y María Dolores Elizalde, 207-43. Madrid: Consejo Superior de Investigaciones Científicas, 2005.

———. «Coordenadas de la asistencia militar norteamericana al franquismo en los años cincuenta. Entre el deseo y la realidad». *Ayer*, n.º 116 (2019): 21-48.

———. «El ingreso de España en la Organización Europea de Cooperación Económica: un paso trascendental en el camino hacia Europa». *Arbor*, n.º 669 (2001): 147-80.

———. «Estados Unidos ante la modernización de las Fuerzas Armadas españolas durante los años 50». En *La Historia: Lost in translation? XIII Congreso de la Asociación de la Historia Contemporánea*, 41-60. Albacete: Ediciones de la Universidad de Castilla-La Mancha, 2016.

———. «Estados Unidos, ¿soporte del franquismo o germen de la democracia?» editado por Lorenzo Delgado, Ricardo Martín, y Rosa Pardo, 263-308. Madrid: Sílex, 2016.

———. «From Franco to Democracy. U.S. Information and Cultural Policy in Spain». En *North and South: The United States, the European Union and the Developing World*, editado por Cristina Crespo y David García, 229-43. Alcalá de Henares: Universidad de Alcalá, Instituto Universitario de Investigación en Estudios Norteamericanos Benjamin Franklin, 2013.

———. *Imperio de papel: Acción cultural y política exterior durante el primer franquismo*. Madrid: Consejo Superior de Investigaciones Científicas, 1992.

———. «La maquinaria de persuasión. Política informativa y cultural de los Estados Unidos hacia España». *Ayer*, n.º 75 (2009): 97-132.

———. «Las relaciones culturales entre España y los Estados Unidos. De la guerra mundial a los pactos de 1953». *Cuadernos de Historia Contemporánea*, n.º 25 (2003): 35-59.

———. «Modernizadores y tecnócratas. Estados Unidos ante la política educativa y científica de la España del desarrollo.» *Historia y Política*, n.º 34 (2015): 113-46.

Delgado, Lorenzo, y Pablo León. «Génesis de la asistencia militar a España en la Guerra Fría». En *La Historia: lost in translation? Actas del XIII Congreso de la Asociación de Historia Contemporánea*, editado por Damián González, Manuel Ortiz, y Juan Sisinio, 1751-62. Albacete: Ediciones de la Universidad de Castilla-La Mancha, 2017.

Díez Espinosa, José Ramón. «La segunda guerra mundial. La defensa de la democracia"». En *Europa y Estados Unidos. Una historia de la relación atlántica en los últimos cien años*, editado por María Beneyto, Ricardo Martín de la Guardia, y Guillermo Pérez Sánchez, 123-55. Madrid: Biblioteca Nueva, 2005.

Dreyer, June. «Roundtable on Sharp Power, Soft Power, and the Challenge of Democracy: A Report from the 2018 Annual Meeting of the American Association for Chinese Studies». *American Journal of Chinese Studies* 25, n.º 2 (2018): 147-56.

Dudek, Wanilton. «Between Los Angeles and Rio de Janeiro: The Fight against Fascism in a Transnational Perspective». *Clío: Revista de Pesquisa Histórica*, n.º 36 (2018): 173-87.

Eby, Cecil. *Between the Bullet and the Lie: American Volunteers and the Spanish Civil War*. New York: Rineheart and Winston, 1969.

Eisenhower, Dwight. *Mis años en la Casa Blanca. Segundo mandato 1956-1960*. Barcelona: Editorial Bruguera, 1966.

Ellwood, Charles. «The Formation of Public Opinion». *Religious Education* 15, n.º 2 (1920): 73-80.

Escobedo, Rafael. «La embajada en Washington de Antonio Garrigues Díaz-Cañabate (1962-1964): ¿Una diplomacia para el aperturismo?» *Historia y Política*, n.º 23 (2010): 243-73.

Eslava, Juan. *La tentación del Caudillo: Nueve meses que «no» estremecieron al mundo*. Barcelona: Planeta, 2020.

Estruch, Joan. *El PCE en la clandestinidad (1939-1956)*. Madrid: Siglo XXI, 1982.

Faes, Enrique. *Demetrio Carceller (1894-1968): un empresario en el Gobierno*. Barcelona: Galaxia Gutenberg, 2020.

Fagen, Patricia. *Transterrados y ciudadanos. Los republicanos españoles en México*. México: Fondo de Cultura Económica, 1975.

Feis, Herbert. *The Spanish Story: Franco and Athe Nations at War*. New York: W.W. Norton & Company, 1966.

Fenby, Jonathan. *The General: Charles de Gaulle and the France He Saved*. New York: Skyhorse, 2012.

Fernández, Antonio, y Juan Carlos Pereira. «La percepción española en la ONU (1945-1962)». *Cuadernos de Historia Contemporánea*, n.º 17 (1995): 121-46.

Fernández, Daniel. «El antiamericanismo en la España del primer franquismo (1939-1953): el Ejército, la Iglesia y Falange frente a Estados Unidos». *Ayer* 2, n.º 62 (2006): 257-82.

———. *El enemigo yanqui: Las raíces conservadoras del antiamericano español*. Zaragoza: Genueve Ediciones, 2012.

Ferrary, Álvaro. *El franquismo: minorías políticas y conflictos ideológicos: (1936-1956)*. Pamplona: EUNSA D.L., 1993.

———. «Una acción política realista y sensata hacia España: Franco, el Régimen y la oposición en la correspondencia diplomática norteamericana, 1944-1947». *Historia y Política*, n.º 46 (2021): 293-320.

Ferrell, R. H. *Truman in the White House: The Diary of Eben A. Ayers*. Columbia: University of Missouri Press, 1991.

Ferrell, Robert. *Harry S. Truman and the Cold War Revisionists*. Columbia: Missouri University Press, 2006.

Ferrer, Jesús. «Del Hollywood Bowl a los Festivales de España: José Iturbi o Bienvenido Mister Marshall». En *Relaciones en conflicto. Nuevas perspectivas sobre relaciones internacionales desde la historia*, editado por Enrique Bengochea, Elena Monzón, y David Pérez, 96-102. Valencia: Universitat de València: Asociación de Historia Contemporánea, 2015.

Feu, Montse. «España Libre (1939-1977) and the Spanish Exile Community in New York». Doctoral Thesis, University of Houston, 2011.

———. *Fighting Fascist Spain: Worker Protest from the Printing Press*. Chicago: University of Illinois Press, 2020.

———. *Jesús González Malo. Correspondencia personal y política de un anarcosindicalista exiliado*. Santander: Cantabria 4 estaciones, 2016.

Field, Thomas, Stella Krepp, y Vani Pettinà. *Latin America and the Global Cold War*. North Carolina: The University of North Carolina Press, 2020.

Finer, Samuel. *El imperio anónimo. Un estudio del lobby en Gran Bretaña*. Madrid: Tecnos, 1966.

Fontana, Josep. *Por el bien del Imperio. Una historia del mundo desde 1945*. Barcelona: Pasado y Presente, 2011.

Franco, Francisco. *Pensamiento político de Franco*. Madrid: Ediciones del Movimiento, 1975.

Franco Salgado-Araujo, Francisco. *Mis conversaciones privadas con Franco*. Barcelona: Planeta, 1976.

Frank, Jr., Willard. «The Spanish Civil War and the Coming of the Second World War». *The International History Review* 9, n.º 3 (1987): 368-409.

Fusi, Juan Pablo. *Franco: Autoritarismo y Poder Personal*. Madrid: Punto de Lectura, 2001.

G. Payne, Stanley. *Franco y Hitler*. Madrid: La Esfera de los Libros, 2008.

Gallego, Ferran, y Francisco Morente. *Fascismo en España: ensayos sobre los orígenes sociales y culturales del franquismo*. Barcelona: El Viejo Topo, 2005.

García, Marta. «Operation Warden: British Sabotage Planning in the Canary Islands during the Second World War». *Intelligence and National Security* 35, n.º 2 (2020): 252-68.

Garfinkle, Adam, y Daniel Pipes, eds. *Friendly Tyrants: An American Dilemma*. London: Palgrave Macmillan, 1991. https://doi.org/10.1007/978-1-349-21676-5.

Garrigues, Antonio. *Diálogos conmigo mismo*. Barcelona: Planeta, 1978.

Gellman, Irwin. *Franklin Roosevelt, Cordell Hull and Sumner Welles*. Baltimore: The John Hopkins University Press, 1995.

Glondys, Olga. «España y la Guerra Fría cultural». En *Relaciones en conflicto. Nuevas perspectivas sobre relaciones internacionales desde la historia*, editado por Enrique Bengochea, Elena Monzón, y David Pérez, 88-91. Valencia: Universitat de València: Asociación de Historia Contemporánea, 2015.

González Calleja, Eduardo. «El servicio exterior de Falange y la política exterior del primer franquismo: consideraciones previas para su investigación». *Hispania: Revista Española de Historia* 54, n.º 186 (1994): 279-307.

González, José Luis. «La Guerra Civil Española y la Conferencia de obispos norteamericana». *Hispania Sacra*, enero-junio, LXIV (2012): 315-41.

Graebner, Norman. *America as a World Power: A Realist Appraisal from Wilson to Reagan*. Wilmington, Delaware: Scholarly Resources, 1984.

Grandío, Emilio, y José Ramón Rodríguez. «1943: Franco Vs. Naciones Unidas. La guerra silenciosa de los servicios de inteligencia norteamericanos y británicos en España». *Diacronie [online]* 4, n.º 28 (2016). http://journals.openedition.org/diacronie/4780.

Halstead, Charles. «Historians in Politics: Carlton J. H. Hayes as American Ambassador to Spain 1942-45». *Journal of Contemporary History* 10, n.º 3 (1975): 383-405.

Hamby, A. *Man of the People: A Life of Harry S. Truman*. New York, NY: Oxford University Press, 1995.

Hamby, Alonzo. *Beyond the New Deal: Harry S. Truman and American Liberalism*. New York: Columbia University Press, 1973.

Haro, Noemí de. «La imagen de España en la Guerra Fría: arte, oficialidad y disidencia». En *Relaciones en conflicto. Nuevas perspectivas sobre relaciones internacionales desde la historia*, editado por Enrique Bengochea, Elena Monzón, y David Pérez, 92-95. Valencia: Universitat de València: Asociación de Historia Contemporánea, 2015.

Hart, Justin. *The Empire of Ideas. The Origins of Public Diplomacy and the Transformations of U.S. Foreign Policy*. Oxford: Oxford University Press, 2013.

Hayes, Carlton J. H. *Misión de guerra en España*. Madrid: EPESA. Ediciones y Publicaciones Españolas, 1946.

Hechler, Ken, y George Elsey. «The Greatest Upset in American Political History: Harry Truman and the 1948 Election». *White House Studies* 6, n.º 1 (2006): 1-83.

Heine, Hartmut. *La oposición política al franquismo. De 1939 a 1952*. Barcelona: Editorial Crítica, 1983.

Hernando, Miguel, Irene González, y Bernabé López. *El Instituto Hispano-Árabe de Cultura. Orígenes y evolución de la diplomacia pública española hacia el mundo árabe*. Madrid: Ministerio de Asuntos Exteriores, 2016.

Herring, George C. *From Colony to Superpower: U.S. Foreign Relations since 1776*. New York: Oxford University Press, 2011.

Hoare, Samuel. *Embajador ante Franco en misión especial*. Madrid: Sedmay, 1977.

Horowitz, Helen. *Alma Mater: Design and Experience in the Women's Colleges from Their Nineteenth-Century Beginnings to the 1930s*. New York: Knopf, 1984.

Howe, Russell, y Sarah Trott. *The Power Peddlers: How Lobbyists Mold American's Foreign Policy*. New York: Doubleday, 1977.

Howells, Dorothy. *A Century to Celebrate: Radcliffe College, 1879-1979*. Cambridge (MA): Radcliffe College, 1978.

Hualde, Xabier. *El «Cerco» aliado. Estados Unidos, Gran Bretaña y Francia frente a la dictadura franquista (1945-1953)*. Bilbao: Universidad del País Vasco, 2016.

Huff, Robert Pernell. «The Spanish Question Before the United Nations». Stanford University. Department of Political Science, 1966.

Hull, Cordell. *The Memoirs of Cordell Hull*. Vol. 1. New York: MacMillan, 1948.

Iglesias, Iván. «Swinging Modernity: Jazz and Politics in Franco's Spain (1939–1968)». En *Made in Spain. Studies in Popular Music*, editado por Silvia Martínez y Héctor Fouce, 101-12. New York: Routledge, 2012.

Jarque, Arturo. *Queremos esas bases. El acercamiento de Estados Unidos a la España de Franco*. Alcalá de Henares: Ediciones Universidad Alcalá de Henares, 1998.

Jiménez, Francisco. «A Spanish way of life. Consumo y publicidad en la España de los cincuenta». En *Esta es la España de Franco. Los años cincuenta del franquismo (1951-1959)*, editado por Miguel Ángel Del Arco y Claudio Hernández, 73-92. Zaragoza: Prensas de la Universidad de Zaragoza, 2020.

Jiménez, Juan Carlos. *Franco y Salazar. La respuesta dictatorial a los desafíos de un mundo en cambio 1936-1968*. Madrid: Sílex, 2019.

«John Foster Dulles». En *Dictionary of American Biography*. New York: Charles Scribner's Sons, 1980.

Jorge, David. *Inseguridad colectiva la sociedad de naciones, la guerra de España y el fin de la paz mundial*. Valencia: Tirant Humanidades, 2016.

Juliá, Xavier Moreno. *Hitler y Franco. Diplomacia en tiempos de guerra*. Barcelona: Planeta, 2007.

Kennan, George F. *American Diplomacy: Sixtieth-Anniversary Expanded Edition*. Chicago: University of Chicago Press, 2012.

Kennedy, Emmet. «Ambassador Carlton J. H. Hayes's Wartime Diplomacy: Making Spain a Haven from Hitler Get Access Arrow». *Diplomatic History* 36, n.º 2 (2012): 237-60.

Keohane, Jennifer. «How Would They Ever Learn Better? The Sedition Act, the McCarran Internal Security Act, and Congressional Failure». *Northwestern Interdisciplinary Law Review* 1, n.º 1 (2008): 217-36.

Kessler, Ronald. *The Sins of the Father: Joseph P. Kennedy and the Dynasty He Founded*. New York: Warner Books, 1996.

Kirby, Diane. *Harry Truman's Religious Legacy: The Holy Alliance, Containment and the Cold War. En Kirby "Religion and the Cold War*. London: Palgrave MacMillan, 2013.

La Porte, Teresa. «La diplomacia pública americana: lecciones para una comunicación internacional». *Comunicación y sociedad* XX, n.º 2 (2007): 23-59.

Lemus, Encarnación. «La experiencia americana de las pensionadas de la JAE a través de su correspondencia». *Arenal* 26, n.º 2 (2019): 541-74.

León Aguinaga, Pablo. «Betting on Franco. El Chase , la world Commerce Corporation y las relaciones hispano-norteamericanas (1936-1952)». En *Franco, Estados Unidos y Gran Bretaña durante la primera Guerra Fría: diplomacia, lobbies, intereses estratégicos y anticomunismo*, editado por Wayne H. Bowen, Joan María Thomàs, Pablo León Aguinaga, Emilio Sáenz-Francés, y José Antonio Montero, 55-100. Madrid: Comillas, 2022.

———. *Sospechosos habituales. El cine norteamericano, Estados Unidos y la España franquista, 1939-1960*. Madrid: Consejo Superior de Investigaciones Científicas, 2010.

———. «The Trouble with Propaganda: The Second World War, Franco's Spain, and the Origins of US Post-War Public Diplomacy». *The International History Review* 37, n.º 2 (2015): 342-65.

León, Pablo. «Estados Unidos y la formación de los militares españoles en los años 1950: una aproximación desde la documentación norteamericana.» En *La Historia: lost in translation? Actas del XIII Congreso de la Asociación de Historia Contemporánea*, editado por Damián González, Manuel Ortiz, y Juan Sisinio, 203-14. Albacete: Ediciones de la Universidad de Castilla-La Mancha, 2017.

Liedtke, Boris. *Embracing a Dictatorship. US Relations with Spain, 1945-1953*. London: MacMillan, 1998.

Lillo, Samuel. «La música a escena. La diplomacia musical entre Estados Unidos y España (1939-1970)». *Cuadernos de Historia Contemporánea* 42 (2020): 285-304.

Lippmann, Walter. *Opinión pública*. Madrid: Langre, 2003.

———. *The Cold War*. New York: Harper, 1947.

Lleonart Amsélem, Alberto J. «España y la ONU: La cuestión española (1945-1950)». *Revista de Política Internacional*, n.º 152 (1977): 27-45.

———. *España y ONU (Vol. VI)*. Madrid: Consejo Superior de Investigaciones Científicas, 2002.

Lleonart Amsélem, Alberto J., y F. Ma Castiella y Maiz. *España y ONU*. Madrid: Consejo Superior de Investigaciones Científicas, 1978.

López Rodó, Laureano. *Testimonio de una política de Estado*. Barcelona: Planeta, 1987.

López Zapico, Misael. *Las relaciones entre Estados Unidos y España durante la guerra civil y el primer franquismo (1936-1945)*. Gijón: TREA, 2008.

Loranca, María Pilar. «España y la Guerra Fría cultural: la influencia estadounidense en el cómic durante el franquismo». En *Relaciones en conflicto. Nuevas perspectivas sobre relaciones internacionales desde la historia*, editado por Enrique Bengochea, Elena Monzón, y David Pérez, 112-15. Valencia: Universitat de València: Asociación de Historia Contemporánea, 2015.

Lowi, Theodore J. «US Bases in Spain». En *Case Studies in American Government*, editado por Edwin Bock y Alan Campbell. New Jersey: Englewood Cliffs, 1965.

Maldwyn, Jones. *Historia de Estados Unidos, 1607-1992*. Madrid: Cátedra, 2001.

Marks III, Frederick W. *Wind Over Sand. The Diplomacy of Franklin Roosevelt*. Londres: University of Georgia Press, 1988.

Márquez-Macías, Rosario. «In Defense of Hispanic Culture. Carolina Marcial Dorado (1889-1941): A Singular Woman in the North American Intellectual Scene». *Jangwa Pana*, n.º 16 (2017): 217-31.

Marquina, Antonio. «El reconocimiento diplomático pleno del bando nacional tras la reunión de Múnich». *UNISCI Discussion papers*, n.º 11 (2006): 263-71.

———. *España en la política de seguridad occidental. 1939-1986*. Madrid: Servicio de Publicaciones del Estado Mayor del Ejército, 1986.

———. *España en la política de seguridad occidental (1939-1986)*. Madrid: Colección Ediciones Ejército, 1986.

Martin, Ángel Viñas. *Franco, Hitler y el estallido de la Guerra Civil: Antecedentes y consecuencias*. Madrid: Alianza Editorial, 2001.

Martínez, Pedro. «La política exterior de España en el marco de la Guerra Fría: del aislamiento limitado a la integración parcial en la sociedad internacional, 1945-1953». En *La política exterior de España en el siglo XX*, editado por Javier Tusell, Juan Avilés, y Rosa Pardo, 323-40. Madrid: Biblioteca Nueva, 2000.

McCoy, Donald. *La Presidencia de Harry S. Truman*. Madrid: Editorial San Martín, 1987.

McDougall, William. *The Group Mind: A Sketch of the Principles of Collective Psychology, with Some Attempt to Apply Them to the Interpretation of National Life and Character*. New York: G. P. Putman's Sons, 1920.

Mearsheimer, John, y Stephen Walt. *The Israel Lobby and US Foreing Policy*. New York: Allen Lane. Penguin Books, 2007.

Merino, Juan Carlos. «La "Batalla" de Washington. La Guerra Civil Española en los Estados Unidos». *Estudios Internacionales*, Instituto de Estudios Internacionales-Universidad de Chile, 176 (2013): 51-71.

Miralles, Ricardo. «El duro forcejeo de la diplomacia republicana en París. Francia y la guerra civil española». En *Al servicio de la República: diplomáticos y Guerra Civil*, editado por Viñas, Ángel, 121-54. Madrid: Marcial Pons, 2010.

Montero, José Antonio. «Diplomacia Pública, debate político e historiografía en la política exterior de los Estados Unidos (1938-2008)». *Ayer* 3, n.º 75 (2009): 63-95.

Montero, José Antonio, y Pablo León. *Los Estados Unidos y el mundo: la metamorfosis del poder americano (1890-1952)*. Madrid: Editorial Síntesis, 2019.

Moradiellos, Enrique. *Franco frente a Churchill.: España y Gran Bretaña durante la Segunda Guerra Mundial*. Barcelona: Península, 2005.

————. «Un Triángulo vital para la República: Gran Bretaña, Francia y la Unión Soviética ante la Guerra Civil española». *Amnis* 1 (2001): 1-65.

Moradiellos, Enrique, y Pedro Arjona. *La perfidia de Albión: El gobierno británico y la guerra civil española*. Madrid: Siglo XXI, 2008.

Moradiellos, Enrique, Santiago López, y César Rina. *El Holocausto y la España de Franco*. Madrid: Turner, 2022.

Morán, Gregorio. *Los españoles que dejaron de serlo*. Barcelona: Planeta, 2003.

Moreno Juste, Antonio. *Franquismo y construcción europea (1951-1962). Anhelo, necesidad y realidad de la aproximación a Europa*. Madrid: Tecnos, 1998.

Moreno, Rafael. *La historia secreta de las bombas de Palomares: La verdad sobre el accidente nuclear silenciada durante 50 años*. Barcelona: Editorial Crítica, 2016.

Mota, David. *En manos del tío Sam. ETA y Estados Unidos*. Granada: Comares, 2021.

————. *Un sueño americano. El Gobierno Vasco en el exilio y Estados Unidos (1937-1979)*. Bilbao: Oñati, 2017.

Navarro Rubio, Mariano. *Mis Memorias*. Barcelona: Plaza & Janés, 1991.

Niño, Antonio. «Los dilemas de la propaganda americana en la España franquista». En *Guerra Fría y propaganda. Estados Unidos y su cruzada cultural en Europa y América Latina.*, editado por Antonio Niño y José Antonio Montero, 155-96. Madrid: Biblioteca Nueva, 2012.

————. «Uso y abuso de las relaciones culturales en la política internacional». *Ayer* 3, n.º 75 (2009): 25-61.

Ordaz, María Ángeles. «Las Sociedades Hispanas Confederadas en archivos del FBI. (Emigración y exilio español de 1936 a 1975 en EEUU)». *Revista Complutense de Historia de América* 32 (2006): 227-47.

Oshinsky, David M. *A Conspiracy So Immense: The World of Joe McCarthy*. Oxford, New York: Oxford University Press, 2005.

Pando Ballesteros, María de la Paz. *Ruiz-Giménez y cuadernos para el diálogo. Historia de una vida y una revista*. Madrid: Librería Cervantes, 2009.

Pardo, Rosa. «La política exterior del Franquismo: aislamiento y alineación internacional». En *El Franquismo. Visiones y balances*, editado por Roque Moreno y Francisco Sevillano, 93-118. Alicante: Universidad de Alicante, 1999.

————. «La política norteamericana de Castiella». En *Entre la Historia y la memoria. Fernando María Castiella y la política exterior de España, 1957-1969*, editado por Marcelino Oreja y Rafael Sánchez, 307-81. Madrid: Real Academia de Ciencias Morales y Políticas, 2007.

————. «La salida del aislamiento: la década de los cincuenta». En *La España de los cincuenta*, editado por Abdon Mateos, 109-33. Madrid: Eneida, 2008.

————. «Las relaciones hispano-norteamericanas durante la presidencia de L. B. Johnson: 1964-1968». *Studia historica. Historia Contemporánea*, n.º 22 (2004): 137-83.

Payne, Stanley G. *El régimen de Franco, 1936-1975*. Madrid: Alianza Editorial, 1987.

Pereira, Juan Carlos, y Miguel Campos. «Francia ante el inicio de la Guerra Civil: De la promesa de ayuda a "la no intervención laxa" (julio-septiembre de 1936)». En *Guerra y paz: La sociedad internacional entre el conflicto y la cooperación.*, editado por José Manuel Azcona, Juan Francisco Torregrosa, y Matteo Re, 145-66. Madrid: Dykinson, 2013.

Pérez, Francisco. *Americanos en Valencia (1945-1959)*. Valencia: Ayuntamiento de Valencia, 2003.

Pérez, Marina. «Education, Intelligence and Cultural Diplomacy at the British Council in Madrid, 1940–1941. Part 1: Founding a School in Troubled Times». *Hispanic Studies and Researches on Spain, Portugal and Latin America* 94, n.º 4 (2021): 527-55.

————. «Education, Intelligence and Cultural Diplomacy at the British Council in Madrid, 1940–1941 Part 2: Shock Troops in the War of Ideas». *Hispanic Studies and Researches on Spain, Portugal and Latin America* 98, n.º 5 (2021): 707-38.

Permanyer, Borja de Riquer. *La dictadura de Franco: Historia de España Vol. 9*. Barcelona: Editorial Crítica, 2010.

Piniés, Jamie. *Episodios de un diplomático*. Burgos: Dossoles, 2000.

Píriz, Carlos. *En Zona Roja. La Quinta Columna en la guerra civil española (1936-1941)*. Granada: Comares, 2022.

Portero, Florentino. *Franco aislado. La cuestión española (1945-1950)*. Madrid: Aguilar, 1989.

Portero, Florentino, y Rosa Pardo. «La política exterior». En *Historia de España Menéndez Pidal. La época de Franco*, 193-299. 41. Madrid: Espasa-Calpe, 1996.

Powaski, Ronald E. *La Guerra Fría. Estados Unidos y la Unión Soviética, 1917-1991*. Barcelona: Editorial Crítica, 2000.

Preston, Paul. *El gran manipulador. La mentira cotidiana de Franco*. Barcelona: Ediciones B, 2008.

———. *Franco: caudillo de España*. Barcelona: Grijalbo, 1994.

———. *Franco: Caudillo de España*. Barcelona: DEBOLSILLO, 2015.

———. «Franco's Foreign Policy 1939-1953». En *Spain, in an International Context, 1936-1959*, editado por Christian Leitz y David Dunthron, 1-17. New York, NY: Berghahn Books, 1999.

———. *La política de la venganza, el fascismo y el militarismo en la España del S. XX*. Barcelona: Quinteto, 2004.

Rein, Raanan. *La salvación de una dictadura. Alianza Franco-Perón (1946-1955)*. Madrid: Consejo Superior de Investigaciones Cientificas, 1995.

Rodríguez, Francisco, Lorenzo Delgado, y Nicholas Cull, eds. *US Public Diplomacy and Democratization in Spain. Selling Democracy?* New York: Palgrave MacMillan, 2015.

Rodríguez, Francisco, y Daniel Fernández. «La actitud del PSOE hacia Estados Unidos: del final de la II Guerra Mundial a Suresnes». Inédito, 2016.

Rodríguez Jiménez, Francisco. «Charm Offensive? Poder Blando Chino en las últimas décadas». En *Pensar con la Historia desde el siglo XXI*, editado por Pilar Folguera y Juan Carlos Pereira, 6315-36. Madrid: UAM Ediciones, 2015.

———, ed. *El Plan Badajoz: entre la modernización económica y la propaganda política*. Badajoz: Diputación de Badajoz, 2022.

———. «La AFL-CIO y el sindicalismo español, 1953-1971». *Hispania: Revista Española de Historia* 75, n.º 251 (2015): 863-92.

Rodríguez Jiménez, Francisco, Lorenzo Delgado Gómez-Escalonilla, y Benedetta Calandra, eds. *El americano imposible. Estados Unidos y América Latina: entre modernización y contrainsurgencia*. Madrid: Sílex, 2023.

Rodríguez-Jiménez, Francisco, Lorenzo Delgado Gómez-Escalonilla, y Benedetta Calandra. *US Public Diplomacy Strategies in Latin America During the Sixties. Time for Persuasion*. New York: Routledge, 2024.

Rosendorf, Neal. «Spain's First "Re-Branding Effort" in the Postwar Franco Era». En *US Public Diplomacy and Democratization in Spain. Selling Democracy?*, editado por Francisco Rodríguez, Lorenzo Delgado, y Nicholas Cull, 155-90. New York: Palgrave MacMillan, 2015.

Rubbotom, Richard, y Carter Murphy. *Spain and the United States since World War II*. New York: Praeger, 1984.

Rubottom, Richard, y Carter Murphy. *Spain and the United States. Since World War II*. New York: Praeger Publishers, 1984.

Rueda, Germán. *La emigración contemporánea de españoles a Estados Unidos*. Madrid: Mapfre, 1993.

Ruhl, Klaus-Jörg. *Franco, Falange y el III Reich. España en la Segunda Guerra Mundial*. Madrid: Akal, 1986.

Ruiz Carnicer, Miguel Ángel. *El SEU 1939-1965. La socialización política de la juventud universitaria en el franquismo*. Madrid: Siglo XXI, 1996.

Ruiz del Árbol, Antares. «Guillermina Medrano, Rafael Supervía y Americans for democratic action. La campaña contra Franco desde el exilio estadounidense». *Migraciones y exilios*, n.º 13 (2012): 83-110.

Sagredo, Antonia, y Javier Maestro. «Juan Negrín, Julio Álvarez del Vayo y la lucha por la legitimidad del régimen republicano en el exilio (1939-1952)». *Trocadero*, n.º 25 (2013): 57-79.

Sampson, Anthony. *Las Siete Hermanas. Las grandes compañías petroleras y el mundo que han creado.* Barcelona: Planeta de Agostini, 1994.

Sánchez, Elena. «El poder de los vencidos. Redes educativas y exilio republicano en Vassar College, 1922-1968». En *North America and Spain. Transversal perspectives*, editado por Julio Cañero, 99-111. New York: Escribana books, 2017.

Sánchez, Irene. *Diez años de soledad. España, la ONU y la dictadura franquista, 1945-1955.* Sevilla: Editorial Universidad de Sevilla, 2015.

Sansigre, Marta. «El petróleo en las relaciones España-USA (1940-1941)». *Historia 16*, n.º 98 (1984): 11-17.

Sayler, Carolyn. *Doris Fleeson: Incomparably the First Political Journalist of Her Time.* Santa Fe: Sunstone Press, 2011.

Schmitz, David F. *Thank God They're on Our Side. The United States and Right-WIng Dictatorships, 1921-1965.* Chapel Hill (NC): University of North Carolina Press, 1999.

Schwartz, Fernando. *La Internacionalización de la Guerra Civil española. Julio de 1936-marzo de 1937.* Barcelona: Planeta, 1999.

Scroop, Daniel. *Mr. Democrat. Jim Farley, the New Deal, and the Making of Modern American Politic.* Michigan: The Univesity of Michigan Press, 2006.

Sebastián de Erice, José. *De U.N.O en U.N.O. Memorias de mis 50 años de diplomático.* Madrid: Prensa Española, 1974.

Seregni, Alessandro. *El antiamericanismo español.* Barcelona: Editorial Síntesis, 2007.

Sesma, Nicolás. «Un Scandale: Franco à l'UNESCO: The Franco Dictatorship and the Struggle for International Representation in the Social Sciences». En *Science, Culture and National Identity in Francoist Spain, 1939–1959*, editado por Marició Janué y Albert Presas, 349-69. London: Palgrave Macmillan, 2021.

Sinova, Justino. *La censura de prensa durante el franquismo (1936-1951).* Madrid: Espasa-Calpe, 1989.

Smith, Thomas. *Encyclopedia of The Central Intelligence Agency.* New York: Checkmark Books, 2001.

Solar, David. *La Guerra Fría. Washington y Moscú, el mundo en juego.* Madrid: Anaya, 2012.

Sorel, Andrés. *La guerrilla antifranquista. La historia del maquis contada por sus protagonistas.* Tafalla: Txalaparta, 2002.

Sorensen, Theodore. *Kennedy.* New York: Harper & Row, 1965.

Stone, Glyn Arthur. «Neville Chamberlain and the Spanish Civil War, 1936-9». *The International History Review* 35, n.º 2 (2013): 377-95.

Suárez, Luis. *Francisco Franco y su tiempo (Vol. VI).* Madrid: Fundación Nacional Francisco Franco, 1984.

———. *Franco.* Barcelona: Ariel, 2005.

———. *Franco y la URSS. La diplomacia secreta (1946-1970).* Madrid: Ediciones Rialp, 1987.

Tascón, Julio. «Capital internacional antes de la "internacionalización del capital" en España, 1936-1959». En *Los empresarios de Franco: política y economía en España, 1936-1957*, editado por Glicerio Sánchez y Julio Tascón, 281-306. Barcelona: Editorial Crítica, 2003.

Taubman, William. *Kruschev: el hombre y su época.* Madrid: La Esfera de los Libros, 2005.

Termis Soto, Fernando. *Renunciando a todo. El régimen franquista y los Estados Unidos desde 1945 hasta 1963.* Madrid: UNED, 2005.

Thomas, Hugh. *La guerra civil española.* París: Ruedo Ibérico, 1967.

Thomàs, Joan Maria. «Carlton J. H. Hayes y el régimen de Franco». En *Guerra Civil y Franquismo. Una perspectiva internacional*, editado por Raanan Rein, y Joan Maria Thomàs, 61-78. Zaragoza: Prensas de la Universidad de Zaragoza, 2016.

Thomàs, Joan María. «Catolicismo, Antitotalitarismo y franquismo durante la Segunda Guerra Mundial y la inmediata postguerra: Carlton J. H. Hayes y España». En *Estados Unidos, Alemania, Gran Bretaña, Japón y sus relaciones con España entre la guerra y la postguerra (1939-1953)*, editado por Joan María Thomàs, 13-62. Madrid: Comillas, 2016.

Thomàs, Joan Maria, ed. *Franco, Estados Unidos y Gran Bretaña durante la primera Guerra Fría*. Madrid: Comillas, 2022.

———. «La lucha por el cambio de la política estadounidense hacia la España franquista en los años 1948-1950: José Félix de Lequerica, Lobbystas contratados, senadores "amigos", *Spanish Lobby* y *Spanish Bloc*». En *Franco, Estados Unidos y Gran Bretaña durante la primera Guerra Fría*, editado por Joan Maria Thomàs, Pablo León Aguinaga, Emilio Sáenz-Francés, José Antonio Montero, y Wayne Bowen, 101-280. Madrid: Comillas, 2022.

———. *Roosevelt y Franco. De la guerra civil española a Pearl Harbor*. Barcelona: Edhasa, 2007.

Togores, Luis E. *Franco frente a Hitler: La historia no contada de España durante la Segunda Guerra Mundial*. Madrid: La Esfera de los Libros, 2020.

Traina, Richard. *American Diplomacy and the Spanish Civil War*. Indiana: Indiana University Press, 1968.

Tusell, Javier. *Carrero. La eminencia gris del régimen de Franco*. Madrid: Temas de Hoy, 1993.

Tusell, Javier, y Genoveva García. *Franco y Mussolini. La política española durante la Segunda Guerra Mundial*. Barcelona: Ediciones Península, 2006.

United States Senate. «Committee on Foreign Relations». Millennium Edition 1816-2000. Washington DC: United States Senate, 2000.

Vallès, Josep, y Salvador Martí. *Ciencia Política*. Barcelona: Ariel, 2020.

Vázquez de Prada, María. *El final de una ilusión: Auge y declive del tradicionalismo carlista (1957-1967)*. Madrid: Schedas, 2016.

Villares, Ramón. *Exilio republicano y pluralismo nacional: España, 1936-1982*. Madrid: Ambos Mundos, 2021.

Viñas, Ángel. *El honor de la República: Entre el acoso fascista, la hostilidad británica y la política de Stalin*. Barcelona: Editorial Crítica, 2010.

———. *En las garras del águila. Los pactos con Estados Unidos, de Francisco Franco a Felipe González (1945-1995)*. Barcelona: Editorial Crítica, 2003.

———. *La Alemania nazi y el 18 de julio. Antecedentes de la intervención alemana en la Guerra Civil Española*. Madrid: Alianza Editorial, 1977.

———. *La conspiración del general Franco: y otras revelaciones acerca de una guerra civil desfigurada*. Barcelona: Editorial Crítica, 2012.

———. «La primera ayuda económica norteamericana a España». En *Lecturas de economía española e internacional*. Madrid: Ministerio de Economía y Comercio, 1981.

———. *Lecciones de Economía Española e Internacional (50 aniversario del Cuerpo de Técnicos Comeciales del Estado)*. Madrid: Ministerio de Economía y Comercio, 1981.

———. *Los pactos secretos de Franco con Estados Unidos*. Barcelona: Grijalbo, 1981.

———. *¿Quién quiso la guerra civil?: Historia de una conspiración*. Barcelona: Crítica, 2019.

———. *Sobornos: De cómo Churchill y March compraron a los generales de Franco*. Barcelona: Editorial Crítica, 2016.

Viñas, Angel, Julio Viñuela, Fernando Eguidazu, Carlos Fernandez, y Senén Florensa. *Política comercial exterior en España (1931-1975)*. Vol. I. Madrid: Banco Exterior de España, Servicio de Estudios Económicos, 1979.

Walker, Christopher. «What Is "Sharp Power"?» *Journal of Democracy* 29, n.º 3 (2018): 9-23.

Walker, Christopher, y Jessica Ludwig, eds. *Sharp Power: Rising Authoritarian Influence*. Washington DC: National Endowment for Democracy, 2017.

Weiner, Tim. *Enemigos. Una Historia del FBI*. Barcelona: Debate, 2012.

Weinstein, Allen. *Perjury: The Hiss-Chambers Case*. New York: Random House, 1997.

Welles, Benjamin. *Spain. The Gentle Anarchy*. New York: Frederick A. Praeger, 1965.

Welles, Sumner. *The Time for Decision*. New York: Harper, 1944.

Whitaker, Arthur P. *Spain and Defense of the West: Ally and Liability*. New York: Harper & Brothers, 1961.

Wigg, Richard. *Churchill y Franco. La política de apaciguamiento y la supervivencia del régimen, 1940-1945*. Barcelona: Marcial Pons, 2005.

Winkler, Allan. *The Politics of Propaganda: The Office of War Information, 1942-1945*. New Haven: Yale University Press, 1978.

Wright, John. *Interest Groups and Congress*. New York: Longman, 2009.

Yuste, Miguel Ángel. «La República Española en el exilio y la alternativa monárquica a Franco desde el final de la II Guerra Mundial hasta la resolución de las Naciones Unidas de noviembre 1950». *Espacio, Tiempo y Forma. Serie V, Historia Contemporánea*, n.º 18 (2006): 245-60.

# Biblioteca Javier Coy d'estudis nord-americans

127. Fabio Nigra, ed. El buen vecino: Estados Unidos desde Argentina y Brasil

128. John Howard, White Sepulchres: Palomares Disaster Semicentennial Publication

129. Paul Scott Derrick, Lines of Thought: 1983-2015

130. Beatriz Ferrús y Alba del Pozo, coords. Mosaico transatlántico: escritoras, artistas, imaginarios
(España-USA, 1830-1940)

131. Sonia Petisco, Thomas Merton's Poetics of Self-Dissolution

132. Carolina Soria Somoza, Hombres sin atributos: masculinidades en la ficción chino-americana contemporánea

133. Juan F. Trillo, Tom Wolfe: cronista de la Norteamérica sin Dios

134. Andrés Sánchez Padilla, Enemigos íntimos: España y los Estados Unidos antes de la Guerra de Cuba (1865-1898)

135. Paul S. Derrick, Nicolás Estévez y Francisca G. Arias, ed., La poesía temprana de Emily Dickinson: Cuadernillos 7 & 8

136. Leandro Palencia, Todd Haynes: manierismo queer en Lejos del cielo

137. Gabriel Torres-Chalk, Mi ataúd abierto: Robert Lowell y la subversión de la elegía

138. José Manuel Benítez Ariza, Cosas que no creeríais. Una vindicación del cine clásico norteamericano

139. Alex Fernández de Castro, Tras el rastro de La masía, Miró y Hemingway: viajes y entrevistas

140. Santiago Posteguillo, Los relatos de Carson McCullers: viaje hacia la génesis de un estilo

141. Luis Pérez Ochando, Noche sobre América: cine de terror después del 11-S

142. Márgara Averbach, Contra la muerte en vida: literatura y cine contemporáneos estadounidenses e instituciones totales

143. Nieves Alberola Crespo, Susan Glaspell y los Provincetown Players: laboratorio de emociones (1915-1917)

144. William Allegrezza, Epics of the Americas: Whitman's Leaves of Grass and Neruda's Canto general

145. Nailya Garipova, La cultura rusa en las obras de Nabokov

146. Bárbara Gudaitis, Vanesa Cotroneo, María Laura Cucinotta, Magdalena Testoni, eds., Escribir bajo amenaza:
identidad y resistencia en las literaturas afroamericana y amerindia de los Estados Unidos

147. Carmen Rueda-Ramos and Susana Jiménez Placer, eds., Constructing the Self: Essays on Southern Life-Writing

148. Jorge Majfud, U.S.A. ¿Confía Dios en nosotros?

149. Jorge Majfud, Neomedievalism. Reflections on the Post-Enlightenment Era

150. Vicent Cucarella Ramon, Sacred Femininity and the Politics of Affect in African American Women's Fiction

151. Paul S. Derrick, Nicolás Estévez y Francisca González Arias, La poesía temprana de Emily Dickinson.
Cuadernillos 9 & 10

152. Thomas S. Harrington, A Citizen's Democracy in Authoritarian Times: An American View
on the Catalan Drive for Independence

153. Sonia Petisco, Thomas Merton: pasión por la palabra

154. Kevin Richard Kaiser, An Ethics Beyond: Posthumanist Animal Encounters and Variable Kindness
in the Fiction of George Saunders

155. Isabel Robles i Encarna Sant-Celoni, Adrienne Rich: Twenty-One Love Poems: Vint-i-un poemes d'amor (1974-1976)

156. Aviva Chomsky, Unwanted People

157. Valeria L. Carbone y Mariana Mastrángelo, ed., Anatomía de un imperio: Estados Unidos y América Latina

158. Walt Whitman, Días ejemplares. Trad. y ed. Santiago Rodríguez Guerrero-Strachan

159. Isabel Castelao-Gómez y Natalia Carbajosa Palmero, Female Beatness: mujeres, género y poesía en la Generación Beat

160. Hasan G. López Sanz, La pintura de frontera de George Catlin: una etnografía entre la escritura de viajes y la imagen

161. Urszula Niewiadomska-Flis, ed. Ex-Centric Souths: (Re)Imagining Southern Centers and Peripheries

162. Emilio Sales Dasí, Blasco Ibáñez en Norteamérica

163. Toni Montesinos, El fruto de la vida diversa. Artículos sobre literatura norteamericana

164. Valeria L. Carbone, Una historia del movimiento negro estadounidense en la era post derechos civiles (1968-1988)

165. Nephtalí de León, La Llorona, A Spirit Unable to Rest (Un ánima que no descansa)

166. Juan Carlos Calvillo Reyes, Emily Dickinson: un estudio de poesía en traducción al español

167. Rita Dove, Thomas y Beulah, Rita Dove. Trad. y ed. Márgara Averbach

168. James Fenimore Cooper, Cuentos para quinceañeras, James Fenimore Cooper.
Trad. y ed. de Marcelo G. Burello y Alejandro Goldzycher

169. María Jesús Rodríguez Hernández, Las heridas de la ausencia. Poesía de nostalgia en Canadá y Estados Unidos

170. Jorge Majfud, Perros sí, negros no: las raíces y los frutos del racismo estadounidense

171. John Howard, Felling & Pining

172. Anna M. Brígido-Corachán, ed. Indigenizing the Classroom: Engaging Native American/First Nations Literature
and Culture in Non-Native Settings

173. Ignacio F. Rodeño Iturriaga, Four Books, One Latino Life: Reading Richard Rodriguez

174. Pilar Illanes Vicioso, Tennessee Williams y la Norteamérica de posguerra

175. Alfonso Martínez Berganza, Hemingway en la España taurina

176. Maite Aperribay Bermejo, Ecoxicanismo: autoras chicanas y justicia medioambiental

177. Rebeca Gualberto Valverde, Wasteland Modernism: The Disenchantment of Myth

178. Ana Pol Colmenares, Las voces de Theresa Hak Kyung Cha: trauma, silencios, balbuceos

179. Jorge Majfud, La privatización de la verdad: la continuidad de la ideología esclavista en Estados Unidos

180. Daniel Pinkas, ed. Recently Discovered Letters of George Santayana / Cartas recién descubiertas
de George Santayana. Trad. Daniel Moreno, presentación José Beltrán

181. Carolina Fernández Rodríguez, American Quaker Romances: Building the Myth of the White Christian Nation

182. Benjamin Drew, The Refugee: Narratives of Fugitive Slaves in Canada. Trad. y ed. Vicent Cucarella Ramon

183. Christine Jensen Hogan, Un pas de deux, un pas de Dieu: Anne Bradstreet y Thomas Merton, una conversación.
Trad. y ed. Fernando Beltrán Llavador

184. John Howard, Truths Up His Sleeve: The Times of Michael Cacoyannis

185. Rodolfo F. Acuña, Occupied America: The Chicanos Struggle toward Liberation. Trad. y ed. José Juan Gómez-Becerra

186. Carme Manuel, ed. The Slave's Little Friends: American Antislavery Writings for Children

187. Noelia Hernando-Real, Rosas en la arena: los relatos de Susan Glaspell